I0031336

*Cet Ouvrage se trouve aussi chez les Libraire suivans :*

| | |
|---|---|
| *A Paris*, | BOSSANGE frères, rue Saint-André-des-Arcs, n° 60. |
| | REY et GRAVIER, quai des Augustins. |
| | J. DECLE, place du Palais de Justice, n° 1. |
| | J. P. AILLAUD, quai Voltaire. |
| | FANTIN, rue de Seine. |
| | ARTHUS-BERTRAND, r. Hautefeuille, n. 23. |
| | DELAUNAY, au Palais-Royal. |
| *Madrid*, | JUAN PAZ. |
| | ALFONSO PEREZ. |
| | Veuve RAMOS. |
| *Lisbonne*, | PIERRE et GEORGE REY. |
| *Coimbre*, | J. P. AILLAUD. |
| | J. A. ORCEL. |
| *Naples*, | BOREL. |
| *Amsterdam*, | G. DUFOUR. |
| | DELACHAUX. |
| *Genève*, | PASCHOUD. |
| *Vienne*, | SCHALBACHER. |
| *Berlin*, | AD. M. SCHLESINGER. |
| *Milan*, | GIEGLER. |
| *Florence*, | PIATTI. |
| *Livourne*, | GLAUCUS MAZI. |
| *Rome*, | DE ROMANIS. |
| *Turin*, | PIC. |
| *Manheim*, | ARTARIA et FONTAINE. |
| *S. Pétersbourg*, | SAINT-FLORENT et comp. |
| | C. CERCLET. |
| *Moscou*, | JEAN GAUTIER. |
| *Odessa*, | ALPH. COLLIN. |
| *Stockholm*, | EM. BRUZELIUS. |
| *Breslau*, | G. THÉOPHILE KORN. |
| *Wilna*, | JOSEPH ZAWADSKI. |
| | FR. MORITZ. |
| *Nouv. Orléans*, | ROCHE frères. |
| *Mont-Réal* (Canada), | BOSSANGE et PAPINEAU. |

DE L'IMPRIMERIE DE FIRMIN DIDOT,
RUE JACOB, N° 24.

# SCIENCE
# DU PUBLICISTE,

OU

## TRAITÉ

DES PRINCIPES ÉLÉMENTAIRES

## DU DROIT

CONSIDÉRÉ DANS SES PRINCIPALES DIVISIONS;

AVEC DES NOTES ET DES CITATIONS TIRÉES DES AUTEURS LES PLUS CÉLÈBRES.

PAR M. ALB. FRITOT, AVOCAT.

TOME TROISIÈME.

C'est devant les Rois eux-mêmes que nous entreprenons de plaider la cause de l'humanité, des peuples et des Rois.

Puissions-nous parvenir à les éclairer tous sur leurs véritables et communs intérêts !

« *Et loquebar de testimoniis tuis in conspectu Regum; et* « *non confundebar.* » Ps. 118.

A PARIS,

CHEZ BOSSANGE, PÈRE ET FILS, LIBRAIRES, rue de Tournon, n° 6 bis.

A LONDRES, CHEZ MARTIN BOSSANGE et Compagnie, Libraires, 14 Great Marlborough street.

1820.

# SCIENCE DU PUBLICISTE.

## LIVRE TROISIÈME.

### DROIT DES GENS, OU DROIT COMMUN.

## CHAPITRE II.

### TITRE PREMIER.

### *Principes élémentaires.*

#### SUITE DU § Ier.

#### COROLLAIRE II.

#### *Droit de Naufrage.*

SOMMAIRE. Injustice et barbarie de la fausse application que l'on a faite de ce droit.

Son abolition.

En quel sens les suites d'un naufrage pourraient donner naissance à un véritable droit.

Injustice et barbarie de la fausse application que l'on a faite de ce droit.

IL a existé des époques de barbarie telle, que les malheureux battus de la tempête, et victimes d'un naufrage, étaient encore exposés aux outrages et aux rapines des peuples habitans des rivages où ils étaient jetés par les vents; en sorte que ces infortunés se voyaient réduits à attendre la mort au sein des flots, sans oser implorer aucun secours.

La cupidité ou la misère, l'ignorance et la superstition étaient sans doute les causes principales de cette inhumanité. Des prêtres cruels de fausses divinités, intéressés à s'approprier la plus grande partie des dépouilles, s'appliquaient à faire considérer les naufrages comme des actes de la vengeance céleste, et les naufragés comme des criminels auxquels on ne devait ni commisération ni justice, auxquels on ne pouvait porter aucun secours sans offenser le ciel, sans outrager les dieux. La religion, dans ce cas comme en beaucoup d'autres, loin de corriger et d'adoucir les mœurs, devenait pour le moins leur complice.

Quoi qu'il en soit des causes, les faits sont trop constans, et il n'est peut-être pas un seul peuple sur la terre qui puisse se glorifier avec fondement d'avoir été plus généreux ou moins cruel que les autres. En Europe, aussi-bien que dans les autres parties du monde, dans les contrées méridionales comme dans celles du septentrion, dans la Grèce, dans l'Italie comme dans les Gaules et la Grande-Bretagne, l'histoire nous découvre souvent les traces de cet état barbare et de dégradation. « Quelques-uns, tels que Seldenus, ont prétendu que cet abominable droit avait été introduit par les Rhodiens. Il est constant qu'il fut pratiqué par les Romains, qui ne reconnurent que fort tard que les effets naufragés ne devaient appartenir ni au fisc, ni au premier occupant, et qu'ils devaient au contraire être restitués à celui qui en avait la propriété avant le naufrage » (*a*). Bodin assure que cet usage se pratiquait de son temps en Éthiopie et en Moscovie (*b*). « Je ne sais, dit Grotius, comment il est venu dans l'esprit de cet auteur de soutenir qu'il n'y a rien d'injuste dans une chose comme celle-là » (*c*). — « Les voyages

---

(*a*) *Voy.* l'Ancien répert. par Guyot, et le Nouveau répert. par Merlin, au mot *Naufrage*.

(*b*) De la répub., liv. II, chap. VI.

(*c*) (Traité de la guerre et de la paix, liv. III, ch. VII, § 1, n. 3, n. 5.) — Barbeyrac remarque à ce sujet que les commentateurs accusent Grotius d'imputer à Bodin une

des Hollandais aux Indes orientales nous apprennent, dit Vattel, que les rois de la Corée retiennent par force les étrangers qui font naufrage sur leurs côtes.... C'est, continue-t-il, blesser tout ensemble les droits de l'individu et ceux de l'État auquel il appartient (*a*).

«En Angleterre et en France, les seigneurs voisins des côtes de la mer, après avoir participé comme particuliers au pillage des effets naufragés, se firent peu-à-peu de ce pillage un droit exclusif et comme attaché à leurs seigneuries.

«Les Rois, trop peu puissans alors pour faire respecter leur autorité, auraient en vain entrepris de réprimer ce brigandage. Aussi voit-on que saint Louis, au lieu de punir le duc de Bretagne, qui exerçait à la rigueur le droit de naufrage, traita avec lui, en 1231, pour l'engager à renoncer à ce droit; et cette renonciation n'eut lieu qu'à condition que les navigateurs prendraient de ce duc des *brefs*

---

chose fort éloignée de son opinion. (*Voy.* De la répub., liv. I, chap. X, pag. 267 de l'édit. latine, *francof.* 1622.)

(*a*) Droit des Gens, liv. II, chap. VIII, § 108.

ou *brieux*, appelés les uns de *sauver*, et les autres de *conduits* ou de *victuailles*» (*a*).

Abolition du Droit de Naufrage.

Par la suite, les Nations s'étant policées et marchant vers un plus haut degré de civilisation, le temps et l'expérience fortifièrent la raison et firent reconnaître les bases de la justice, envers tous les hommes ou en matière de Droit des Gens, et les avantages des communications extérieures et du commerce, dont elle est la source. Les gouvernemens, quelque imparfaits qu'ils fussent encore, s'appliquèrent à réprimer davantage ces actes de brigandage et d'inhumanité : et leurs efforts, d'abord infructueux, furent secondés dans la suite, ainsi que nous venons de le voir, par les travaux des Publicistes et des hommes les plus éclairés.

Adrien et Antonin sont les premiers empereurs qui paraissent avoir renoncé au Droit de naufrage qu'exerçait le fisc; mais les lois qu'ils firent sur cette matière furent mal exécutées et bientôt totalement négligées par plu-

(*a*) *Voy.* l'Ancien répert. de Guyot, et le Nouveau répert. de Merlin, au mot *Naufrage*.

sieurs de leurs successeurs, qui songèrent moins à faire régner la justice et les bonnes lois, dont pourtant il résulte toujours des avantages bien réels, qu'à étendre les revenus du fisc, précaires et même onéreux lorsqu'ils ont l'injustice et la tyrannie pour base. Ainsi, pendant la décadence de l'empire, la coutume de piller les effets naufragés fut une espèce de mal épidémique qui s'étendit de toutes parts. Les peuples croyaient ne s'approprier que les droits du fisc, déja trop faible pour les conserver; et ils n'envisageaient pas l'injustice dont ils se rendaient coupables envers les malheureux naufragés.

« Je remarquerai, dit encore Grotius, qu'il y a des lois civiles tout-à-fait injustes, telles que celles qui confisquent les biens échappés du naufrage (comme autrefois chez les Anglais, les Bretons, les Siciliens) : car c'est une injustice toute pure d'ôter à quelqu'un ses biens, et de se les approprier, sans aucun sujet apparent. Euripide, introduisant sur la scène quelqu'un qui avait fait naufrage, lui fait avec raison tenir ce langage : *Je suis de ces gens qu'on ne doit pas piller. — Quel droit a le fisc,* disait l'empereur Constantin, *sur ce qu'on a perdu par un si triste accident? et faut-il qu'il grossisse son fonds aux dépens des malheureux*(*a*)? — *A Dieu ne plaise*, s'écrie Dion de Pruse, en parlant aussi des naufragés, *que nous nous enrichissions du malheur de ces gens-là*» (*b*). Une constitution de l'empereur Frédéric, qui abolit la coutume dont nous parlons, suppose qu'elle avait lieu en plusieurs pays(*c*). Sopatre et Syrien font mention d'une

---

(*a*) *Si quando naufragio navis expulsa fuerit ad littus, vel si quando aliquam terram attigerit, ad dominos pertineat. Quod enim jus habet fiscus in aliena calamitate, ut de re tam luctuosa compendium sectetur?* (Cod. liv. XI, tit. V, *de naufragiis*, leg. I. — *Voy.* aussi Digest. lib. XLVII, tit. IX, *de incendio*, *ruina*, *naufrag.* etc., leg. VII. — NICETAS CHONIATE, dans l'hist. de l'empereur *Andronic Comnène*, lib. II, cap. III. — CASSIODORE, var. IV, 7.)

(*b*) Orat. VII.

(*c*) *Navigia, quòcumque locorum pervenerint, si quo casu contingente rupta fuerint, vel aliàs ad terram pervenerint, tam ipsa navigia, quàm navigantium bona, illis integra reserventur, ad quos spectabant, antequàm navigia hujusmodi periculum incurrissent : sublatâ penitùs omnium locorum consuetudine, quæ huic adversatur sanctioni : nisi talia sint navigia, quæ piraticam exerceant pravitatem, aut sint nobis, sive christiano nomini, inimica.* (COD. *lib.* VI, tit. II, *de furtis*, Authent. post leg. XVIII.)

semblable loi comme ayant été établie autrefois en Grèce (*a*). Christien, roi de Danemarck, disait que l'abolition de la loi qui confisquait les biens sauvés du naufrage, lui coûtait cent mille écus par an. Il est parlé de cette mauvaise coutume dans les *Révélations de Brigitte, reine de Suède* (*b*). « .... Quoiqu'il n'y ait encore aujourd'hui, continue Barbeyrac, que trop d'endroits où l'on fait valoir d'une manière ou d'une autre cette coutume barbare, il faut avouer que quelques États ont pensé sérieusement à la modérer ou à l'abolir. Je puis alléguer là-dessus l'exemple de la république de Venise, et j'en ai en main une preuve authentique : c'est une loi faite par le Conseil des Pregadi, en 1583, où l'on défend, sous de grosses peines, de rien prendre de ceux qui ont fait naufrage, et où l'on règle les choses avec toutes les précautions nécessaires, pour

---

(*a*) In Hermogen, pag. 107. *Édit. Venet.* 1509.

(*b*) Lib. VIII, cap. VI; et dans le SPECULUM SAXONICUM, II, 29. — *Voy. aussi les* DÉCRÉTALES, liv. V, tit. XVII, *De Raptoribus*, etc., cap. III. — CRAUTZIUS, *Vandalic.* XIII, 40, XIV, I. — CROMER. *Polonic.* lib. XXII *in fin.*, p. 509. *Édit. Basil.* 1555.

que les véritables maîtres de ces biens puissent les recouvrer facilement» (*a*).

M. de Montesquieu attribue la naissance de ce droit inique chez les Romains et dans les Gaules à l'envahissement de l'empire par les peuples barbares. « L'empire romain, dit-il, fut envahi, et l'un des effets de cette calamité générale fut la destruction du commerce. Les barbares ne le regardèrent d'abord que comme un objet de leurs brigandages; et quand ils furent établis, ils ne l'honorèrent pas plus que l'agriculture et les autres professions du peuple vaincu.

« Bientôt il n'y eut plus de commerce en Europe. La noblesse, qui régnait par-tout, ne s'en mettait point en peine. La loi des Wisigoths (*b*) permettait aux particuliers d'occuper la moitié du lit des grands fleuves, pourvu que l'autre restât libre pour les filets et pour les bateaux : il fallait qu'il y eût bien peu de

(*a*) BARBEYRAC sur Grotius, Traité de la Guerre et de la Paix, liv. II, chap. VII, § 1, *n*. 3, *n*. 3. — *Voy. aussi* PUFENDORF, Droit de la Nat. et des Gens, liv. IV, ch. XIII, § 4.

(*b*) Liv. VIII, tit. IV, § 9.

commerce dans les pays qu'ils avaient conquis (*a*).

« Dans ces temps-là s'établirent les Droits insensés d'Aubaine et de Naufrage. Les hommes pensèrent que, les étrangers ne leur étant unis par aucune communication du Droit civil, ils ne leur devaient, d'un côté, aucune sorte de justice, et, de l'autre, aucune sorte de pitié.

« Dans les bornes étroites où se trouvaient les peuples du nord, tout leur était étranger. Dans leur pauvreté, tout était pour eux un objet de richesses : établis, avant leurs con-

---

(*a*) Avant le règne de Henri IV, on n'avait point encore songé en France à tirer parti des rivières, en en dérivant des canaux, auxquels ce royaume doit aujourd'hui en partie sa richesse et son abondance. Le ministre de ce Prince, Sully, commença par le canal de Briare; mais il ne put aller plus loin. Rien n'immortalisera peut-être plus le règne de Louis XIV, que le canal qu'il fit construire pour la jonction des deux mers. L'utilité que l'État retire de ces deux entreprises si heureusement exécutées, sans parler de l'exemple que la Hollande et l'Angleterre nous ont donné, nous instruit de tout ce qui reste à faire.

(*Voy*. la Sc. du Gouvern., tom. IV, chap. I, sect. VII, § 47, *Du commerce intérieur*.)

quêtes, sur les côtes d'une mer resserrée et pleine d'écueils, ils avaient tiré parti de ces écueils mêmes.

« Mais les Romains, continue-t-il, qui faisaient des lois pour tout l'univers, en avaient fait de très-humaines (*a*) sur les naufrages : ils réprimèrent, à cet égard, les brigandages de ceux qui habitaient les côtes (*b*), et, ce qui était plus encore, la rapacité de leur fisc » (*c*).

En Allemagne, un Publiciste de nos jours dit : « On ne saurait considérer les biens naufragés ou les choses jetées à la mer pour sauver le navire du danger, comme délaissés ou destitués de propriétaire, ni autoriser l'État à s'enrichir aux dépens d'étrangers infortunés, sous le prétexte de punir la négligence du maître du navire, ou de prévenir des procès longs et pénibles, ni se fonder sur le droit rigoureux d'exclure les étrangers, ou encore sur la propriété du fond de la mer

(*a*) Toto titulo, ff., *de Incend.*, *ruin.*, *Nauf.*; Cod. *de Naufragiis*; et leg. III, ff., de Leg. Cornel. *de Flaviis*.

(*b*) Leg. I, Cod., *de Naufragiis*.

(*c*) Esprit des Lois, liv. XXI, chap. XVII.

que ces biens ont touché. Cependant ce droit barbare était autrefois presque généralement exercé en Europe. Mais, d'abord limité par des priviléges et par des lois, dont on trouve des exemples dans le douzième siècle, multipliés au treizième, il a été aboli depuis par tant de lois et de traités, qu'on peut le considérer aujourd'hui comme banni de l'Europe, et qu'il n'en reste plus que de faibles vestiges en quelques endroits » (*a*).

« Ce qui est digne d'observation, dit Blackstone dans ses commentaires sur les lois d'Angleterre, ce sont les modifications importantes que la loi des naufrages a subies dans la Grande-Bretagne, et l'adoucissement graduel de sa rigueur en faveur des malheureux propriétaires.

« Suivant l'ancienne loi commune, le Droit de naufrage ou de bris avait lieu lorsqu'un vaisseau ayant péri en mer les marchandises ou le chargement avait été jeté sur le rivage;

---

(*a*) *Voy.* le Précis du Droit des Gens moderne de l'Europe, fondé sur les traités et l'usage, liv. IV, chap. IV, § 154; et les nombreux auteurs cités dans cet ouvrage.

*Voy. aussi* les Institutions au Droit de la Nat. et des Gens, par M. Gérard de RAYNEVAL, chap. IX, § XV et XVI.

et dans ce cas, les biens ainsi naufragés étaient adjugés au roi comme lui appartenant : car on était dans l'opinion que, par la perte du navire, le propriétaire perdait son droit à la propriété tout entière. Cependant ce n'était incontestablement qu'accroître une affliction par une autre, et il n'y avait dans cette opinion ni raison ni humanité. Aussi fut-il réglé par le roi Henri I^er^ que, s'il échappait du navire un individu vivant, il n'y aurait pas lieu au Droit de naufrage.

« Depuis, le roi Henri II, par sa charte du 26 mai 1154, déclara que, si quelque vaisseau venait à se briser sur les côtes de l'Angleterre, du Poitou, d'Oleron ou de la Gascogne, et qu'un homme ou un animal se sauvât ou y fût trouvé vivant, les marchandises seraient rendues aux propriétaires, pourvu qu'ils en fissent la réclamation dans l'espace de trois mois ; à défaut de quoi, elles seraient regardées comme naufragées, et appartiendraient au roi, ou au seigneur ayant le Droit de naufrage. Richard I^er^, dans la seconde année de son règne, confirma ces dispositions. Il y ajouta même : il ordonna que le propriétaire, s'il essuyait un naufrage et qu'il en échappât, recouvrerait ses effets librement et sans trouble, *omnes res suas liberas et quietas haberet*; et de plus que, s'il périssait, ses enfants ou, à leur défaut, ses frères et sœurs, conserveraient la propriété, et que ce ne serait qu'à défaut de frère ou de sœur que les marchandises resteraient au roi.

« La loi rapportée par Bracton, sous le règne de Henri III, semble encore avoir enchéri sur la justice de ces dispositions. Car il résulte de cette loi que, s'il survit, par exemple, un chien par lequel le propriétaire puisse être reconnu, ou seulement s'il se trouve sur les marchandises une marque certaine qui les fasse reconnaître, il est réputé qu'il n'y a lieu au Droit de naufrage; ce qui est assurément très-conforme à la raison, puisque la prétention au nom du roi n'est réellement fondée que sur ce que le véritable propriétaire ne peut être connu.

« Postérieurement, par le statut de Westminster (3 Edouard c. 4), le délai fixé par la charte de Henri II, pour réclamer les objets naufragés, fut étendu à un an et un jour, conformément à la coutume de Normandie (Gr. Coustum. c. 17); il fut réglé que si un homme, un chien ou un chat échappait vivant du naufrage, le vaisseau ne serait pas confisqué comme naufragé. Ici, comme dans Bracton, ces animaux sont cités seulement pour exemples. Aujourd'hui, l'opinion adoptée est que, non-seulement s'il survit un être quelconque, mais encore si l'on peut prouver la propriété de quelques parties des effets ou du chargement venues à terre, elles ne doivent pas être confisquées comme naufragées. Le statut veut de plus que le shérif du comté soit tenu de garder les marchandises et débris pendant un an et un jour (*a*); et que si, dans l'intervalle, quelqu'un prouve sa propriété soit directe soit par représentation sur ces marchandises, elles lui soient restituées sans délai : mais que, passé ce temps, faute de preuve de propriété, elles soient adjugées au roi. Si les marchandises sont de nature périssable, le shérif peut

(*a*) En France, le délai est d'un an, conformément au code maritime d'Oleron, § 28; en Hollande, il est de dix-huit mois.

en faire faire la vente, et l'argent qui en provient les représente.

« Ce revenu des naufrages est fréquemment abandonné aux seigneurs des manoirs, comme concession royale : et si quelqu'un jouit de ce droit sur sa propriété, et que des effets appartenant au roi viennent à y échouer, le roi peut les réclamer en tout temps, même après l'an et jour.

« Il est à remarquer que, pour constituer un droit légal de bris ou naufrage, il faut que les marchandises viennent à terre. Si elles restent à la mer, la loi les distingue en trois classes, sous les noms barbares et sauvages de *Jetsam*, *Flotsam* et *Ligan*. Jetsam, ce sont les objets engloutis dans la mer, et qui restent sous l'eau; Flotsam, ce sont ceux qui continuent de flotter sur la surface de la mer; Ligan, ceux qui sont plongés sous les eaux, mais qui sont attachés à un liége ou à une bouée, et qu'on peut retrouver par ce moyen. Ces objets appartiennent encore au roi, si personne n'en réclame la propriété; mais si le propriétaire se présente, il a le droit d'en reprendre la propriété. Car même lorsque, pour alléger le bâtiment, on jette à la mer des marchandises sans signes ou bouées, le propriétaire n'est pas entendu avoir renoncé à sa propriété par cet acte de nécessité. A plus forte raison, les objets *Ligan* ne peuvent être regardés comme abandonnés, puisque le propriétaire a fait tout ce qui était en son pouvoir pour garantir et conserver sa propriété. Aussi ces trois classes de débris sont tellement distinguées des débris arrivés à terre, que les objets *Jetsam*, *Flotsam* et *Ligan* ne peuvent être concédés par le roi à un homme ayant droit de bris ou naufrage.

«Ce droit de bris ne se perçoit pas très-fréquemment aujourd'hui; car si quelques marchandises sont jetées sur le rivage, il arrive rarement, attendu les améliorations apportées aux moyens de commerce, de navigation et de correspondance, que le propriétaire ne soit pas dans le cas de prouver sa propriété avant l'expiration du délai de l'an et jour, fixé par la loi. Et pour lui conserver cette propriété en entier, et, s'il est possible, prévenir toute suite désastreuse des naufrages, nos lois contiennent diverses dispositions très-humaines, et dans un esprit tout-à-fait opposé à ces lois sauvages qui prévalaient autrefois dans les régions septentrionales de l'Europe, et qui subsistaient encore, à ce qu'on dit, il y a peu d'années sur les côtes de la mer Baltique; lois qui permettaient aux habitans de saisir comme de bonne prise tout ce dont ils pouvaient s'emparer; ou, comme le dit un des auteurs de ces pays, *in Naufragorum miseriâ et calamitate tanquam vultures ad prædam currere* (*a*).

« Par le statut de la 27me année du règne d'Édouard III, chap. 13, si quelque navire se perd sur le rivage, et que le chargement vienne à terre, ce qui ne peut, dit le statut, s'appeler un naufrage, les marchandises doivent être immédiatement délivrées aux négocians, qui paieront seulement une récompense raisonnable à ceux qui les auront sauvées et conservées; ce qu'on appelle *Salvage*, ou Droit de *Sauvetage*. Et d'après la loi commune, si quelqu'un, autre que le shérif, prend quelques objets, ainsi jetés sur le rivage, et qui ne soient pas assujettis au droit de bris, les propriétaires peuvent obtenir une com-

(*a*) Stiernh, *de jure Sueon*, L. 3, c. 5.

mission pour le rechercher, le découvrir et l'obliger à restitution.

« Par le statut 12 Anne, st. 2, c. 18, confirmé par le statut 4 Geo. 1, c. 12, pour venir au secours des naufragés, et empêcher sur quelques-unes des côtes de l'Angleterre, des pratiques illégales et scandaleuses, trop semblables à celles des côtes de la Baltique, il est ordonné aux principaux officiers et autres des villes voisines de la mer, de rassembler, sur la demande qui leur est adressée, autant de gens qu'il est nécessaire, et de les envoyer au secours du vaisseau en danger de naufrage, à peine de 100 liv. sterling d'amende : et dans le cas où le secours est donné, le sauvetage doit être payé par le propriétaire et réparti par trois juges de paix du voisinage. Celui qui distrait des marchandises quelconques, doit être condamné à une amende du triple de leur valeur : et celui qui, par un acte criminel, cause la perte ou la destruction du navire, en y pratiquant des trous, ou dérobant les pompes, ou autrement, est coupable de félonie sans bénéfice *du clergé* (*a*).

(*a*) *Exemption de la peine de mort.*

«Enfin, d'après le statut 26 Geo. II, c. 19, le pillage d'un bâtiment (soit en danger de naufrage, soit naufragé, et qu'il y ait ou non à bord quelque créature vivante), ainsi que l'opposition aux efforts que fait un individu quelconque pour échapper à la mort, ou l'acte de le blesser avec l'intention de lui ôter la vie, ou celui d'élever de faux signaux pour mettre un navire en danger, tous ces délits sont déclarés félonies capitales : la destruction des signaux établis sur les côtes de la mer, est punie d'une amende de 100 livres sterling, ou le coupable est mis hors de la protection des lois. De plus, le statut de Georges II met au nombre des filouteries le vol d'un objet jeté sur le rivage. Beaucoup d'autres réglemens salutaires ont été faits pour préserver d'autant mieux les navires naufragés de toute nation» (*a*).

(*a*) La loi civile (c'est-à-dire, le Droit romain) déclare que c'est un crime capital que de faire périr des personnes naufragées, ou de les empêcher de sauver le navire. Et le seul vol d'une planche du navire naufragé ou échoué rend le coupable responsable de la totalité du navire et du chargement. (tit. 47, 9, 3.)

Les lois des Visigoths, et les anciennes constitutions des

Nous avons vu précédemment qu'en France saint Louis fit, en 1231, un traité avec le duc de Bourgogne, pour l'engager à renoncer à ce droit. Vers le même temps parurent les fameux jugemens d'Oleron; ce sont des réglemens qui eurent uniquement pour objet la navigation des côtes de Guienne, de Poitou et de Normandie; mais on les trouva si judicieux, qu'on les adopta par tout. Ils ordonnèrent, entre autres choses, qu'on fournirait les secours convenables à ceux qui auraient le malheur de faire naufrage, qu'on leur laisserait tous leurs effets sans en retenir aucun, et qu'on n'exigerait d'eux autre chose que les frais de sauvement, tels qu'ils seraient réglés par justice; le tout, sous peine contre les transgresseurs, *d'être excommuniés de l'église, et d'être punis comme larrons.*

Dans le traité de paix et de commerce con-

---

Napolitains, punissaient très-sévèrement ceux qui négligeaient de secourir un vaisseau en danger, ou qui pillaient des marchandises jetées sur le rivage. (LINDENBRUCH, cod. ll. antiq. 146, 715.)

*Voy.* BLACKSTONE, Comment. sur les lois angl., liv. 1, chap. VIII. Traduction sous presse, par N. M. CHOMPRÉ.

clu entre Henri VII, roi d'Angleterre, et Philippe, archiduc d'Autriche et duc de Bourgogne, le 14 février 1495, il fut stipulé qu'en cas de naufrage, les débris et effets ne seraient point sujets à confiscation, quoiqu'il ne fût échappé personne du naufrage; mais qu'ils seraient sauvés et recueillis par les soins des officiers des parties contractantes, et mis sous bonne garde pendant un an et jour, pour être rendus à ceux qui, dans cet espace de temps, justifieraient de leur droit de propriété sur ces effets.

Cette règle fut adoptée par François Ier dans son ordonnance du mois de février 1543, qui est la première que nous ayons sur cette matière: il ordonna d'ailleurs qu'à défaut de réclamation dans l'an et jour, un tiers des effets qui auraient été tirés de la mer appartiendrait à ceux qui les auraient sauvés, un tiers à l'amiral, et l'autre tiers au roi ou aux seigneurs auxquels il aurait cédé son droit.

Le parlement, en enregistrant cette loi, limita à deux mois le temps de la réclamation, et cette disposition, tout injuste qu'elle était, fut confirmée par l'ordonnance du mois de mars 1584; mais elle a dans la suite été réformée par l'ordonnance de 1629, et par celle du mois d'août 1681.

Par l'article 1er du titre 9 du livre IV de cette dernière loi, le législateur déclare qu'il met sous sa protection et sauve-garde les vaisseaux, leurs équipages et chargemens, qui auront été jetés par la tempête sur les côtes du royaume, ou autrement y auront échoué, et en général tout ce qui sera échappé du naufrage.

L'article 2 enjoint aux sujets du roi de faire leur possible pour secourir les personnes qu'ils voient en danger de faire naufrage. La même loi voulait que ceux qui attentent à la vie et aux biens de ces personnes, fussent punis de mort, sans qu'il pût leur être accordé aucune grace.

L'article 26 portait que les effets échoués ou naufragés appartenant aux ennemis de l'État seraient confisqués au profit du roi.

L'article 30 défendait aux seigneurs particuliers et aux officiers de guerre ou de justice, de prendre aucune connaissance des bris et échouemens, et de s'en attribuer aucun droit à cause de leurs terres, offices ou commissions, et d'y troubler les officiers de l'amirauté, à peine de privation de leurs fiefs, offices et emplois; et à tous soldats et cavaliers de courir aux naufrages, sous peine de la vie.

Par l'article 31, les gouverneurs des places et les commandans des garnisons des villes et lieux maritimes étaient néanmoins tenus de donner main-forte, lorsqu'ils en étaient requis, aux officiers de l'amirauté et aux intéressés dans les naufrages, et d'envoyer pour cet effet des officiers et des soldats, dont ces gouverneurs et commandans étaient obligés de répondre.

L'article 44 prononçait la peine capitale contre les seigneurs de fiefs voisins de la mer, et contre toute autre personne qui obligent les pilotes ou locmans de faire échouer les navires aux côtes qui joignent leurs terres, pour en profiter, sous prétexte de droit de varech ou autre, quel qu'il soit.

L'article suivant voulait pareillement que l'on punît de mort quiconque allumerait des feux trompeurs la nuit, sur les grèves de la mer et dans les lieux périlleux, pour y attirer et faire échouer les navires.

Une déclaration du 15 juin 1735, et une autre du 10 janvier 1770, ont eu pour objet de rendre uniforme le mode de procéder en cette matière, et l'on peut en voir les dispositions principales dans l'ancien et dans le nouveau répertoire de jurisprudence, au mot *Naufrage*.

On verra aussi dans ce dernier ouvrage que les lois nouvelles ont dérogé en plusieurs points importans, aux règles précédemment existantes.

1° Les seigneuries et les droits qui en dépendaient étant abolis par les lois du 4 août 1789, 15 mars 1790, 13 avril 1791, 25 août 1792, et 27 juillet 1793, les ci-devant seigneurs ne peuvent plus exercer les droits que leur réservait l'article 26 de la déclaration du 10 janvier 1770.

2° Le produit de toutes les ventes provisoires, soit qu'il s'agisse de prises, soit que les effets proviennent de bâtimens naufragés, doit être déposé à la caisse des invalides de la marine, sauf réclamation par qui il appartiendra, en conformité de l'article 15 de l'arrêté du 6 germinal an VIII, lequel portait création du Conseil des prises; et à l'article 4 de l'arrêté du 19 nivose, relatif au mode d'exécution de la loi du 23 mai 1791, sur la caisse des prises (*a*).

3° Les peines afflictives que prononçaient les divers articles de l'ordonnance de 1681, ont été abrogées par le dernier article du Code pénal, du 25 septembre 1791, et remplacées par les peines auxquelles le même code et les autres lois pénales actuellement en vigueur soumettent les crimes et délits qui en sont l'objet. C'est ce que fait clairement entendre l'article 7 de l'arrêté du Directoire exécutif du 27 thermidor an VII; mais cet arrêté a lui-même été modifié, quant à la forme, par l'arrêté précédemment indiqué du 17 floréal an IX.

4° Les fonctions des juges de paix ont été limitées sur cette matière à la poursuite des crimes et délits, poursuite dans laquelle ils ont pour concurrens les autres officiers de police judiciaire. C'est ce qui résulte toujours

---

(*a*) *Voy.* l'arrêté du gouvernement, 17 floréal an IX, art. 8.

du même arrêté du gouvernement du 17 floréal an IX, etc. etc.

Enfin le titre 7 de la loi du 10 août 1791, relative aux douanes, contient plusieurs dispositions importantes *sur les marchandises sauvées des naufrages*; et, quoiqu'il ait été dérogé à ces dispositions par la loi du 1er mars 1793, on peut encore la consulter, ainsi que plusieurs décisions du Conseil des Prises, et quelques décrets rendus sur cette matière, entre autres celui du 30 novembre 1811.

L'état actuel de la législation et celui de la civilisation à cet égard, graces à la propagation des lumières sur toutes les parties du globe, ne peut plus rétrograder, et ses avantages seront avant peu universellement appréciés.

En quel sens les suites d'un naufrage pourraient donner naissance à un véritable droit.

Le vrai principe est donc reconnu et suffisamment consacré; mais il existe peut-être encore dans cette législation, parmi les Nations les plus civilisées, un vice qui peut l'éloigner du but principal qu'elle cherche à atteindre, celui de protéger l'infortune.

En effet, le fisc, en cas de non-réclamation de la part des propriétaires naufragés, s'attribue la propriété des objets sauvés, tandis que, quoi qu'en dise Christian, savant annotateur de Blackstone, il n'y a véritablement aucun droit, pas plus que sur tout autre genre de propriété : le droit du domaine éminent (*a*) ne s'étend pas jusque-là.

Sans doute les effets provenant d'un naufrage ne doivent pas être livrés au pillage de la multitude; et si les propriétaires véritables justifient de leur propriété et les réclament dans le délai déterminé par la loi, ils doivent leur être restitués, sauf le prélèvement des frais occasionnés pour les conserver; mais le délai suffisant pour assurer l'effet de leur réclamation étant expiré, c'est à ceux même aux efforts et aux soins de qui la conservation en est due, qu'il serait naturel de les adjuger : si la loi ordonne qu'il en soit autrement, elle provoque ceux qui découvrent une chose naufragée à garder le silence, et les éloigne de venir en faire leur déclaration, par l'espoir de parvenir à les enlever furtivement; et alors ils s'imaginent encore, comme autre-

(*a*) *Voy.* vol. 1, pag. 105 et suiv.

fois chez les Romains (ainsi que les auteurs l'ont fort judicieusement remarqué), ne s'approprier que les droits usurpés du fisc, sans plus songer à l'injustice dont ils peuvent, en définitive, se rendre coupables envers les malheureux naufragés : ils n'en agiraient probablement pas ainsi dans le cas où, faute de réclamation de la part du véritable propriétaire, ils pourraient espérer de les posséder un jour en toute tranquillité de conscience, après avoir fait les déclarations requises, et les avoir déposés pendant le temps et dans le lieu prescrits à cet effet par la loi.

Dans la vue d'enrichir le fisc de la propriété des effets sauvés par le courage et les soins d'autrui, vainement dirait-on, ce semble, que l'espérance de profiter des dépouilles des malheureux battus de la tempête, que ferait naître cette manière d'acquérir la propriété, pourrait suggérer la pensée de ne pas les secourir. Il existe sans doute encore des êtres assez durs et assez dépravés pour se laisser conduire par une si odieuse cupidité ; mais les exemples en sont trop rares aujourd'hui pour qu'on doive, dans ce siècle, présumer aussi mal de l'espèce humaine, et la flétrir par un tel jugement.

D'ailleurs, si l'on en concevait une opinion si défavorable, n'est-il pas évident qu'alors il faudrait supposer de même, qu'étant sans compassion, et de plus sans intérêt à soustraire les hommes et les choses à la fureur des flots, les lâches témoins d'un naufrage, qui déja seraient enclins à l'inaction, ne se trouveraient que plus fortement affermis dans la résolution de ne pas porter de secours aux naufragés, et resteraient ainsi, également par calcul, dans une révoltante impassibilité?

Cependant trouverait-on que l'application de cette règle de droit fût encore sujette à de trop graves inconvéniens? Le moyen le plus sage d'y suppléer serait de donner, ainsi qu'on le fait quelquefois en France, aux produits des choses sauvées des naufrages, une destination qui aurait pour objet spécial d'apporter quelque soulagement ou à la détresse de ceux dont les naufrages ont occasionné la ruine, ou à la misère à laquelle se voient souvent exposés, dans un âge avancé, les marins qui ont long-temps lutté contre les orages, pour contribuer à la prospérité de leur patrie, et dont les tempêtes ont respecté le dévouement en épargnant leurs jours.

Au surplus cette dernière question n'est pas celle que nous nous sommes proposé de traiter ici; elle se rattacherait spécialement aux dispositions du Droit civil (*a*), et non pas aux principes élémentaires du Droit des Gens; et sous ce rapport, il ne nous appartient pas de la résoudre.

### COROLLAIRE III.

*Droit d'Asyle en terres étrangères.*

SOMMAIRE. Obligation que le Droit des Gens impose à cet égard. — Distinction qu'il importe de faire.

Obligation que le Droit des Gens impose. Distinction qu'il importe de faire.

Dans la première partie de ce paragraphe, nous avons établi en principe général, que tous les peuples, dans leur propre intérêt, doivent accueillir et traiter humainement les étrangers; qu'ils doivent protéger leur personne et leurs biens, respecter leur vie, leur liberté, leur propriété, et les faire jouir à cet

(*a*) *Voy.* vol. I, PREF. pag. LXXIII; et liv. I, p. 239.

effet de la faveur des lois civiles proprement dites (*a*), existantes dans le pays.

Mais de ce que les Nations doivent aux étrangers une entière protection, s'ensuit-il que tous ceux qui auront violé les lois de leur patrie, et qui, ayant encouru par cette violation la répression de la justice, seront néanmoins parvenus à s'y soustraire, en fuyant sur un territoire étranger, doivent y être indistinctement accueillis et mis à l'abri de toutes poursuites? Le respect dû aux principes du Droit des Gens, aux lois de l'hospitalité, oblige-t-il le peuple chez lequel ils se sont retirés, de se refuser à toutes les réclamations de la Nation lésée?

Non, sans doute, il ne doit pas en être ainsi; et il est encore indispensable de faire à ce sujet une importante distinction. Celui, par exemple, qui se serait rendu coupable d'un crime contre les lois de la nature et les sentimens de l'humanité, ne doit trouver de protection en aucun lieu de la terre : car tous les

(*a*) *Voy.* vol. 1, p. 66, 232 et suiv.

peuples, tous les hommes ont intérêt à ce que de tels crimes soient réprimés, et le mal dont ils ont été suivis, réparé, autant qu'il est humainement possible qu'il le soit. « Le Droit des Gens, dit M. le marquis de Pastoret, dans son traité des Lois pénales, n'est point de protéger dans un empire les coupables de l'autre, mais de se secourir mutuellement contre les ennemis de la société et de la vertu » (*a*). — « Si la justice de chaque État, dit Vattel, doit en général se borner à punir les crimes commis dans son territoire, il faut excepter de la règle ces scélérats qui, par la qualité et la fréquence de leurs crimes, violent toute sûreté publique, et se déclarent les ennemis du genre humain. Les empoisonneurs, les assassins, les incendiaires de profession, peuvent être punis par-tout où on les saisit : car ils attaquent et outragent toutes les Nations, en foulant aux pieds les fondemens de leur sûreté commune » (*b*). — « Si ceux qui se retirent dans une terre étrangère

(*a*) Lois pénales, tom. II, ch. XVIII.

(*b*) Droit des Gens, liv. I, chap. XX, § 233.

sont, dit l'auteur de la *Science du Gouvernement*, des assassins, des empoisonneurs, s'ils sont coupables de ces crimes atroces, les Rois les livrent ordinairement à leurs anciens maîtres, à cause de l'atrocité du délit : et en cela, ils suivent la loi de Dieu, qui rend coupables de l'homicide tous ceux qui recèlent le meurtrier; et ils évitent qu'on ne leur fasse l'application de la maxime de cet ancien qui disait que c'était se conduire en ennemi que de favoriser un ennemi. « *Hostis est qui hostem non ostendit* » (*a*).

Les Hébreux n'ouvraient leurs villes qu'à ceux qui avaient fait preuve de leur innocence devant les juges : faute d'avoir satisfait à cette obligation, les fugitifs ne jouissaient pas du bénéfice de la loi; et, s'ils étaient reconnus coupables d'un grand crime, on leur faisait l'application de ce précepte de l'Exode, « *si quis per industriam occiderit proximum suum et per insidias, ab altari meo evelles eum ut moriatur* (*b*).

(*a*) Sc. du Gouvern., tom. v, chap. III, § VIII.

(*b*) Exod. 21, 14.

Que s'il s'agit, au contraire, de ces délits qui proviennent de l'abus ou de l'erreur d'un sentiment noble en lui-même, mais égaré par l'ignorance, la prévention et les faux prejugés; de ces actions criminelles qui doivent être réprimées sans doute, mais que leur cause, leur source, le principe même qui leur sert de mobile, rendent quelquefois excusables, s'ils ne peuvent réellement les ennoblir (*a*); s'il s'agit aussi de ces fautes (politiques et de circonstances) qui tiennent plus à la fragilité de la raison humaine, au malheur des temps de trouble et de révolution, qu'à la perversité du cœur, il faut bien se garder de mettre en oubli cette maxime de prudence, de sagesse, de justice, d'humanité. « Au milieu des troubles civils, le plus difficile n'est pas de faire son devoir, c'est de le connaître. » Pour éviter alors à un gouvernement les suites funestes pour lui-même d'une injuste persécution, pour lui ôter le moyen de violer lui-même, dans ces temps de crises, d'égaremens, d'infortunes,

(*a*) *Voy.* entre autres ce qui est relatif au *Duel.* Appendice, liv. 1, n. 24.

ces principes d'immuable équité et de Droit public, ces principes élémentaires, inviolables et sacrés, à l'observation desquels il aurait un si grand intérêt à ramener par son exemple : enfin, pour arracher alors un peuple entier des dangers imminens de sa propre fureur, nul autre peuple ne peut sans déshonneur et sans honte refuser un refuge aux malheureux qui le réclament ni trahir envers eux, s'il leur a été accordé, les devoirs de l'hospitalité.

Aussi a-t-on vu, même dans des siècles plus éloignés que nous ne le sommes de l'état de civilisation, des hommes condamnés et proscrits, au sein de leur patrie, par leurs propres concitoyens, trouver un abri et le repos chez des Nations ennemies, que quelques-uns d'entre eux avaient combattues avec avantage : et ces peuples hospitaliers et généreux, en se rendant dignes d'une confiance dont ils se durent croire honorés, s'acquirent un titre à la gloire et à la reconnaissance générale. « Les auteurs, qui traitent cette question sous le rapport du Droit des Gens, demandent, dit M. Gérard de Rayneval, quelle conduite un souverain est obligé de tenir à l'égard des étrangers qui se réfugient dans ses États. Nous répondons qu'il ne doit aucun asyle à des individus qui quittent leur patrie originaire pour échapper à la punition des crimes qu'ils peuvent y avoir commis....; mais qu'il doit accueillir les étrangers qui ne quittent leur Nation que par circonstance ou par goût; à plus forte raison, doit-il se conduire ainsi à l'égard de ceux que des malheurs publics ou particuliers forcent de s'expatrier. Il leur doit tous les services que l'humanité prescrit; car les sentimens d'humanité sont les fondemens des liens qui doivent unir tous les hommes : la politique qui les détruit...., est monstrueuse, c'est celle des cannibales » (*a*).

### COROLLAIRE IV.

*Système prohibitif des productions et marchandises étrangères.*

**SOMMAIRE.** Ce système est contraire à l'intérêt particulier, à la prospérité générale des peuples. — Il faut y renoncer, si l'on veut parvenir à un bien-être réel, à une paix durable.

Le simple exposé de la vérité servant de base aux principes du Droit des Gens en temps

Tout système prohibitif des productions et

(*a*) Instit. du Droit de la Nat. et des Gens, chap. XIII, § IV, p. 186.

marchandises étrangères est contraire à l'intérêt particulier, à la prospérité générale des peuples, etc.

de paix (*a*), renferme en lui-même une démonstration évidente du principe important qu'il s'agit de consacrer ici, relativement au systême prohibitif des productions et marchandises étrangères.

Si l'on s'est bien pénétré de cette vérité fondamentale, on doit concevoir que cet absurde systême est entièrement contraire au bien de l'humanité, à l'intérêt général des Nations; que ce même systême est réellement contraire à l'intérêt particulier des peuples qui sont le plus portés à se persuader qu'ils peuvent en retirer quelque avantage réel.

Sans s'appesantir sur le détail de toutes les preuves que l'on peut en trouver, il est clair qu'il doit en être ainsi, par cela seul qu'un pareil systême nuit essentiellement au commerce, aux communications que les Nations doivent, dans leur véritable intérêt, entretenir les unes avec les autres, et qu'il s'oppose au développement des arts, de l'industrie, de toutes les connaissances humaines, parce qu'il enlève à chacun les moyens de comparaison et

(*a*) *Voy. ci-dessus*, chap. 1.

d'amélioration, et qu'il va jusqu'à éteindre tout sentiment d'émulation pour le perfectionnement des choses les plus utiles au bien-être et aux douceurs de la vie.

Disons plus encore : on peut sans doute être fondé à croire, au premier aperçu, que ce système de prohibition est au moins favorable à la classe des manufacturiers, des fabricans. C'est en effet ce que soutiennent ceux-ci, et ce que pensent ceux dont les vues sont courtes, qui s'arrêtent à l'écorce, et ne sont jamais frappés que des avantages du moment. Mais, dans la vérité, n'est-il donc pas facile de se convaincre qu'il est de même très-contraire à leurs véritables intérêts ? que ces manufacturiers aussi ne peuvent manquer de même de trouver leur propre avantage dans l'entière liberté du commerce, dans l'abolition du système prohibitif des productions et marchandises étrangères, 1° parce que, lorsqu'il est loisible à un gouvernement d'en user, il le restreint rarement à une seule branche de productions, d'industrie ou de commerce ; il peut le faire frapper tantôt sur l'une et tantôt sur l'autre ; il peut l'étendre à toutes, et il l'applique même souvent aux matières premières, sans lesquelles les fabricans ne sauraient travailler : de sorte que ce même système, dont une classe de manufacturiers croit tirer aujourd'hui un grand avantage, tournera demain à son détriment ; peut-être frappera-t-il jusque sur les choses de première nécessité : ce qui rendra la main d'œuvre, et toute espèce de consommation en général, beaucoup plus chères et plus onéreuses.

2° Parce que, lorsque les manufacturiers seraient au contraire assurés de ne pas payer ces matières premières au-delà de leur juste valeur, d'après les prix établis par une concurrence naturelle, et par les besoins réciproques, les objets de comparaison leur auraient bientôt donné les moyens de faire mieux, plus promptement et à moins de frais.

3° Parce qu'il n'est pas même nécessaire qu'ils fassent aussi bien et à aussi bon marché que les étrangers, pour obtenir sur eux la préférence, puisqu'au prix de fabrique, ceux-ci sont encore obligés d'ajouter le coût des transports et autres frais. « Si la Nation, dit M. Say, peut produire les marchandises prohibées au même prix ou au-dessous du prix auquel l'étranger peut les fournir toutes rendues, les siennes seront probablement préférées, et elle aura l'avantage de les produire, sans qu'il soit besoin de prohibition. Les consommateurs ne vont pas chercher au loin ce qu'ils ont près d'eux dans les mêmes qualités et dans les mêmes prix. »

4° Parce que, parvenant à faire mieux, plus promptement et à moins de frais, qu'ils ne faisaient lors de l'exclusion, il y aura aussi un bien plus grand nombre d'acheteurs qu'il n'y en avait alors, et que, de toute manière, ils vendront bien davantage, malgré la concurrence, qu'ils ne vendaient lorsqu'ils jouissaient de leur privilége.

5° Parce que le plus grand intérêt des classes manufacturières, comme celui de tous les citoyens, se trouve nécessairement dans l'intérêt général de la société, etc. etc.

D'ailleurs, de profonds écrivains, d'habiles et judicieux économistes ont trop victorieusement prouvé cette proposition, pour qu'il soit nécessaire de nous étendre ici sur tous les points de sa démonstration (*a*). « Plus on s'éclaire, a dit aussi un grand Publiciste, plus on contracte un esprit de bienveillance générale, parce qu'on voit que les intérêts des hommes se rapprochent par plus de points qu'ils ne se repoussent.

« Dans le commerce, les peuples ignorans se sont traités comme des rivaux qui ne pouvaient s'élever que sur les ruines les uns des autres.

« L'ouvrage d'Adam Smith est un traité de bienveillance universelle, parce qu'il fait voir que le commerce est également avantageux pour les différentes Nations; que chacune en profite à sa manière, à proportion de ses moyens naturels; que les peuples sont associés, et non pas rivaux, dans la grande entreprise sociale » (*b*).

---

(*a*) *Voy.* Smith, *Traité des richesses;* M. Gray, *Traité du bonheur des États;* M. Purves, Examen des Théories de Quesnay et d'Adam Smith; Galliani, ouvrage ayant pour titre : *Dialogues sur le commerce des blés;* M. Say, *Économie politique;* Filangieri, etc. etc.

(*b*) Bentham, principes du cod. pén., tom. III, 4e *part.*, chap. XVI.

Sans doute il peut bien y avoir des difficultés d'exécution; il s'en rencontrera principalement lors des premières tentatives; mais c'est aux hommes d'état instruits et éclairés de les éviter, de prévenir ou de pallier les inconvéniens partiels et passagers, de choisir les temps et les circonstances, de profiter de toutes les ouvertures favorables qu'ils ne peuvent manquer de rencontrer et qu'ils doivent faire naître avec habileté. La science du Droit et celle de l'administration n'ont rien de contradictoire, elles doivent avoir les mêmes vues, elles tendent aux mêmes fins; mais l'une doit précéder l'autre; l'une s'applique à la démonstration des principes et de leur utilité, l'autre s'applique aux moyens journaliers d'arriver à leur exécution, tout-à-la-fois avec promptitude et sûreté; et, comme ces moyens sont variés et infinis, qu'ils changent et se modifient chaque jour, la science de les mettre en usage est infinie comme eux, et tient à la pratique sur-tout. Toujours est-il vrai qu'il faut savoir où aller, avant de se mettre en chemin. En un mot le Publiciste indique le but, et c'est à l'administrateur habile à choisir la route la plus sûre pour y atteindre.

« Peut-être, dit M. Say, n'est-ce pas trop de toute l'habileté d'un grand homme d'état, pour cicatriser les plaies qu'occasionnerait l'extirpation de cette loupe dévorante qu'on appelle système réglementaire et exclusif; et quand on considère mûrement le tort qu'il cause quand il est établi, et les maux auxquels on peut être exposé en l'abolissant, on est conduit naturellement à cette réflexion: s'il est si difficile de rendre la liberté à l'industrie, combien ne doit-on pas être réservé lorsqu'il s'agit de l'ôter... (*a*).

D'autres encore peuvent s'imaginer que les systêmes de prohibition tournent à l'avantage du gouvernement. Ceux qui gouvernent peuvent bien eux-mêmes se le persuader quelquefois, et mettre alors en avant l'intérêt prétendu des manufacturiers, des fabricans, afin de chercher à dissimuler par-là leurs véritables motifs. Mais, en cherchant à abuser ainsi les peuples, ils se trompent les premiers, et portent à la chose publique et à leurs propres intérêts de notables préjudices.

---

(*a*) Traité d'Économ. politique, tom. I, liv. I, ch. XXXV, *pag.* 292.

Enfin, on pourrait même, ce semble, donner, en peu de mots, la solution de cette importante question : car il est évident qu'en grevant les marchandises et productions étrangères de droits extraordinaires, ou en les prohibant entièrement, on exerce un monopole, on crée un privilége en faveur d'une des classes manufacturières de la société au préjudice de toutes les autres.

Or, pour justifier ce privilége, au moins faudrait-il que l'on pût prouver que ce même privilége, onéreux pour toutes les autres classes de la société, est indispensable à la prospérité ou même au soutien de l'industrie manufacturière et commerciale ; tandis que chaque jour l'expérience, de même que la réflexion et le raisonnement, donne au contraire des preuves nouvelles de son inutilité, ou plutôt de son désavantage; tandis que, chaque jour, l'expérience, comme la raison, établissent de mieux en mieux, que rien n'est plus nuisible au perfectionnement des manufactures, du commerce, de l'industrie, que l'existence de ce privilége, et l'application du système qui le soutient.

Que dirait-on d'une ville qui, pour favoriser ses manufactures ou autre établissement de ce genre, prétendrait fermer ses portes aux productions industrielles de toutes les autres villes voisines. On ne songerait sûrement pas à soutenir que cela fût juste; on ne s'imaginerait même pas aujourd'hui que cette mesure pût lui être utile, et allât précisément à son plus grand avantage.

Or nous avons établi, et nous prouverons encore, que les peuples doivent être désormais à l'égard les uns des autres ce que sont déja entre elles lés provinces et les villes d'un même royaume, autrefois divisées, ennemies, et par cela même misérables.

M. Say tire cette comparaison de plus loin encore; et, telle qu'il la présente, elle n'en est cependant pas moins juste et moins évidente. « C'est encore ici, dit-il, le cas du particulier qui voudrait faire lui-même ses souliers et ses habits. Que dirait-on si, à la porte de chaque maison, on établissait un Droit d'entrée sur les souliers et les habits, tel que le prix de ces denrées fût élevé par ce Droit au-dessus de ce qu'elles coûteraient au propriétaire, s'il les produisait lui-même : le tout, afin de lui procurer l'avantage de les fabriquer à grands frais? Ce serait exactement le même systême, mais poussé plus loin....

« Je ne parle point, continue ce judicieux auteur, de plusieurs autres inconvéniens très-graves, tel que celui de créer un crime de plus, la contrebande ; c'est-à-dire, de rendre criminelle par les lois une action qui est innocente en elle-même, et d'avoir à punir des gens qui, dans le fait, travaillent à la prospérité générale » (*a*).

— « On ne peut nier, dit un autre auteur, qu'il ne soit très-naturel que la France envie la prospérité de l'Angleterre ; et ce sentiment l'a portée à se laisser tromper sur quelques-uns des essais de Bonaparte pour élever l'industrie française à la hauteur de celle d'Angleterre ; mais est-ce par des prohibitions armées qu'on crée la richesse? La volonté des Souverains ne saurait plus diriger le systême

---

(*a*) Traité d'Économie polit., tom. I, liv. I, ch. XXXIII, ayant pour titre : *De l'effet des entraves mises à l'importation des marchandises étrangères* ; et *ibid.*, ch. XXXIV, *pag.* 281.

industriel et commercial des Nations : il faut les laisser aller à leur développement naturel, et seconder leurs intérêts selon leurs vœux. Mais de même qu'une femme, pour s'irriter des hommages offerts à sa rivale, n'en obtient pas davantage elle-même, une Nation en fait de commerce et d'industrie, ne peut l'emporter qu'en sachant attirer les tributs volontaires, et non en proscrivant le commerce... » (*a*).

---

(*a*) (Mad. de STAEL, Considér. sur la Révol. franç., tom. II, 4e *part.*, ch. XIII, ayant pour titre : *Des moyens employés par Bonaparte pour attaquer l'Angleterre.*)

On peut voir aussi sur cette matière un ouvrage publié en 1815 par M. L. D. B., et ayant pour titre : EXAMEN des principes les plus favorables aux progrès de l'agriculture, des manufactures et du commerce en France.

L'auteur de cet ouvrage qui, à ce que nous croyons, exerçait dans sa jeunesse le commerce avec distinction, entre scrupuleusement dans le détail de tous les genres d'industrie, agricole, manufacturière, commerciale; et il démontre clairement que l'admission de tout système prohibitif est nuisible à chacune d'elles.

« Notre intérêt bien entendu, dit-il, semble nous avertir de n'accorder à aucune Nation des avantages particuliers, mais de nous les concilier toutes, en proclamant la liberté illimitée du commerce....

« L'intérêt de nos manufactures, dit-il encore, celui des consommateurs, celui du gouvernement, qui est lui-

Chose surprenante! Quelques despotes des États barbaresques de Maroc et d'Alger semblent en cela avoir été plus éclairés que les États d'Europe les plus policés. On les a même vus, en général, se conformer davantage, en cette matière, aux règles du bon sens et de la raison. « L'empire de Maroc, nous dit un autre publiciste, est presque continuellement en guerre avec les nations chrétiennes; mais il permet néanmoins que leurs consuls, leurs marchands et tous leurs autres sujets résident dans ses ports, même pendant la guerre, avec la même sécurité et les mêmes franchises

même le plus fort des consommateurs, se réunissent pour nous conseiller l'adoption du seul système qui soit digne des Français et du siècle de lumières où nous vivons, celui de la liberté illimitée du commerce extérieur..... » (Préface de l'ouvrage cité, pag. 52, et tom. II, 3e part., chap. 29, ayant pour titre : *Suppression de tous Droits sans exception, à l'importation en France des matières premières, et même des produits du sol et de l'industrie, venant de l'étranger.*)

Dans ce même ouvrage, on lira encore avec fruit le chap. XXXIII de la 3e part., ayant pour titre : *L'intérêt actuel de la France est de renoncer au système prohibitif et d'adopter la liberté illimitée du commerce, sans droits d'importation et d'exportation* (tom. II, pag. 198 et 205);

que pendant la paix : il laisse le commerce ouvert et libre avec toutes les nations ennemies, pour quelque espèce de marchandise que ce soit» (*a*).

Ainsi c'est d'un peuple pirate et barbare, c'est d'un peuple qu'elles méprisent à quelques justes titres, que des nations chrétiennes, que des nations si fières d'ailleurs des progrès de leurs lumières et de leur civilisation, reçoivent une leçon de haute politique, d'équité, de sagesse; leçon qu'elles sont encore bien éloignées de suivre, lorsqu'il est pourtant si évident qu'il serait pour elles d'un intérêt immense de s'y conformer, lorsqu'il est si fa-

---

comme aussi le chap. XXXIV, intitulé : *Le système de la liberté illimitée n'aura point d'inconvéniens pour les diverses branches d'industrie française*. Ce dernier chapitre contient une réfutation victorieuse des diverses objections que l'on oppose sans fondement à ce système entièrement d'accord avec les vrais principes.

Enfin, le même ouvrage renferme de très-sages réflexions sur la nécessité de maintenir l'abolition des *Maîtrises, Jurandes, Apprentissages et Inspections des manufactures*, sur les dangers et inconvéniens nombreux des *Taxes*, des *Cautionnemens*, des *Privilèges*, du *Monopole intérieur*, etc., etc.

(*a*) Sc. du Gouvernement, tom. 1, chap. IV, sect. 1re.

cile de comprendre que leur bonheur, que leur plus grande prospérité est en partie attachée à la religieuse observation de ce principe.

Oui, et l'on sera enfin conduit à le reconnaître un jour; il faut que toutes les barrières s'écroulent, pour que les peuples d'Europe puissent sortir de l'état où ils se trouvent réduits par des systêmes opposés à ce principe. Jusque-là, il n'est ni richesse, ni paix, ni bien-être durables à espérer pour eux. Tous marchent inévitablement et se précipitent d'un commun mouvement vers leur ruine. Déja tel peuple qui, par un égoïsme aveugle et fatal à lui-même, a cru, plus que tout autre peut-être, devoir, dans son intérêt exclusif, adopter une conduite si diamétralement contraire au bon droit, à l'équité universelle, n'a pas été et n'est pas, en ce moment, moins violemment tourmenté que les autres nations de l'Europe, de tous les maux dont il a dû être ainsi l'une des causes les plus actives : et ce peuple ainsi que tous les peuples qui persisteraient, à son exemple, dans la fatale résolution de tenir la même conduite, seront infailliblement écrasés sous le poids des nouveaux désastres qui, dans ce cas, ne pourraient manquer d'en être le résultat funeste (*a*).

Terminons ces réflexions par ce passage d'un publiciste qui nous a précédé dans la carrière: « Après avoir démontré, dit-il, que l'intérêt de chaque nation et l'intérêt de l'Europe sont essentiellement unis; après avoir développé

---

(*a*) *Voy.* dans les journaux anglais, et dans le journ. constitutionnel du dim. 14 mai 1820, n° 135, l'analyse du discours prononcé par M. Baring, en présentant à la Chambre des Communes, dans la séance du 8 du même mois de mai, la pétition des marchands de la ville de Londres, pour demander l'abolition de toutes les restrictions commerciales. Dans ce long et lumineux discours, l'orateur a démontré l'absurdité de ce système, d'après lequel les Anglais devraient produire eux-mêmes tout ce dont ils ont besoin, quoique d'autres nations puissent leur fournir les mêmes produits pour le quart ou le cinquième de ce qu'ils coûtent en Angleterre; système auquel, ainsi que le remarque fort bien le journaliste, la chambre paraît plus attachée que la nation. « Il n'a pas été difficile à cet orateur, continue toujours le même journaliste, de faire sentir la sagesse de la Nature qui a distribué sur tous les sols des productions particulièrement propres à chacun, afin d'en faire le lien des rapports entre les individus et les peuples. » (*Voy. ci-dessus*, chap. 1, pag. 332 et suiv.)

l'influence funeste de la jalousie du commerce et de la rivalité des nations sur le commerce général et particulier des peuples, il ne nous reste plus qu'à solliciter chaque souverain de mettre sa gloire à donner le premier aux autres gouvernemens l'exemple de la plus heureuse révolution, en foulant aux pieds les anciens préjugés, en ouvrant ses ports à toutes les nations, et en jetant ainsi les fondemens de la liberté générale du commerce. O vous, respectables législateurs du genre humain, vous qui êtes assez heureux pour influer sur le bonheur des peuples; Rois et ministres, qui entrez dans ces sanctuaires d'où émanent les ordres qui ouvrent ou ferment le temple de la guerre! pénétrez-vous bien de cette grande vérité, que, dans l'ordre physique, comme dans l'ordre moral, tous les êtres existent dans une dépendance réciproque. Observez comment cet ordre inaltérable de la nature a donné naissance aux sociétés, a introduit le commerce parmi les hommes; rappelez-vous que l'objet du commerce est de faire de toutes les nations une seule société, dont chaque membre puisse participer également aux avantages dont tous les autres jouissent; et que les moyens d'exercer ce droit supposent chez tous les peuples la liberté de faire l'espèce d'échange qui peut convenir à leurs besoins mutuels. Croyez que si les nations avec qui vous commercez ont besoin de vous, et si vous avez besoin d'elles, leur population augmentant à proportion de leur bonheur, vous trouverez un grand nombre d'hommes qui achèteront vos productions et vos ouvrages, et vous fourniront les denrées et les marchandises que vous n'avez pas.

« Renoncez donc à cet esprit de rivalité et de jalousie qui vous tourmente; combinez votre intérêt avec celui des autres nations: c'est le seul moyen d'établir la prospérité de vos États sur une base inébranlable. Renversez ces barrières politiques; rejetez avec horreur ces distinctions absurdes entre nation et nation, misérables restes des anciens préjugés de la barbarie, qui sont aujourd'hui le déshonneur d'un siècle que l'on croit éclairé, et qui sans doute devrait l'être. Abolissez ces pactes de confédération, ces ligues qui ont la défense pour prétexte et l'invasion pour but;

qui forcent un peuple fait pour jouir des douceurs de la paix, à s'allier avec une autre nation, et à soutenir la même cause; à verser son sang, à sacrifier ses trésors, à interrompre son commerce, très-souvent dans la seule vue de satisfaire l'ambition d'une Cour étrangère, de défendre ses prétentions injustes, ses droits supposés, ses titres faux ou incertains, ses haines personnelles, sa vanité puérile, ses jalousies mal fondées, et même jusqu'à ses folies. Regardez encore comme la source des abus politiques, ces traités de commerce, qui deviennent autant de semences de guerre, et ces priviléges exclusifs qu'une nation obtient d'une autre pour un trafic de luxe ou pour un commerce de subsistance : la liberté générale de l'industrie et du commerce, voilà, dit un historien célèbre (*a*), le seul traité qu'une nation commerçante et industrieuse devrait établir chez elle et négocier avec les autres » (*b*). (1)

---

(*a*) Hist. philos. et polit., liv. XIX, chap. III.

(*b*) (Sc. de la législation, tom, II, liv. II, chap. XX.)

— Il ne faudrait cependant pas induire du principe que nous venons d'établir, qu'une nation ne fût pas en droit d'imposer quelques taxes, soit sur les productions et

### COROLLAIRE V.

### *Naturalisation.*

SOMMAIRE. Ses effets.
Comment elle doit s'acquérir.

Effets de la naturalisation de l'étranger.

Ce que nous avons exposé dans le premier chapitre de ce livre, ce que nous avons jusqu'ici établi en principe dans ce paragraphe, concourt à démontrer que, chez un peuple généreux et qui considère le respect du Droit des Gens comme l'un de ses devoirs, tout étranger doit jouir des Droits naturels et imprescriptibles de l'homme, qu'en conséquence

---

marchandises étrangères qui entrent sur son territoire, soit sur les productions et marchandises indigènes qui en sont exportées. Mais il faut en conclure que les peuples éclairés par l'étude de l'économie politique sur leurs véritables intérêts, doivent s'appliquer soigneusement à ne pas gêner les relations commerciales par de semblables entraves; qu'au contraire ces taxes devraient avoir pour but de favoriser ces mêmes relations, en établissant entre les prix des marchandises exotiques et indigènes un juste équilibre et une balance équitable.

Il ne faudrait pas non plus considérer ce principe comme exclusif du *Droit de péage*, que les publicistes reconnaissent. En effet, les voyageurs admis à voyager librement dans un pays, profitent, comme les citoyens,

sa vie, sa liberté, sa propriété y seront protégées; que la jouissance même des Droits civils doit lui être assurée et garantie, c'est-à-dire, qu'il y conservera l'entière faculté de s'obliger, d'acquérir, d'aliéner, de contracter mariage, de tester, de disposer de ses biens meubles ou immeubles, par donation, ou de toute autre manière, de succéder, etc.; mais il est bien évident qu'il n'en est pas de même à l'égard des droits spécialement attachés à la qualité de citoyen, et que l'étranger ne peut être admis en cette qualité dans les assemblées nationales, électorales, départementales ou autres, pour y voter et concourir à la nomina-

---

des grands chemins, des canaux, des rivières, des ponts, des chaussées et des ports : la construction et l'entretien de ces divers ouvrages nécessitent de grandes dépenses, auxquelles on peut sans injustice les faire participer; et « c'est effectivement là, dit Vattel, la source légitime du *Droit de péage* ». (Droit des Gens, liv. I, chap. IX, § 103. — Burlamaqui, Principes du Droit de la Nat. et des Gens, tom. VII, chap. IV, § XVI.)

Nous ajouterons toutefois qu'on doit user de ce Droit avec une extrême modération, et qu'il serait même plus digne d'une nation opulente et vraiment *libérale* de renoncer entièrement à sa perception. (*Voy. ci-après*, 2ᵉ part., liv. II, chap. II.)

tion des magistrats et des représentans, etc.

Cependant ces Droits mêmes, il peut les acquérir, la jouissance ne lui en est pas interdite pour toujours; mais ce n'est qu'en acquérant la qualité de citoyen qu'il peut élever jusque-là son espérance. Les effets de la naturalisation sont donc, à proprement parler, l'acquisition de la jouissance des Droits sociaux (*a*).

Comment la naturalisation peut s'acquérir

Ces effets ainsi définis, il est essentiel de déterminer de quelle manière la naturalisation doit s'acquérir. Il fut un temps de déplorable mémoire, où, par suite de conventions, de traités, non pas constitutifs, mais bien subversifs du Droit des Gens, la naturalisation des étrangers était proscrite chez certains peuples, et même en France. Ces sortes de conventions, ces usages, ne permettaient pas à un État, ou plutôt aux seigneurs suzerains des démembremens du territoire d'un même État, de recevoir au nombre de leurs sujets ou vassaux les citoyens d'une autre province. Une telle prohibition n'avait évidemment pour cause

(*a*) *Voy.* la définition de ces Droits, vol. 1, pag. 66.

que la barbarie dans laquelle les contrées que nous habitons étaient alors plongées, que l'esclavage, sous le joug duquel ces mêmes contrées végétaient encore.

Cette coutume subsistait en Suisse dans des temps moins reculés; et Vattel en porte le même jugement que nous : « il paraît, dit-il, par divers traits de l'histoire, en particulier de l'histoire de Suisse et des pays voisins, que le Droit des Gens, établi par la coutume de ces pays-là, il y a quelques siècles, ne permettait pas à un État de recevoir au nombre de ses citoyens les sujets d'un autre État. Cet article d'une coutume vicieuse n'avait d'autres fondemens que l'état d'esclavage dans lequel les peuples étaient alors réduits. Un prince, un seigneur comptait ses sujets dans le rang de ses biens propres; il en calculait le nombre comme celui de ses troupeaux, et à la honte de l'humanité, il y a encore des lieux où cet étrange abus n'est pas détruit » (*a*).

Ce qui s'observait alors à l'égard de l'étranger, s'exécutait aussi même à l'égard de ses

(*a*) Droit des Gens, liv. 1, chap. xix, § 225.

enfans. Ces infortunés naissaient serfs ou esclaves; et, comme leurs pères, ils demeuraient attachés à la glèbe. Les progrès de la raison ont peu-à-peu établi à certains égards le règne des premières lois de la nature. C'est aujourd'hui un principe reconnu et solennellement consacré, du moins chez les nations les plus civilisées de l'Europe et du Nouveau-Monde; l'homme est un être libre et par cela même digne de son auteur; il ne peut être astreint à demeurer dans un lieu où il ne veut pas habiter, à faire partie d'un peuple, d'une société à laquelle il ne veut pas appartenir. Si donc il a la volonté de quitter le sol natal, de renoncer à sa patrie, si son intérêt le lui conseille, si l'imperfection des institutions, si la nature et les vices du gouvernement qui y est établi, si le mauvais esprit des lois qui s'y exécutent, si d'autres circonstances enfin le lui suggèrent, on ne peut le retenir, malgré lui, sans violer manifestement l'un des principes les plus sacrés du Droit public (*a*).

(*a*) (*Voy. ci-dessus*, vol. 1, p. 63 et suiv.) — Et pourtant,

Usant donc, en ce sens, de son indépendance, et passant sur le territoire d'un peuple étranger où le Droit des Gens lui promet et doit d'abord lui assurer un asyle, à moins qu'il ne se rencontre quelques causes d'exclusion personnelles, telles que celles que nous avons précédemment signalées (*a*), il n'est pas, en principe, et en droit général, de motifs qui puissent s'opposer à ce qu'il y soit naturalisé : et il en est de même, à plus forte

---

suivant Blackstone dans ses Commentaires, une des branches de la prérogative du roi en Angleterre, c'est le Droit qui lui appartient de retenir ses sujets dans l'intérieur du royaume, quand il le juge à propos, ou de les y rappeler quand ils sont au-delà des mers. « Par la *loi commune*, tout homme peut sortir du territoire, par quelque motif qu'il le veuille, sans obtenir une permission du roi; pourvu qu'il ne lui ait pas été enjoint de rester dans l'intérieur (liberté expressément énoncée dans la grande charte du roi Jean, quoique la mention en soit omise dans celle de Henri III), mais comme tout sujet, continue l'écrivain anglais, est tenu par devoir de défendre le roi et ses États, il en résulte que le roi peut à son gré intimer la défense de passer la mer ou de sortir du royaume sans permission, et faire punir celui qui enfreint cette défense.... » (liv. I, ch. VII.) — Étrange liberté! singulière conséquence!

(*a*) *Voy. ci-dessus*, § I, coroll. 3, *Du Droit d'Asyle.*

raison, à l'égard de ses enfans nés soit avant son entrée sur le territoire, soit postérieurement à cette époque. Ce principe est observé par les Anglais. « En Angleterre, dit Vattel, la simple naissance dans le pays naturalise les enfans d'un étranger » (*a*).

Mais cet usage de la naturalisation par le seul fait de la naissance, et même par celui de la résidence qu'admettent les Anglais, soit à l'égard de l'étranger lui-même, soit à l'égard

(*a*) (Droit des Gens, liv. 1, ch. IX, § 214.) — Il suffit qu'un matelot ait séjourné pendant deux ans à bord d'un vaisseau anglais pour qu'il soit naturalisé, *ipso facto*. (*Voy*. Blackstone. Commentaires sur les lois anglaises, liv. 1, chap. 10.) — Il existe cependant en Angleterre deux autres sortes de naturalisation : l'une appelée *Denization* qui résulte de lettres délivrées par le roi, mais qui n'opère pas une naturalisation parfaite, quelque généraux que soient les termes de ces lettres, et quelque étendu que soit leur effet. L'autre qui est plus entière, sans être cependant complète, ne peut émaner que des actes du parlement. (*Voyez* l'ancien et le nouveau répertoire de jurisprudence aux mots *Dénization* et *Étranger*; Basnage sur l'art. 235 de la coutume de Normandie; Brillon au mot *étranger*, n° 26, pag. 150, col. 2, *in fine*; Blackstone, liv 1, chap. x; Et l'arrêt rendu par la Cour royale de Paris, entre le Sr. Brunet et lord Crew, le 15 juillet 1820, et rapporté dans le journal de Paris du 17 du même mois.)

de ses enfans, est un autre genre d'abus, et excéderait, dans un sens opposé, les justes bornes dans lesquelles la sagesse et la nature des choses prescrivent de se renfermer.

Tout homme est en droit de renoncer à son pays, et de chercher sous un autre ciel, auprès d'un autre gouvernement, plus de travail, d'aisance, de justice, de paix, de sécurité, s'il en a conçu l'espérance; cela est incontestablement vrai. Cependant son attachement pour la patrie, nous dirions presque pour le sol même qui l'a vu naître, étant un sentiment naturel à l'homme, et l'une de ses obligations premières, la volonté de les abandonner pour toujours ne peut être aisément, disons plus, ne doit jamais être présumée; elle doit au contraire être formellement exprimée. Le fait seul d'une absence plus ou moins prolongée ne peut suppléer la déclaration précise qui doit la constater, et que l'on est justement fondé à exiger, même pour un simple changement de domicile dans l'intérieur d'un État. A défaut de cette déclaration revêtue de formes authentiques que les lois de chaque pays doivent à cet effet prescrire, l'absence, quelque longue qu'elle soit, laisse toujours subsister la présomption de droit que l'étranger n'a pas perdu la volonté du retour. Ceci est une vérité à laquelle les deux publicistes qui nous ont le plus servi d'appui et de guide dans cette partie du droit, rendent un hommage assez positif. « La faveur de la naturalisation, ne peut, dit Vattel, s'acquérir par la seule habitation, fût-elle même perpétuelle » (*a*). — « Un citoyen ou un sujet d'un État, dit Burlamaqui, qui s'absente pour un temps, sans intention d'abandonner la société dont il est membre, ne perd point sa qualité par son absence; il conserve ses droits et demeure lié des mêmes obligations. Reçu dans un pays étranger, en vertu de la société naturelle, de la communication et du commerce que les Nations sont obligées de cultiver entre elles, il doit y être considéré comme un membre de sa Nation, et être traité comme tel. L'État, qui doit respecter les droits des autres Nations et généralement ceux de tout homme, quel qu'il soit, ne peut donc s'arro-

(*a*) Droit des Gens, liv 1, ch. XIX, § 213.

ger aucun droit sur la personne d'un étranger, qui, pour être entré dans son territoire, ne s'est point rendu son sujet. L'étranger, il est vrai, ne peut prétendre à vivre dans le pays sans en respecter les lois : s'il les viole, il est punissable comme perturbateur du repos public, et coupable envers la société qui l'a accueilli dans son sein. Cependant il n'est point soumis, comme les sujets, à tous les commandemens particuliers du souverain ; et si l'on exige de lui des choses qu'il ne veut point faire, il peut quitter le pays » (*a*). Il appartient plutôt au publiciste de dire que l'on ne doit rien lui demander de semblable. Puisqu'il ne jouit pas des bénéfices, il ne doit pas supporter les charges.

Or lorsque l'étranger doit être considéré comme conservant un esprit de retour, n'est-il pas censé que le fils mineur de cet étranger le conserve aussi; puisque, chez tous les peuples du monde, c'est, en matière de Droit civil, un principe bien constant et générale-

(*a*) Princip. du Droit de la Nat. et des Gens, tom. VII, 3e part., chap. V, § IX.

ment observé, que les enfans, jusqu'à l'époque de leur émancipation ou de leur majorité, suivent en tout la condition de leur père. La naturalisation de l'enfant, encore mineur, s'opère donc de plein droit par le fait de la naturalisation du père, et ne peut s'opérer sans elle : et l'on est de là conduit à décider que le consentement et la demande expresse que pourrait en faire le père pour ses enfans, avant qu'ils eussent atteint l'époque de leur majorité et avant qu'il eût effectué sa propre naturalisation, ne sauraient être suffisans pour la motiver.

Les vérités et considérations sur lesquelles sont fondés ces principes sont également applicables à ce qui concerne la condition de la femme mariée. En matière de Droit civil, c'est encore, et ce doit être aussi, un des principes le plus généralement observés, que la femme, en se soumettant aux conséquences et aux devoirs résultans du mariage, s'oblige à suivre, de même que les enfans auxquels elle donnera le jour, la condition et le sort de son mari : l'absence, l'éloignement, les voyages, que leur bien-être commun rend nécessaires, que le besoin de pourvoir à leur subsistance commande souvent, l'expatriation elle-même, qui peut aussi devenir utile, rien de tout cela ne saurait être une raison suffisante pour rompre et dissoudre des liens aussi sacrés; et la naturalisation de l'époux, du père de famille, entraîne nécessairement avec elle celle de la femme, aussi bien que celle de leurs enfans en âge de minorité; et la naturalisation de la femme, de même que celle des enfans, ne peut avoir lieu sans celle du mari.

---

Nous avons, dans les différens corollaires de ce premier paragraphe, établi les principes élémentaires, les règles fondamentales, que le Droit des Gens consacre en général et à l'égard de tous les étrangers d'une condition privée.

Nous examinerons, dans le paragraphe suivant, quels sont les principes et les règles que ce Droit prescrit d'observer à l'égard des ministres plénipotentiaires et autres personnes revêtus d'un caractère public ou national.

## § II.

### AMBASSADEURS ET AUTRES AGENS DIPLOMATIQUES.

SOMMAIRE. Observations préliminaires.

La personne de tout agent diplomatique est inviolable. Le caractère national dont il est revêtu serait seul un motif pour lui assurer une entière protection.

Dans tous les temps, chez tous les peuples, cette inviolabilité a été respectée.

En quel sens doit-on entendre ce principe : doit-il s'appliquer aux actions et intérêts privés. — Auteurs qui le pensent ainsi. — Opinions contraires : exemples à l'appui de ces dernières opinions.

*Solution de cette question.* Motifs que l'on peut alléguer en faveur du système d'une inviolabilité illimitée. — Leur réfutation, et conclusion.

« *Sanctum et inviolabile apud omnes Nationes legatorum nomen.* » CAESAR., de Bell. gall.

Observations préliminaires.

« La paix perdrait le plus grand de ses avan« tages, elle ne pourrait même pas subsister « long-temps sans le commerce, sans les re« lations dont elle doit favoriser l'établissement « entre les peuples. » Telle est la vérité que, dans le premier chapitre de ce livre, nous avons reconnu être la base fondamentale des principes du Droit des Gens en temps de paix; et déja, dans le paragraphe qui précède, nous avons développé quelques-unes de ses conséquences les plus immédiates. Une autre de ces conséquences, non moins évidente, nous l'avons dit aussi, c'est que, pour entretenir les diverses relations si nécessaires à leur prospérité particulière et commune, il est indispensable que les peuples s'envoient réciproquement des ambassadeurs, des ministres, des consuls, des députés, commissaires et autres agens diplomatiques.

Cependant, si l'on consulte les publicistes et les historiens, l'usage des ambassadeurs ordinaires ne remonte pas, dans les Cours mêmes où il fut le plus tôt admis, à plus de deux cent cinquante ans.

Un baron de Forquevaux, de Pavie, nommé Raymond de Beccarie, et qui était chevalier de l'ordre de Saint-Michel, fut, dit Wicquefort, un des premiers ministres qui résidèrent dans les Cours étrangères. En 1565, il fut envoyé en Espagne en qualité d'ambassadeur du roi Charles IX, auprès de Philippe II, et il y demeura jusqu'à la mort d'Élisabeth de

France, seconde femme de ce dernier prince(*a*).

La Pologne s'était accommodée si tard des ambassades ordinaires, que, dans la diète de 1666 et dans celle de 1668, les nonces des Palatinats demandaient que l'on congédiât tous les ambassadeurs, et qu'on réglât le séjour que les envoyés pourraient faire à l'avenir en Pologne (*b*).

Avant le dix-septième siècle, les Rois de France n'avaient jamais envoyé d'ambassadeurs en Russie (*c*).

Le Grand-Seigneur a long-temps considéré l'envoi et la résidence des ambassadeurs à Constantinople comme une espèce d'hommage que les puissances étrangères lui rendaient. Il a long-temps aussi considéré les ministres de ces puissances comme des otages à qui il pouvait demander raison des infractions qu'il croyait avoir été faites aux traités avec la Porte. Jaloux de cette chimérique dépendance des princes chrétiens, il ne permet-

---

(*a*) *Voy.* Wicquefort. *Traité de l'ambassadeur*, vol. 1, pag. 17.

(*b*) Sc. du Gouvern., tom. v, chap. 1, sect. II.

(*c*) *Ibid.*

tait pas à un ambassadeur de se retirer que son successeur ne fût arrivé. Mais, de sa part, il ne faisait résider personne dans aucune Cour étrangère (*a*).

Anciennement les Grecs, les Carthaginois, les Romains, n'envoyaient et ne recevaient que des ambassadeurs extraordinaires, et seulement pour le temps et l'objet du traité qu'il s'agissait de conclure (*b*).

Les peuples et leurs gouvernemens se sont enfin éclairés sur leurs vrais intérêts; et par une suite naturelle de cette progression successive de la civilisation et des lumières, aujourd'hui toutes les Nations de l'Europe s'envoient respectivement des ambassadeurs ordinaires, et résidant auprès des Cours où ils sont envoyés.

Cependant de ce premier pas important vers une liaison et un état de société, plus intimes et plus parfaits entre les Nations, il ne suit pas que toutes les opinions soient réunies et fixées sur les diverses questions également

(*a*) Sc. du Gouvern., tom. v, ch. 1, sect. 2.

(*b*) *Voy.* CICER. *lib. de Off.* cap. XXIV.

importantes qui se présentent ici à résoudre. Donnons donc quelque attention à leur solution.

La personne d'un agent diplomatique est inviolable : son caractère public suffirait pour appeler sur lui une entière protection.

La conséquence première que nous avons été naturellement conduits à tirer du besoin où sont les peuples d'entretenir entre eux des relations d'amitié et de commerce, c'est qu'ils doivent accueillir les étrangers, les admettre sur leur territoire, les respecter, les protéger en tout ce qui peut tenir à la sûreté, à la liberté de leurs personnes et de leurs propriétés. Cette conséquence est générale, et puisqu'elle s'étend à tous les étrangers qui entrent dans le pays, elle est applicable aux ambassadeurs et à tous les agens d'une puissance étrangère qui sont obligés d'y venir pour s'acquitter des missions qu'on leur a confiées. Les ambassadeurs et ministres plénipotentiaires, les envoyés, résidens, consuls, députés, commissaires et autres hommes revêtus d'un caractère public, doivent donc être, comme tous les autres étrangers d'une condition privée, protégés et respectés. L'évidence de cette proposition résulte, comme on le voit, d'un raisonnement fort simple. Du moment où l'envoi et la réception mutuels de ces ministres sont reconnus chose nécessaire à l'intérêt général et à l'intérêt particulier, du moment où ces ministres, conformément à ce que la raison prescrit, sont respectivement envoyés et admis, il est encore conforme au bon sens qu'ils soient respectés de part et d'autre (*a*). Comme simples particuliers, ils auraient droit à ce respect; et ce n'est pas la mission dont ils sont chargés, ce n'est pas le caractère public attaché à leur personne, qui peuvent devenir jamais un motif pour en agir autrement à leur égard. Cette mission, ce caractère honorable, les environnant même de plus de considération, seraient seuls, au contraire, une raison pour leur accorder une entière protection.

D'après ces premières vues, nous commencerons donc par admettre comme certain que, quelque chose qui puisse arriver, que, quels

---

(*a*) « Le Droit des ambassades est fondé véritablement sur la loi de Nature, qui prescrit tout ce qui est nécessaire pour procurer, entretenir ou rétablir la paix et l'amitié entre les hommes » (*Voy.* Pufendorf, Droit de la Nat. et des Gens, liv. II, chap. III, § 23.)

que soient les mécontentemens, les mésintelligences, les ruptures ou les guerres qui puissent éclater entre les puissances, les ambassadeurs, ministres ou envoyés de ces mêmes puissances doivent toujours être mis à l'abri de toute insulte, de tout mauvais traitement, et que le Droit des Gens commande formellement, en semblable occurrence, de ne porter aucune atteinte à leur sûreté, à leur liberté, à leur propriété. « Les raisons, dit Vattel, qui rendent les ambassades nécessaires et les ambassadeurs sacrés et inviolables, n'ont pas moins de force, en temps de guerre qu'en pleine paix. Au contraire, la nécessité et le devoir indispensable de conserver quelque moyen de se rapprocher et de rétablir la paix, est une nouvelle raison qui rend la personne des ministres, instrumens des pourparlers et de la réconciliation, plus sacrée encore et plus inviolable » (*a*). — « *Nomen legati, ejusmodi esse debet, quod non modò inter sociorum jura, sed etiam inter hostium tela incolume versetur* » (*b*).

(*a*) Droit des Gens, liv. IV, chap. VII, § 86.

(*b*) CICER. *in Verrem*, lib. I.

Dans tous les temps, chez tous les peuples, l'inviolabilité des ambassadeurs a été reconnue.

Aussi a-t-il été généralement reconnu dans tous les temps, non pas seulement par les publicistes les plus éclairés, mais encore par les peuples même les plus barbares, que la personne de tout envoyé ou ambassadeur était en effet inviolable et sacrée. « *Omnibus, ut generatim loquar, barbaris mos est legatos venerari* » (*a*). — « *Legatos et Caduceatores non solùm constituit sacris proximos, verùm etiam inter ipsos sacros* »(*b*).

César dit aussi que le nom même d'ambassadeur était saint et sacré chez toutes les Nations. « *Sanctum et inviolabile apud omnes Nationes legatorum nomen* » (*c*).

Tacite, parlant de la sûreté que doivent trouver les ambassadeurs, dit que ne pas la respecter, c'est violer les règles qui sont observées même entre ennemis; que c'est outrager le Droit des Gens. « *Hostium quoque jus, et sacra legationis, et fas gentium, ru-*

(*a*) Totilas apud Procop. Goth. III, cap. XVI.

(*b*) Pasc. De Æs., cité par M. de Réal. - Sc. du Gouv., tom. V, p. 118, note (*n*).

(*c*) De Bell. gall.

*pistis»* (*a*). — « *Legatorum privilegia violare, rarum est inter hostes* » (*b*).

Tite-Live appelle abominable et impie le crime des Fidénates, qui massacrèrent quatre ambassadeurs que la république romaine leur avait envoyés (*c*).

Le droit romain soumettait à la peine de la loi *Julienne* contre la violence publique, non-seulement ceux qui avaient insulté l'ambassadeur lui-même, mais encore ceux qui avaient offensé quelques-uns des siens.

On sait que Néron, tout cruel qu'il était, écouta patiemment les menaces que les ambassadeurs de Vologèse osèrent lui faire au milieu de sa Cour; il déclara la guerre à ce roi des Parthes, mais il respecta ses ambassadeurs (*d*).

Les publicistes, Grotius, Wolff, Vattel, etc. rapportent que l'empereur Héraclius répondit à un général arabe, nommé Khaled, qui avait

(*a*) Annal., lib. I, cap. XLII, *num.* 3.

(*b*) Histor., lib. V.

(*c*) Decad., lib. IV.

(*d*) *Voy.* Tacit.

été envoyé auprès de lui en ambassade, et qui lui parlait avec une extrême arrogance, « *que la loi reçue chez toutes les Nations met-* « *tait un ambassadeur à couvert de toute vio-* « *lence, et que c'était là sans doute ce qui lui* « *donnait tant d'assurance et d'audace*» (*a*).

L'un de ces publicistes rapporte aussi, d'après Tite-Live, Appien et Diodore de Sicile, que Scipion répondit à ceux qui lui demandaient ce que l'on devait faire aux députés de Carthage, après que les Carthaginois eurent violé le Droit des Gens envers les ambassadeurs du peuple romain : « *Rien de semblable* « *à ce que les Carthaginois ont fait aux nô-* « *tres*» (*b*).

---

(*a*) *Voy.* aussi l'hist. des Sarrasins par Ockley, tom. I, pag. 794 de la traduction française; Alvakédi, cité par Vattel, Histoire de la conquête de la Syrie.

(*b*) (Appien cité par Grotius, lib. II, cap. XXVIII, § 7.)

Tit-Liv. fait dire à Scipion : « Quoique les Carthaginois aient violé la foi de la trève et le Droit des Gens en la personne de nos ambassadeurs, je ne ferai rien contre les leurs, qui soit indigne des maximes du peuple romain et de mes principes ». (liv. 30, chap. 25.)

— Suivant Diodore de Sicile, Scipion s'adressant aux

Les anciens, en général, étaient persuadés que l'œil de la justice divine veillait toujours pour la punition des attentats aux droits des ambassadeurs; que les Furies étaient les ministres de cette punition, et qu'elles ne cessaient de poursuivre ceux qui s'étaient déclarés les ennemis du genre humain, en commettant un si grand crime. « *Ultrices legatorum diræ violationem juris gentium prosequantur* » (*a*).

Cicéron pensait que le Droit des ambassadeurs n'était pas seulement appuyé sur les lois humaines, mais qu'il était encore fortifié par le droit divin. « *Sic enim sentio, jus legatorum, quum hominum præsidio munitum sit, tum etiam divino jure esse vallatum* » (*b*).

Clovis disait que les lois divines et humaines défendent de faire aucun mal aux ambassadeurs, même à ceux des ennemis, parce que

---

Romains, leur dit : « N'imitez point ce que vous reprochez aux Carthaginois ». (*Voy.* aussi Vattel, *liv.* IV, *chap.* VII, § 102.)

(*a*) Ff. lib. XLVIII, tit. 6, *ad legem Juliam de vi publicâ*, leg. 7. - *Voy.* aussi lib. I, tit. VII, *de legationibus*, leg. XVII.

(*b*) Orat. de Aruspic. respons., cap. XVI.

celui qui envoie un ambassadeur se dépouille à cet égard de la qualité d'ennemi, et qu'il n'y a point d'autre moyen d'en venir à la paix.

Saint Louis, étant à Acre, donna aussi l'exemple de l'observation scrupuleuse que l'on doit mettre à faire respecter la sûreté due aux ministres publics. Un ambassadeur du Vieux-de-la-Montagne, autrement nommé le Prince des assassins, lui parlant avec insolence, les grands maîtres du temple et de l'hôpital le menacèrent de le faire jeter à la mer; mais le roi le renvoya, et ne permit pas qu'il lui fût fait aucun mal (*a*).

M. de Montesquieu dit : « que les Iroquois, qui mangent leurs prisonniers, envoient et reçoivent des ambassadeurs » (*b*).

« Les Espagnols, dit Vattel, trouvèrent le droit des ambassadeurs établi et respecté en Amérique. Il l'est même chez les peuples sauvages de l'Amérique septentrionale. Passez à l'autre extrémité de la terre, vous verrez les

(*a*) Vattel, liv. IV, chap. VII, § 103. - Choisy., hist. de Saint-Louis.

(*b*) Esprit des lois, *lib.* I, *chap.* III.

ambassadeurs respectés à la Chine. Ils le sont aux Indes, moins religieusement à la vérité» (*a*).

En quel sens doit-on entendre le principe de l'inviolabilité des ambassadeurs. Doit-il s'appliquer à leurs actions privées. Opinions diverses : exemples.

Le principe de l'inviolabilité des ambassadeurs n'est donc pas seulement consacré par la droite raison, il est encore respecté sur toute la terre; mais, et c'est ici qu'il peut se rencontrer quelque difficulté dans la question à résoudre, est-il vrai que, par suite de ce principe d'inviolabilité, les ambassadeurs et ministres plénipotentiaires, les consuls, envoyés, commissaires ou autres agens diplomatiques, résidens ou non résidens, chez un peuple étranger, ne doivent être soumis à aucunes des lois de ce peuple, qu'ils soient soustraits à l'empire de ces lois par le caractère public dont ils sont revêtus, qu'ils puissent ainsi commettre des délits, se rendre même coupables de crimes, contracter, s'obliger, traiter, acheter et vendre, sans qu'il y ait moyen d'obtenir justice contre eux autrement qu'en adressant sa plainte à la puissance dont ils sont les mandataires; qu'ils puissent encore donner retraite

(*a*) *Voy.* Vattel, liv. IV, chap. VII, § 84 et 103.—L'hist. génér. des voyages; *art.* De la Chine et des Indes.

dans leurs demeures aux malfaiteurs, ou qu'en semblables circonstances, il ne soit pas permis de pénétrer dans leur domicile pour s'en saisir....?

Grotius, Barbeyrac, Bynkershoek dans son traité du Juge compétent des ambassadeurs, Wicquefort, Pufendorf, Burlamaqui et Vattel même sembleraient par fois le penser; mais, suivant l'usage trop ordinaire de bien des auteurs, ils fondent alors leur opinion sur des faits, des usages, plutôt que sur de solides raisonnemens, plutôt, comme l'a dit Jean-Jacques, sur le fait que sur le droit.

Blackstone n'est pas non plus d'une opinion assez ferme sur ce principe : car après en avoir reconnu la justesse et la raison, il faiblit, et pense qu'il faut se déterminer à laisser prévaloir l'usage contraire. C'est ainsi qu'il s'exprime à ce sujet : « mais l'exemption en faveur des ambassadeurs s'étend-elle à tous les crimes, tant naturels que positifs ? ou ne s'applique-t-elle qu'à ceux qu'on nomme *mala prohibita*, comme le crime de faire de la monnaie, et non à ceux qui sont *mala in se*, tels que le meurtre? c'est ce qui a causé de grandes discussions entre les auteurs qui ont écrit sur le Droit des Gens. Nos lois semblent avoir admis, dans les temps passés, et la restriction et l'exemption générale. Car il a été soutenu par nos jurisconsultes tant en Droit civil qu'en Droit national ou *loi commune*, qu'un ambassadeur est privilégié par les lois de la nature et des nations; et néanmoins que, s'il commet quelque offense contre la loi de la raison et de la nature, il doit perdre son privilége; et que, par cette raison, si un ambassadeur conspire contre la vie du Souverain chez lequel il réside, il doit être condamné et exécuté comme coupable de haute-trahison; mais que s'il commet toute autre espèce de crime ou de délit, il doit être renvoyé à son maître. Il semble que ces restrictions du privilége des ambassadeurs reposent sur des fondemens raisonnables. Car puisque, comme nous l'avons démontré, toute loi *municipale* est subordonnée dans son institution à la loi primitive de la nature, et ne fait qu'énoncer cette loi, et lui servir d'auxiliaire lorsqu'elle attache des peines aux crimes naturels, les ambassadeurs étant assujettis dans tous les pays, comme tous les autres hommes, à cette règle naturelle universelle de justice, on est autorisé à en conclure, que, s'ils la transgressent, ils peuvent être contraints à expier leurs offenses. Mais, quoique ces principes aient pu prévaloir autrefois, l'usage général aujourd'hui, soit en Angleterre, soit dans le reste de l'Europe, semble se conformer à cette opinion du savant Grotius, qu'il importe plus de garantir la sûreté d'un ambassadeur que de punir un crime particulier. « *Securitas legatorum utilitati quæ ex pœna est, præponderat* » (*a*); aussi, depuis plus d'un siècle, y a-t-il peu d'exemples, si même il en existe (*b*), qu'un ambassadeur ait été puni pour aucune offense, même atroce de sa nature.

« Quant aux affaires civiles, les jurisconsultes étrangers, continue l'auteur anglais, pensent unanimement (*c*) qu'un ambassadeur, ni per-

(*a*) (De jure bell. et pac. XVIII, 4, 4.)

Cette opinion doit-elle donc l'emporter sur la justice, le bon sens, et l'observation de la loi naturelle.

(*b*) Si les exemples du châtiment sont peu nombreux, n'est-ce pas aussi que ceux de la faute sont en petit nombre?

(*c*) Nous verrons ci-après que cela n'est pas à beaucoup près si général.

sonne de sa suite, ne peut être poursuivi pour aucune dette ou obligation, pardevant les tribunaux du royaume où il est en mission. Cependant sir Edward Coke soutient (4 Inst. 15, 3) que, si un ambassadeur a passé un contrat valide *jure gentium*, on peut le poursuivre en Angleterre pour son exécution. La vérité est qu'il y a eu si peu de cas, si même il y en a eu, où le privilége des ambassadeurs ait été réclamé ou contesté, même en matière civile, qu'en général nos livres de lois n'en parlent pas jusqu'au règne de la reine Anne » (*a*).

Des coutumes, fussent-elles même universelles, des faits, quelque nombreux qu'ils soient, des opinions qui n'auraient d'autre fondement que ces mêmes faits, ne suffisent pas pour créer un droit ni pour démontrer un principe. Lorsqu'un écrivain se borne à publier ces coutumes et ces faits, il change de rôle, et il sort du rang des publicistes pour passer dans la sphère de simple historien.

De semblables opinions, dénuées de base,

---

(*a*) Comment. sur les lois anglaises, tom. I, liv. I, chap. VII, Traduct. sous presse de Mr N. M. Chompré.

sont, d'ailleurs, facilement balancées par des faits et des opinions contraires. C'est ainsi, par exemple, que sur la question qui se présente, l'opinion des auteurs que nous venons de citer, pourrait être combattue par celle de Wolf, de Cumberland, d'Edouard Coke, de Thomasius, de Coccéius, de plusieurs autres, et même par la leur : car ils admettent de telles exceptions, que leur admission détruit entièrement la règle.

Grotius, en effet, excepte les cas de flagrant délit et d'entreprises à main armée : il pense que, dans ces circonstances, il est permis de mettre à mort les coupables, sans avoir égard à leur caractère. « Ainsi, dit-il, les Gaulois n'auraient pas mal fait, s'ils eussent ôté la vie aux Fabius, que Tite-Live traite d'infracteurs du Droit des Gens ». — « Dans une tragédie d'Euripide, dit-il encore, Démophon s'oppose par la force à un héraut, venu de la part d'Eurysthée pour enlever des personnes qui s'étaient réfugiées à Athènes; et comme ce héraut, nommé Caprée, lui disait : *Oseriez-vous frapper un homme revêtu du caractère que je porte ? — Oui, sans doute*, répond Démophon, *s'il ne cesse de vouloir user de voies de fait.* Effectivement le peuple d'Athènes le fit mourir, au rapport de Philostrate, par la raison qu'il avait commis des violences » (*a*).

L'auteur de la Science du Gouvernement dit aussi en termes formels : « le Droit des Gens permet aux États de s'assurer de la personne de l'ambassadeur, lorsque cela est nécessaire pour détourner les maux que l'ambassadeur leur prépare. Il permet même de l'arrêter ou de le tuer dans le moment de l'action, et tant que le péril dure, si l'on ne peut détourner autrement les actes d'hostilité que l'ambassadeur veut faire » (*b*); et à l'appui de cette opinion il cite aussi celle de Grotius.

Vattel, de même, rapporte à ce sujet que les Romains, qui connaissaient bien, ainsi qu'on vient de le voir, le principe de l'inviolabilité à l'égard des ambassadeurs, ne les considéraient cependant pas comme ne devant point être soumis, en matières civiles, aux

---

(*a*) Droit de la guerre et de la paix, liv. II, chap. XVIII, § IV, *num.* 10. 11. Traduction de Barbeyrac.

(*b*) Sc. du Gouvernement, tom. V, chap. I, sect. IX, § XXXI.

lois et juridictions ordinaires des lieux et pays où ils étaient admis (*a*) : et quant à lui, il fait exception des cas où il s'agit de choses dont un ambassadeur ferait le commerce, et des cas où il s'agit de biens immeubles, lesquels, en effet, ne doivent jamais, ainsi qu'il le pense, relever, quel qu'en soit le propriétaire, d'une juridiction autre que celle du pays où ils sont situés (*b*). « L'exemption, dit-il, ne peut s'étendre aux effets appartenans à quelque trafic que fera le ministre,.... non plus qu'aux immeubles qu'il possède dans le pays » (*c*).

M. de Réal, donnant encore moins d'étendue à ce que ces auteurs appelent *exemptions de l'ambassadeur*, adjoint plusieurs autres exceptions à celles qu'ils ont indiquées et que nous venons de rapporter. « On peut aussi saisir, dit-il, les effets mobiliers que l'ambassadeur possède dans le lieu où il réside, et qu'il ne pos-

---

(*a*) *Voy.* au Dig., et dans le Cod., le tit. *de Legationibus;* et la dernière loi du Dig., où il est question des ambassadeurs envoyés par l'ennemi.

(*b*) *Voy. ci-dessus*, § 1, pag. 359; et corol. 1, p. 388.

(*c*) Droit des Gens, liv. IV, chap. VIII, § 114, 115.

sède pas comme ambassadeur. La saisie en doit être poursuivie, comme si le propriétaire n'eût pas été constitué ministre public. Si ce sont des marchandises dont l'ambassadeur trafique, elles peuvent être saisies, parce que, toutes mobilières qu'elles sont, elles ne sauraient être regardées comme nécessaires au but de l'ambassade, lorsque l'ambassadeur en fait le commerce qu'en ferait un marchand. Si ce sont des effets mobiliers qui lui arrivent par une succession, laquelle s'ouvre en sa faveur dans le lieu où il réside, on peut faire la même procédure qu'on eût faite contre l'ambassadeur s'il n'eût pas été ministre public. Tous les effets enfin qui ne sont point attachés à la personne de l'ambassadeur comme tel, et sans lesquels il peut exercer son emploi, peuvent être saisis comme ils auraient pu l'être, s'il n'avait pas été revêtu d'un caractère public » (*a*).

Wicquefort, qui de tous les auteurs est le plus zélé pour la défense du Droit des ministres publics, et qui s'y livrait avec d'autant plus de chaleur qu'il défendait sa propre

(*a*) Sc. du Gouvern., tom. v, chap. I, sect. IX, § v.

cause, convient néanmoins « que les ambassadeurs peuvent être forcés de remplir les contrats qu'ils ont passés pardevant notaire, et qu'on peut saisir leurs meubles pour prix du loyer des maisons, dont les baux auraient été passés de cette manière » (*a*).

Vattel rapporte encore l'exemple d'un roi d'Espagne, qui écrivit aux diverses Cours où il avait envoyé des ambassadeurs, que son intention était qu'ils fussent soumis aux lois et aux juridictions du pays où ils se trouvaient (*b*).

L'auteur de la Science du Gouvernement, qui a lui-même recueilli ce fait dans l'ouvrage d'un autre publiciste, en parle aussi en ces termes : « Un auteur (*c*) rapporte qu'à Madrid on tira par force de l'hôtel de l'ambassadeur de Venise, malgré la résistance que ce ministre fit à main armée, quelques criminels que l'on condamna et à qui l'on fit ensuite grace, leur ordonnant simplement de sortir du royaume; mais, à cette occasion, le roi d'Es-

---

(*a*) WICQUEFORT, tom I, *pag.* 426.

(*b*) Droit des Gens, liv. IV, chap. VII, § 92.

(*c*) VERA, dans son *Parfait Ambassadeur.*

pagne écrivit à la république de Venise et à tous les princes chrétiens, qu'il désirait que, lorsque ses ambassadeurs commettraient un délit indigne de leur ministère, ils fussent considérés comme déchus de leurs priviléges et jugés selon les lois du pays de leur résidence. Un autre écrivain (*a*), continue-t-il, dit la même chose. Un troisième (*b*) nie que le roi catholique ait écrit cette lettre; et un quatrième (*c*) n'ose prononcer sur la vérité ou la fausseté du fait » (*d*).

En 1654, sous le protectorat de Cromwell, Don Pantaleon Sa, frère de l'ambassadeur portugais et son adjoint dans l'ambassade, fut jugé, convaincu et exécuté pour un meurtre atroce. Lord Hales approuve ce jugement; et M. J. Forster, écrivain moderne en matière de loi, pose en principe, remarque Christian lui-même, quoique d'avis contraire, « que, pour l'as-« sassinat et autres délits très-graves commis

(*a*) Marselaer, *Legat. lib.* II, *distinct.* 13.

(*b*) Wicquefort. *L'ambassadeur et ses fonctions*, liv. I, sect. 29.

(*c*) Bynkershoek. *Du juge compétent.*

(*d*) Sc. du Gouvernement, tom. V, chap. I, sect. 9.

« contre les vues de la nature et les lois fon« damentales de toute société, les ambassa« sadeurs sont certainement assujettis au cours « ordinaire de la justice, comme toute autre « personne coupable de ces mêmes crimes » (*a*).

On cite aussi l'exemple de la reine Élisabeth, qui fit accompagner par ses gardes l'ambassadeur de Philippe II, sur le refus que ce roi lui avait fait de le rappeler; et la consultation donnée à Londres, sur la demande de la reine, par cinq avocats, qui décidèrent « *que l'ambassadeur qui excite une rébellion contre le prince auprès duquel il réside, est déchu des priviléges de ce caractère, et sujet aux peines infligées par les lois du pays* » (*b*).

Sous le règne de la reine Anne, le 21 juillet 1708, il arriva qu'un ambassadeur de Pierre-le-Grand, czar de Russie, fut contraint de descendre de sa voiture et arrêté pour une dette de cinquante liv. sterling, qu'il avait

(*a*) *Voy.* Christian sur Blackstone. *Comment.* des lois angl., liv. I, chap. VII.

(*b*) Wicquefort, liv. I, sect. 29. — Vattel, liv. IV, chap. VII, § 96 et 101. — Félice sur Burlamaqui, t. VIII, chap. XIII, *rem.* 198, pag. 315, édit. 1768.

contractée. Au lieu de requérir sa liberté en vertu de son privilége, dit Blackstone, il donna caution, et le jour suivant, il porta ses plaintes à la Reine. Les personnes qui avaient contribué à le faire arrêter furent appelées devant le Conseil privé, dont le lord Chef de justice, Holt, était alors l'un des membres; dix-sept de ces individus furent envoyés en prison; la plupart furent traduits à la Cour du banc de la reine, sur la poursuite du procureur-général; dans la procédure devant le lord Chef de justice, le jury les déclara convaincus des faits allégués contre eux, sous la réserve d'examiner jusqu'à quel point ces faits étaient criminels suivant la loi; après lequel examen la question devait être discutée devant les juges. Mais cette question ne fut pas décidée (*a*).

---

(*a*) (Blackstone, Traduction sous presse de M. N. M. Chompré.)

— « Cet auteur ajoute : « Le Czar ressentit vivement cet affront, et demanda que le shérif de Middlesex et tous autres ayant contribué à l'arrestation de l'ambassadeur fussent punis de mort sans délai. Mais, à la grande surprise de la Cour despotique de Russie, la reine fit répondre qu'elle ne pouvait infliger une punition, même au

En 1726, le 25 du mois de mai, le roi d'Espagne fit enlever dans la maison de Milord

---

moindre de ses sujets, si elle n'était ordonnée par la loi du pays, et qu'elle était persuadée que le Czar n'insisterait pas sur ce qui était par conséquent impossible. Cependant pour satisfaire aux réclamations des ministres étrangers qui firent cause commune avec l'ambassadeur moscovite, et pour apaiser la colère du Czar, il fut proposé au parlement un bill qui fut converti en loi le 21 avril 1709, pour empêcher à l'avenir de tels outrages. Une copie de cet acte élégamment écrite et ornée, accompagnée d'une lettre de la reine, fut envoyée à Moskou par un ambassadeur extraordinaire, (Mr Whitworth) qui déclara « *que sa majesté n'ayant pu infliger la punition exigée par le Czar, parce que les constitutions précédemment établies dans le royaume ne s'expliquaient pas sur le point en question, elle avait fait passer un acte, avec le consentement unanime du parlement, pour servir de loi à l'avenir* ». Cette démarche humiliante fut regardée par le Czar comme une pleine satisfaction, et sur sa demande les accusés furent déchargés de toute poursuite ultérieure.

Ce statut (7 Ann. c. 12.) énonce le fait dont il s'agit « *comme ayant été commis au mépris de la protection accordée par sa majesté, en infraction à la loi des Nations et au préjudice des Droits et priviléges dont les ambassadeurs et autres ministres publics ont joui dans tous les temps en vertu de cette loi, et qui doivent être tenus sacrés et inviolables* ». En conséquence il est ordonné

Harrington, ambassadeur d'Angleterre à Madrid, le duc de Ripperda, premier ministre

---

qu'à l'avenir tout acte tendant à faire arrêter un ambassadeur ou quelqu'un de sa suite et de ses gens, ou à faire saisir ses biens et effets, sera nul et de nul effet; que ceux qui auront requis, sollicité ou exécuté de tels actes seront considérés comme ayant violé la loi des Nations, et comme perturbateurs de la paix publique, et devront subir telles peines et punitions corporelles que le jugeront convenable le lord chancelier et les deux Chefs de justice, ou deux de ces trois magistrats (*) : mais il est expressément déclaré par le même statut qu'aucun commerçant qui se trouverait en faillite d'après les lois, et qui serait au service d'un ambassadeur, ne sera privilégié ni protégé par cet acte, et que personne n'encourra de punitions pour avoir arrêté un domestique d'un ambassadeur, à moins que le nom de ce domestique ne soit enregistré chez le secrétaire d'état et transmis par ce dernier aux shérifs de Londres et de Middlesex (**). Ces exceptions sont strictement conformes à ce qui s'observe dans les pays les plus civilisés relativement aux droits des ambassadeurs. En conséquence de ce statut qui a ainsi énoncé et mis en vigueur la loi des Nations, les priviléges des ambassadeurs sont regardés aujourd'hui comme faisant partie de la loi du pays, et sont constamment reconnus dans les Cours de loi commune ». (Blackstone, *ibid.*)

(*) N'a-t-on pas quelque raison d'être surpris qu'un semblable statut paraisse avoir encore force de loi dans un pays tel que l'Angleterre?

(**) De plus, il faut que l'individu soit réellement, et *bona fide*, un domestique.

d'Espagne, qui, craignant pour la sûreté de sa personne, après avoir été remercié et disgracié, s'y était retiré, et y avait fait transporter, sur les mulets de l'ambassadeur de Hollande, ses meubles et effets les plus précieux. Le conseil de Castille décida « *qu'on pouvait l'en faire enlever, même de force, puisque autrement ce qui avait été réglé pour maintenir une plus grande correspondance entre les Souverains, tournerait au contraire à la ruine et à la destruction de leur autorité* » (*a*).

Au mois de novembre 1747, un Russe, nommé Springer, demeurant à Stockholm, y fut arrêté, et on lui faisait, en Suède, son procès pour crime d'État, lorsque, s'étant sauvé de prison, il se retira chez le ministre britannique, appellé Guydickens. Le Gouverneur fit garder les avenues de la maison de ce dernier, et un secrétaire d'État de Suède vint demander l'extradition de Springer. Le ministre d'Angleterre refusa d'abord de le livrer; mais le gouvernement insista, et le mi-

(*a*) Félice sur Burlamaqui, tom. VIII, ch. XIII, *rem.* 202; et Mémoires de M. l'abbé de Montgon, tom. I.

nistre qui appréhenda que l'on en vînt à des voies de fait, laissa prendre Springer par deux officiers qu'il consentit à laisser entrer chez lui (*a*).

Enfin on se rappelle que Henri IV, au sujet de l'arrestation de Bruneau ou Brunel, secrétaire de l'ambassade d'Espagne, prévenu d'avoir traité avec Mairargues pour livrer la ville de Marseille, répondit aux représentations de l'ambassadeur, « *que le Droit des Gens n'empêchait pas qu'on pût arrêter un ministre public, pour lui ôter les moyens de faire le mal* » (*b*).

---

(*a*) « On exagère les droits des ambassadeurs, dit l'auteur d'un ouvrage où ce fait se trouve cité : ils peuvent parler avec toute liberté pour les intérêts et pour les Droits des princes qui les envoient; mais ils ne peuvent rien attenter contre ceux des princes auxquels ils sont envoyés. S'ils abusent de leur être représentatif, on peut non-seulement le faire cesser, et les renvoyer chez eux; mais on peut même les arrêter, s'ils sont convaincus d'avoir fait des brigues et des complots, s'ils ont commis des crimes nuisibles à la tranquillité de l'État, s'ils ont contracté des dettes onéreuses, etc... » (Esprit des lois quintess. *tom.* II, *lett.* 27).

(*b*) Péréfixe, hist. de Henri-le-Grand, *ann.* 1604. — Hist. Thuan., lib. CXXXIV, ad anno 1605. — Mézerai, vie d'Henri IV. — Daniel, hist. de France. — Avrigny, mém.

Sous le règne de Louis XV, un ministre étranger voulait partir sans payer ses dettes; mais on lui refusa des passeports, et on autorisa ses créanciers à faire saisir ses meubles (*a*).

Solution de la question. Motifs à l'appui de l'inviolabilité illimitée; leur réfutation; conclusion.

Voilà des faits recueillis en grande partie dans les ouvrages même d'auteurs qui paraissent quelquefois pencher vers le principe de l'inviolabilité indéfinie et sans restriction, sinon pour la personne de tout envoyé diplomatique, du moins pour celle des ambassa-

pour servir à l'hist. univ. de l'Europe, depuis 1600 jusqu'à 1716, vol. 1, pag. 176. — Vattel, Droit des Gens, liv. IV, ch. VII, § 101. — Wicquefort, dans son *Ambassadeur*, vol. 1, pag. 829, 901. Édit. de la Haie 1724.

Théodebat, roi des Goths, disait aux ambassadeurs de l'empereur Justinien: « Le caractère d'ambassadeur est, à la vérité, sacré et respectable, par tout pays; mais ils ne conservent leurs droits et leurs priviléges, que tant qu'ils conservent la dignité de leurs fonctions par une conduite sage et réglée. Du reste, c'est l'opinion commune, qu'on peut même faire mourir un ambassadeur, lorsqu'il outrage le prince auprès de qui il est envoyé, ou qu'il débauche la femme de quelqu'un ». (Procop. *Goth.*, lib. 1, cap. VII).

(*a*) M. Gérard de Rayneval. Instit. du Droit de la Nat. et des Gens, n. 42 du liv. II, p. 93.



BIBLIOTHÈQUE NATIONALE R.F.

deurs du premier rang ou autres ministres plénipotentiaires; et ces faits sont, comme on le voit, en opposition directe avec leur sentiment. Mais nous ne doutons pas qu'on ne puisse en trouver grand nombre d'autres qui lui seraient aussi favorables que ceux-ci lui sont contraires; et nous en concluons toujours que, dans la vérité, tous ces faits, dans un sens comme dans l'autre, ne prouvent rien quant au droit: il s'agit bien moins de savoir ce qui a été, ce qui est, que de connaître ce qui doit être; et c'est uniquement par le raisonnement qu'il est possible de parvenir, au sujet de la question que nous agitons, à une solution évidemment équitable.

Recherchons donc d'abord, pour ainsi procéder, quelles sont les diverses raisons ressortant de la nature des choses, sur lesquelles pourrait être appuyée l'indépendance illimitée attribuée aux ambassadeurs et autres investis de quelque caractère public de même nature.

Quelles peuvent être ces raisons?

1° Qu'ils représentent une puissance politique qui ne peut être soumise aux lois et à la juridiction d'une autre puissance politique.

2° Qu'individuellement ils ne devraient pas être soumis aux lois civiles ou pénales d'une nation dont ils ne sont pas membres, d'une société dont ils ne font pas partie, d'un pays où ils sont étrangers et non pas citoyens.

3° Qu'il serait dangereux, relativement aux missions dont ils se trouvent chargés, de ne pas les mettre complètement à l'abri de toute violence, de toute sujétion, de toute contrainte.

4° Enfin, que les mesures de rigueur ne peuvent se concilier avec le respect que le caractère qui leur appartient, le titre dont ils sont honorés, appellent nécessairement sur leur personne.

Voilà, à ce qu'il nous semble, tout ce que l'on peut alléguer de plus spécieux à l'appui du sentiment de ceux qui pensent devoir étendre sans restriction et sans bornes les conséquences et les priviléges de l'inviolabilité des hommes revêtus du caractère diplomatique dans un plus ou moins haut degré d'élévation hiérarchique.

Mais ces raisons ainsi spécifiées, si on les approfondit, si l'on s'applique à les apprécier à leur juste valeur, on reconnaîtra facilement qu'elles n'ont pas de fondemens solides et véritables.

Et en effet, *premièrement*, de ce que les ambassadeurs ou autres sont les mandataires ou représentans d'une puissance qui ne peut être soumise aux lois et juridictions d'une autre puissance, conclure qu'il doit en être de même dans tous les cas indistinctement à l'égard du mandataire lui-même, c'est évidemment pousser trop loin la fiction de la représentation et du mandat. L'effet du mandat ne peut jamais faire qu'il y ait une identité parfaite, entière, absolue entre le représentant et le représenté, entre le mandataire et le mandant, quel qu'il soit : cela serait manifestement contraire aux principes les plus universels et les plus familiers du droit et de la raison.

Conséquemment, et à plus forte raison, l'effet de la représentation ne peut jamais faire non plus qu'il y ait identité parfaite entre l'État représenté et son ambassadeur. La fiction résultante de cette sorte de mandat ne fait pas qu'indistinctement, et quelles qu'elles soient, toutes les actions de l'ambassadeur puissent être attribuées à la puissance dont il tient ce mandat et le caractère diplomatique qui y est attaché. Sans doute, la conséquence sera telle toutes les fois que l'ambassadeur agira en vertu de ses pouvoirs et dans sa qualité de diplomate; mais certes, elle n'est plus la même, alors qu'il s'agit de ses actions privées et de ses intérêts personnels.

Il faut donc faire ici une distinction naturelle et par cela même indispensable; il faut reconnaître en principe que l'envoyé, l'ambassadeur, le diplomate, en général, doit être mis hors de toute sujétion, quelle que soit d'ailleurs sa conduite, toutes les fois qu'il agira comme homme public, comme représentant d'un peuple, dans sa qualité diplomatique, en vertu de ses pouvoirs et dans le cercle des attributions que ces mêmes pouvoirs lui donnent, et qu'en conséquence si, dans cette hypothèse, sa conduite pouvait devenir préjudiciable à l'État, il faudrait se borner à le renvoyer, à lui imposer l'obligation de retourner auprès de la puissance qui l'a délégué; mais que, si cet agent sort, au contraire, de la sphère de ses attributions, de ses pouvoirs, s'il agit comme simple individu, en qualité d'homme privé; si, comme tel, il se rend coupable d'un crime, d'un délit; si, comme tel encore, il contracte, achète, vend, trafique et s'oblige en son nom personnel, dans son intérêt particulier, il se place lui-même par-là sous la puissance des juridictions ordinaires, et des lois du pays où il se trouve.

C'est au peuple, à la puissance politique qui croit devoir attacher quelque importance à ce que ses envoyés et mandataires ne se trouvent pas soumis à des lois et juridictions étrangères, à prendre les mesures, à lui donner les ordres et instructions convenables, pour qu'il ne soit jamais forcé, et pour qu'il ne lui soit pas même possible, de se mettre, par son fait, dans la position où ces lois et juridictions peuvent l'atteindre.

Ajoutons encore à des raisons aussi péremptoires cette remarque, que, si, pour les mêmes causes, si, par suite des engagemens qu'il a souscrits et des obligations qui ont été réciproquement contractées envers lui, si, dans son intérêt personnel, l'ambassadeur forme une demande devant les tribunaux du lieu où il se trouve, on ne pourrait assurément pas se faire un prétexte de sa qualité, de ses titres, pour refuser de statuer et faire droit sur sa demande.

Cela étant, son droit de réclamer qu'il lui soit rendu justice ne pouvant être contesté, comment ceux qui auraient à réclamer contre lui pourraient-ils être raisonnablement privés d'un droit égal, et qui n'est qu'une conséquence nécessaire de celui qui lui appartient. Comment pourrait-on admettre un principe qui conduirait naturellement à cette conclusion que le Droit sacré de la défense, dont nul homme ne doit être dépouillé, pourrait néanmoins lui être enlevé en certains cas, et lorsque cet homme aurait pour adversaire un homme qui serait à la vérité revêtu d'une qualité publique, mais qui n'aurait cependant pas contracté en cette qualité? Un semblable système, il faut donc en convenir, serait par trop absurde, par trop contraire aux règles les plus simples du bon sens et de l'équité.

*Secondement.* Si nous passons à la deuxième objection, ce que nous avons développé au commencement du premier paragraphe y répond d'avance.

On ne voit pas pourquoi un envoyé, un agent diplomatique quelconque ne pourrait pas être individuellement soumis aux autorités judiciaires et aux lois du pays où il se trouve, par cela seulement qu'il est étranger; puisque nous avons reconnu, et qu'il est en effet bien certain, que tout étranger stipulant dans un pays, sous la protection, la puissance et la foi des lois qui y sont observées, doit, de même qu'il est fondé à en invoquer le secours, se considérer comme obligé à leur exécution (*a*).

Et vainement allèguerait-on, ainsi que l'ont fait quelques auteurs, entre autres, Barbeyrac et l'annotateur de Wolff, que les simples citoyens ne viennent que de leur plein gré sur le territoire des peuples étrangers, tandis que les ambassadeurs et autres diplomates y sont appelés par le besoin des Nations elles-mêmes, par la nécessité où la nature les place d'entretenir entre elles des relations; et que, si ceux-ci n'étaient pas à l'abri

(*a*) *Voy. ci-dessus*, tit. 1, § 1, pag. 359 et suiv.

de toute sujétion, de toute atteinte des lois et juridictions étrangères, personne ne consentirait à se charger d'une ambassade.

Tout homme qui sera dans la ferme résolution de respecter individuellement et quant à ce qui est de ses actions, de ses intérêts personnels, les lois, coutumes et usages des peuples auprès desquels une mission toujours honorable devra le conduire, ne refusera pas cette mission par un sujet de crainte aussi pusillanime. Les Nations d'ailleurs ont bien, il est vrai, un intérêt très-grand d'envoyer et de recevoir réciproquement leurs députés et ambassadeurs, mais on ne peut pas dire qu'elles y soient contraintes.

Enfin c'est aussi, comme nous l'avons reconnu dans le paragraphe précédent, la nécessité, le besoin des communications, du commerce, de la bonne harmonie entre les Nations, qui doit leur faire admettre et protéger les simples étrangers, c'est-à-dire, ceux qui ne sont revêtus d'aucun caractère public, les négocians, les voyageurs et autres; et cela ne doit pourtant pas mettre obstacle à ce qu'ils soient soumis aux lois et tribunaux du pays où l'on veut bien les accueillir (*a*).

*Troisièmement*, pour répondre à cette objection, « qu'il serait dangereux relativement « aux missions dont ils se trouvent chargés, « de ne pas mettre les ambassadeurs entière- « ment à l'abri de toutes violences et con- « traintes » (*b*); remarquons d'abord que tous les traités conclus et même signés par les ambassadeurs et autres envoyés diplomatiques sont sujets à ratification, que la raison le veut ainsi, que cela se pratique généralement, que les publicistes l'ont prescrit, comme le dit l'un d'eux d'une manière assez expresse dans ce passage : « La stipulation réciproque de l'échange des ratifications qui se trouve dans

---

(*a*) *Voy. ci-dessus*, ch. 1, p. 341; et § 1, pag. 361.

(*b*) Tel est le plus fort argument que l'on trouve dans Vattel. « Un ambassadeur, dit-il, est souvent chargé d'une commission désagréable pour le Prince près duquel il est envoyé. Si ce Prince a quelque pouvoir sur lui, *et spécialement si son autorité est souveraine* (la réponse à cette circonstance hypothétique sur laquelle tout le raisonnement de Vattel repose essentiellement, se trouve *ci-après*, p. 120 et dans la 2e part. de cet ouvrage), comment peut-on espérer que le ministre exécutera les ordres

tous les traités, est comme une convention d'un temps donné aux princes, pour reconnaître si les instructions qu'ils ont transmises à leurs ministres ont été exécutées, et pour mettre les princes en état de rétracter les engagemens pris en leur nom par les plénipotentiaires, si leurs instructions n'ont point été suivies. C'est par cette raison aussi que tous les traités en fixant un temps pour leur exécution portent communément que ce délai ne commencera à courir que du jour de l'échange des ratifications. Il est établi, dans le Droit, et par un long usage qui a force de loi, que les traités ne sont achevés qu'autant que, par les ratifications, les Souverains approuvent l'usage que leurs ministres ont fait des pouvoirs qui leur ont été confiés; que

---

de son maître avec la liberté d'esprit convenable, avec fidélité et fermeté? Il est nécessaire qu'il n'ait à craindre aucuns piéges, pour qu'il ne soit distrait de ses fonctions par aucune chicane. Il ne doit avoir rien à espérer, et rien à craindre du Souverain près duquel il est envoyé. Il faut, pour le succès de son ambassade, qu'il soit indépendant de *l'Autorité Souveraine* et de la juridiction du pays, tant civile que criminelle ». (Droit des Gens, liv. IV, chap. VII, § 92).

ce n'est que par les ratifications que les traités reçoivent leur exécution ; qu'elles en sont une partie essentielle, et que ces ratifications sont le complément de l'être et de la forme des traités » (*a*).

Burlamaqui dit aussi, en thèse générale, que « Les traités faits par les ministres n'obligent le Souverain de l'État, que lorsque les ministres ont été duement autorisés, qu'ils n'ont rien fait que conformément à leurs ordres et à leurs pouvoirs..., que même lorsqu'un Souverain vient à être informé d'un traité conclu par un de ses ministres, sans son ordre, son silence seul n'emporte pas une ratification, à moins qu'il ne fût d'ailleurs accompagné de quelque acte ou de quelque autre circonstance qui ne puisse vraisemblablement souffrir d'autre explication ; et *à plus forte raison*, continue-t-il, *si l'accord n'a été fait que sous cette condition, que le Souverain le ratifiât*, il n'est valable et obligatoire que lorsque le Souverain l'a

(*a*) Science du Gouvernement, tome v, chap. III, sect. VII. — *Voy. aussi ci-après*, 2^e^ part., liv. IV, ch. II, tit. I.

ratifié d'une manière formelle et expresse » (*a*).

Cette seule réflexion, la connaissance de l'usage et du Droit à l'égard de la ratification des traités, suffisent pour se convaincre qu'il est chimérique de supposer, que l'on pourrait, sous le prétexte de quelque délit personnel, employer contre un ambassadeur la violence ou l'astuce pour arriver à la conclusion d'un traité inique et onéreux pour la puissance dont il stipule les intérêts.

Mais les inconvéniens d'une inviolabilité illimitée ne sont pas de même sans réalité; puisqu'en effet, dans cette hypothèse, des agens, des ministres étrangers pourraient tramer, ourdir les conspirations les plus noires, avec

---

(*a*) (Principes du Droit de la Nat. et des Gens, t. VIII, 4e part., chap. IX, § XI et § XIII.)

La ratification étant toujours nécessaire et de droit, pour opérer le complément et la validité des traités (hormis le cas d'urgence où l'exécution doit suivre immédiatement, et où la ratification serait conséquemment tardive et illusoire), il est évident que la *stipulation expresse* qui aurait pour objet de subordonner la validité de la convention à la ratification, bien loin de rendre cette ratification plus nécessaire, comme le dit Burlamaqui dans le passage ci-dessus cité, n'est au contraire d'aucune uti-

certitude de l'impunité ; et puisque après avoir vu leurs complots déjoués, ils pourraient toujours assurer l'impunité de leurs complices, en leur donnant une retraite auprès d'eux.

Vattel, à la vérité, fait encore ici une exception pour le cas où il s'agirait d'un homme qui se serait rendu coupable d'un crime. « S'il s'agit, dit-il, d'un coupable, dont la détention ou le châtiment soit d'une grande importance à l'État, le prince ne peut être arrêté par la considération d'un privilége qui n'a jamais été donné pour tourner au dommage et à la ruine des États. (Ici Vattel cite l'exemple que nous avons déja rapporté page 93 de l'enlèvement du duc de Ripperda.)

«L'abus de la franchise, continue-t-il, n'a été

---

lité, et qu'elle n'augmenterait pas la force suspensive du traité, de même que son absence ne lui ôte rien de cet effet.

— Chez les Romains, on appelait *fœdus*, pacte public, convention solennelle, un traité fait par ordre de la puissance souveraine, ou qui avait été ratifié; mais lorsque des personnes publiques avaient promis, sans ordre de la puissance souveraine, quelque chose qui intéressait le Souverain, c'est ce qu'on appelait *sponsio*, *simple promesse*.

porté nulle part plus loin qu'à Rome, où les ambassadeurs des Couronnes la prétendent pour tout le quartier dans lequel leur hôtel est situé. Les Papes, autrefois si formidables aux Souverains, sont depuis plus de deux siècles dans la nécessité de les ménager à leur tour. Ils ont fait de vains efforts pour abolir ou pour resserrer du moins dans de justes bornes un privilége abusif, que le plus ancien usage ne devrait pas soutenir contre la justice et la raison....

« Cependant le marquis de Fontenay, ambassadeur de France à Rome, donnant retraite aux exilés et aux rebelles de Naples, et ayant voulu enfin les faire sortir de Rome dans ses carrosses, en sortant de la ville les carrosses furent arrêtés par les Corses de la garde du Pape, et les Napolitains mis en prison. L'ambassadeur se plaignit vivement *de ce qu'il appelait une infraction du Droit des Gens.*

« Le Pape répondit, « *qu'il avait voulu faire* « *saisir des gens que l'ambassadeur avait fait* « *sortir de prison; que, puisque l'ambassadeur* « *se donnait la liberté de protéger des scélé-* « *rats, et tout ce qu'il y avait de criminel dans*

« *l'État de l'Église, il devait pour le moins* « *être permis à lui, qui en était le souverain,* « *de les faire reprendre par-tout où ils se ren-* « *contraient, le droit et les priviléges des am-* « *bassadeurs ne devant pas s'étendre si loin.* »

« L'ambassadeur repartit, « *qu'il ne se trou-* « *verait point qu'il eût donné retraite aux su-* « *jets du Pape, mais bien à quelques Napo-* « *litains, à qui il pouvait donner sûreté contre* « *les persécutions des Espagnols* » : Et Vattel ajoute, « Ce ministre convenait tacitement, par sa réponse, qu'il n'aurait pas été fondé à se plaindre de ce qu'on aurait arrêté ses carrosses, s'il les eût fait servir à l'évasion de quelques sujets du Pape et à soustraire des criminels à la justice » (*a*).

*Quatrièmement.* Quant au respect et à la considération qu'exige le caractère qui accompagne les plénipotentiaires ou autres envoyés diplomatiques, il n'existe pas d'impossibilité à les concilier avec le respect et l'exécution dus

(*a*) Vattel, *Droit des Gens*, liv. iv, chap. ix, § 118 — *Voy.* aussi Wicquefort, ambassadeur, liv. i, sect. 27, 28. — Félice sur Burlamaqui, tom. viii, chap. xiii, *rem.* 202. — Mém. de M. l'abbé de Montgon, tom. i.

aux lois. Dans tous les pays de la terre, et sur-tout chez les peuples civilisés, les personnes de la plus haute distinction doivent et peuvent être appelées en justice, sans qu'il y ait infraction des égards que l'on est justement convenu d'attacher à leurs dignités et à leurs rangs (*a*).

Il est facile de prescrire des formes propres à éviter tout scandale, même dans l'exercice des mesures les plus rigoureuses; et s'il ne s'agit, par exemple, que d'une simple action civile, l'assignation ou demande judiciaire peut être adressée au ministre des relations extérieures, qui serait tenu de la transmettre à l'ambassadeur en personne, et d'en constater la remise par un procès-verbal régulier.

Bynkershoek décide même formellement que « ce n'est pas manquer de respect à la maison « d'un ambassadeur, que d'y envoyer les of« ficiers de justice, pour signifier ce dont il « est besoin de donner connaissance à l'am« bassadeur » (*b*).

En 1721, la cour de Hollande fit signifier

(*a*) *Voy. ci-dessus*, liv. I, chap. II, tit. II, § 2 et 3, et *ci-après*, 2e *part.*, vol. IV.

(*b*) N° 186.

un ajournement à l'envoyé de Holstein, après avoir accordé saisie de tous ses biens et effets, autres que les meubles et équipages et toutes choses appartenantes à son caractère de ministre (*a*).

Ces divers détails d'application que la pratique et l'exécution des principes nécessitent, que le bien de l'humanité réclame, et auxquels les progrès de la civilisation conduisent nécessairement, deviendront un jour l'objet d'un code spécial du Droit des Gens. Mais, quant à-présent, sous tous les points de vue possibles, il nous faut bien reconnaître en principe, qu'une vanité déplacée, que le ridicule orgueil de quelques despotes sans idées de raison, d'équité, ont pu seuls faire étendre, au-delà des véritables bornes que le bon sens détermine, les conséquences du principe de l'inviolabilité envers les députés et agens diplomatiques des premiers rangs.

Dans l'origine, il ne fut question que de mettre les hérauts d'un peuple ennemi qui demandait la paix ou déclarait la guerre, à

(*a*) M. Gérard de Rayneval. *Instit. au Droit de la Nat. et des Gens. - Voy. aussi ci-après*, appendice, liv. III, n. 2.

couvert des insultes, de la violence, de la fureur du peuple ou des soldats; ce qui était conforme au sentiment de l'humanité, aux conseils de la sagesse et d'une louable modération. « La vérité est, dit Barbeyrac lui-même dans ses notes sur Grotius, que, si on examine ce qui est dit dans les anciens auteurs, au sujet de la sûreté des ambassadeurs, on verra que cette sûreté ne regarde guères que ceux qui ne font aucun mal, et qu'elle consiste seulement en ce qu'on ne peut se prévaloir contre eux du Droit de la guerre, ou de quelque autre raison qui autoriserait d'ailleurs à s'en prendre aux sujets de la puissance de la part de qui ils sont envoyés » (*a*).

Par la suite, on a fait abus de ce principe dicté par la prudence, le bon sens, la raison, comme trop malheureusement on fait abus de tout.

Dans la réalité et si nous voulons nous en tenir à ces guides assurément irrécusables, que signifie à nos yeux cette prétention hau-

(*a*) Droit de la guerre et de la paix, liv. II, ch. XVIII, § IV, num. 5., n. 5.

taine, de vouloir placer ses ambassadeurs au-dessus de la puissance des lois et juridictions étrangères, s'il les ont individuellement outragées? A voir les choses dans leur véritable jour, n'est-il pas plus déshonorant et plus honteux pour un peuple de vouloir se rendre suspect, à juste titre, des fautes, se charger des délits et des crimes de ses ambassadeurs et autres agens, pour en assurer l'impunité, que de consentir contre eux l'application des peines prononcées par les lois qu'ils auraient violées?

Ce qu'un peuple a raisonnablement droit d'exiger, c'est d'être prévenu sans retard des infractions commises par ses représentans, délégués, mandataires, chez un peuple étranger, et des mesures que la sûreté et la justice ont obligé de prendre contre eux.

Ce qu'il doit faire ensuite, s'il veut éviter que l'application des peines et des lois soit faite par la puissance offensée ou lésée, c'est de donner lui-même une prompte et entière satisfaction.

Telle doit être la conduite équitable d'un peuple qui aime en effet la justice et qui tient à sa gloire : et quiconque est pénétré de ce sentiment d'amour pour l'équité, la bonne foi et l'honneur, qui doit en toutes choses diriger nos pensées, nos actions; de ce sentiment précieux, salutaire, pour ceux surtout qu'il anime, appréciera facilement à sa juste valeur la réponse que Philippe II fit à la reine Élisabeth, lorsqu'il refusa de rappeler l'ambassadeur qu'il avait envoyé à sa Cour, en disant : « *que la condition des princes serait bien malheureuse, s'ils étaient obligés de révoquer leurs ministres, parce que leur conduite ne répondrait point à l'humeur ou à l'intérêt de ceux avec qui ils négocient* ». Plus d'un auteur remarque de même avec raison, « que la condition des princes serait bien plus malheureuse encore s'ils étaient obligés de conserver auprès d'eux des ministres qui pourraient impunément compromettre leur sûreté et le repos de leurs royaumes » (*a*). Mais, ce qui est encore d'une plus grande importance, à quoi serait utile, pour celui qui l'envoie, un ministre qu'un manque d'estime, ou toute autre cause, éloignerait de la puis-

(*a*) *Voy.* entre autres Vattel, Droit des Gens, liv. IV, ch. VII, § 96.

sance à laquelle il serait adressé? Comment remplirait-il le véritable but de sa mission qui doit toujours être de conserver ou de rétablir une confiance réciproque, la bonne intelligence et l'harmonie?

Lors de la découverte de la conspiration du marquis de Bedmar, les Vénitiens se contentèrent de le renvoyer en Espagne (*a*); et ils firent bien d'en agir avec cette circonspection, puisqu'ils le purent faire sans inconvénient pour eux; mais il est des circonstances où une mesure aussi modérée pourrait être insuffisante et même dangereuse.

Dans certains cas, au moins, il peut être convenable de ne renvoyer l'ambassadeur qu'après l'instruction et même après le jugement du procès (*b*).

L'autorité, les titres, les honneurs, dans un ambassadeur, comme dans tout autre fonctionnaire public, ont pour objet de faire respecter la justice : leur résultat ne doit jamais

---

(*a*) Sc. du Gouvern., tom. v, chap. I, § 14, sect. VIII.

(*b*) Grotius convient qu'il peut être *procédé contre lui par voie d'interrogatoire*, au moins dans certains cas. (*Voy.* Droit de la guerre et de la paix, liv. II, ch. XVIII, § IV, *num.* 10).

être d'y porter atteinte. Un ministre, un agent diplomatique quelconque se rend-il coupable d'un crime, d'un délit, d'une simple fraude envers un particulier? contracte-t-il envers lui une obligation quelconque? Il faut que cet homme soit assuré d'obtenir satisfaction. Sa cause est celle de la faiblesse contre la puissance: c'est donc à lui, sans aucun doute, que toute faveur, toute protection est due. Voilà ce qui nous paraît certain; voilà ce qui est évident pour nous; voilà ce qui est en effet de justice incontestable et naturelle.

Mais l'inviolabilité de l'ambassadeur, répondez-vous, importe au monde, en tous points, bien plus que sa punition pour des crimes même contraires à la justice naturelle (*a*).

C'est un sophisme allégué, comme on l'a vu, par quelques auteurs, mais sans plus de fondement; c'est ce qui n'est pas du tout constant; c'est ce que nous avons droit de nier jusqu'à démonstration; c'est cette assertion qui est plus que douteuse, qu'il vous faudrait prouver, et que vous ne prouvez pas.

---

(*a*) *Voy.* Grotius cité par Blackstone, Comment. sur les lois anglais., liv. VII, chap. VII.

Pour le tenter, vous supposez l'invraisemblable, au moins dans le siècle où nous sommes; vous outragez un gouvernement, une puissance, une nation tout entière; vous préjugez que cette puissance mésusera du Droit même, pour perdre l'ambassadeur, pour l'environner d'entraves, de difficultés et d'embûches, pour le faire tomber dans des piéges préjudiciables à l'État qu'il est chargé de représenter.

C'est d'abord, ainsi que nous avons déja pu le remarquer, ce dont une nation n'aurait pas besoin, si elle voulait commettre l'injustice; c'est tout au plus, comme nous l'observons, ce que l'on pourrait présumer de peuples barbares et non civilisés.

Mais ensuite c'est ce qui devient totalement impraticable sous un gouvernement bien constitué, et chez un peuple où le principe de l'indépendance judiciaire sera religieusement respecté.

Pour détruire une règle évidente de justice naturelle, vous faites donc évidemment une véritable pétition de principe. Vous commencez par admettre comme démontré et constant ce qui est précisément en question, ce qui est pour le moins douteux et contestable, ou plutôt, ce qui ne l'est pas et ne saurait l'être dans le sens contraire à votre proposition; ce que la réflexion et le raisonnement ne peuvent manquer de décider contre vous-mêmes, aussi bien que le premier aperçu du for intérieur ou l'inspiration spontanée de la conscience : car toutes les fois que l'on méditera et approfondira cette question avec lumière et de bonne foi, on retrouvera toujours que rien n'importe plus au monde, à l'intérêt général des Nations et de l'humanité, que de ne pas souffrir que l'équité naturelle puisse jamais être impunément outragée.

A l'avenir les publicistes, qui toujours doivent combattre pour elle et chercher à en assurer le triomphe, adopteront l'esprit de ces principes dont elle est la base.

Aussi l'auteur des institutions au Droit de la Nature et des Gens dit-il en termes très-formels : « Malgré son immunité, un ministre est obligé de respecter les lois de police qui tiennent à la sûreté et à l'ordre public. En se conduisant autrement, il pécherait contre le principe même sur lequel est fondée son immunité. On peut dire la même chose, s'il en abuse : dans ce dernier cas, il serait censé y avoir renoncé. Ainsi, par exemple, un ambassadeur, qui a l'imprudence de prendre des engagemens personnels, renonce tacitement à toute immunité à l'ombre de laquelle il pourrait les éluder, et il s'expose sciemment à toutes les poursuites nécessaires pour l'obliger à y faire honneur : car enfin un Souverain ne saurait souffrir que les immunités qu'il consent à accorder deviennent préjudiciables à ses sujets; et un agent politique qui, manquant lui-même, par sa mauvaise foi, à la condition sous laquelle il est admis, avilit son caractère, ne saurait exiger que d'autres le respectent. C'est par une conséquence nécessaire de ces maximes, qu'un agent politique, s'il se permet de faire des dettes, peut être forcé de les acquitter » (*a*).

Et il y a déja long-temps (*b*) que Wolff a dit en ce sens d'une manière aussi très-positive : « Puisque l'ambassadeur ne représente celui

(*a*) Instit. au Droit de la Nat. et des Gens, ch. XIV, § 5.

(*b*) En 1772.

qui l'envoie, que par rapport aux actes qui regardent l'affaire pour laquelle il est envoyé, il ne peut être considéré, par rapport à ses actes privés, que comme un étranger qui se trouve dans le territoire d'autrui; par conséquent il est censé jouir naturellement du droit des étrangers. C'est pourquoi, par rapport à ses actes privés, à sa suite et à ses bagages, ou à ses effets, il est soumis par le Droit des Gens naturel à la juridiction du lieu, tant civile que criminelle; et il n'y a aucune raison pour laquelle le Droit des Gens *volontaire* (*a*) doive changer quelque chose à cela. Ainsi il n'est point du Droit des Gens, ni naturel, ni volontaire, que l'ambassadeur, avec sa suite et ses bagages, soient censés hors du territoire, ni par conséquent (ce qu'on en infère) que sa personne soit sacrée et inviolable, c'est-à-dire, qu'il soit indépendant de l'empire de celui dans le territoire de qui il réside; beaucoup moins donc, qu'il ait juridiction sur sa suite, et que le Droit d'asyle soit attaché à la maison

(*a*) C'est donc à dire *coutumier*, *conventionnel* ou *écrit*. (*Voy. ci-après* tit. II.)

où il demeure» (*a*). Remarquons encore, en terminant ce paragraphe, que l'auteur de la Science du Gouvernement décide la question par les mêmes bases et dans un semblable esprit d'équité, à l'égard même de la personne d'un prince qui se trouve dans un pays étranger. « S'il se comporte en ennemi, dit-il, s'il commet des crimes, s'il trouble la tranquillité de l'État, s'il emprunte de toutes parts, s'il achète, s'il se fait faire des fournitures, sans rendre ce qu'on lui a prêté, sans payer ce qu'on lui a vendu, faut-il que l'État périsse, ou que ses membres soient ruinés, par les égards que l'on conservera pour un prince qui en mérite si peu? Non, s'il est un cas où un souverain puisse être arrêté et même jugé dans un pays étranger, c'est sans doute celui-là» (*b*)(2).

NOTA. Il serait superflu de parler, dans ce paragraphe, des règles particulières de conduite que l'on doit tenir au sujet des officiers supérieurs et

(*a*) Inst. au Droit de la Nat. et des Gens, tom. II, 4e part., chap. X, § MCCXLIII.

(*b*) Sc. du Gouvern., tom. V, chap. I, § XIV, sect. 8.

autres, soldats, hérauts, trompettes, couriers ou autres individus, envoyés pour entamer les négociations, pour demander l'admission des plénipotentiaires, ambassadeurs et autres députés de divers grades, etc. etc. La raison dit assez que la mission dont ils sont chargés doit pareillement rendre leur personne inviolable, dès qu'ils sont parvenus à se faire connaître, et tant qu'ils se renferment dans les termes de leur mission. Voyez à ce sujet Vattel, *Droit des Gens* (*a*).

On peut voir aussi cet auteur, au sujet du respect dû aux SAUVE-GARDES (*b*); au sujet des PASSE-PORTS ou SAUFS-CONDUITS (*c*); des SIGNALEMENS *par le moyen desquels il est possible à un envoyé d'indiquer et de faire reconnaître la mission dont il est chargé* (*d*). Et sur ce dernier titre, voici ce que disent Grotius, divers auteurs cités, dans son Traité de la Guerre et de la paix, par Barbeyrac son commentateur, et M. Frédéric de Martens.

« Autrefois, dit Grotius, les bandelettes que l'on mettait autour de sa tête, et une branche d'olivier que l'on tenait à la main, étaient des marques qu'on se rendait en suppliant, lesquelles, par conséquent,

---

(*a*) — Liv. IV, chap. VII, § 87 et suiv.

(*b*) — Liv. III, chap. IX, § 171 et suiv.

(*c*) — Liv. III, chap. XVII, § 265 et suiv.

(*d*) — Liv. II, chap. XV, § 234, *De la foi tacite.* — *Voy.* aussi Grotius, *même tit.*, § V.

obligeaient à mettre bas les armes » (a). Parmi les Perses et parmi les Assyriens, au rapport d'Ammien Marcellin, on mettait les mains jointes sur son dos (b). Parmi les Macédoniens, au rapport de Tite-Live, une pique haussée, et parmi les Romains, suivant Appien d'Alexandrie, un bouclier mis sur la tête, produisaient le même effet (c). Chez les Romains, on avait encore cet usage de mettre le bouclier sous le bras, et de renverser ou de baisser les étendards (d). Pline remarque que, de son temps, on présentait du laurier, pour signe qu'on voulait discontinuer les actes d'hostilité (e). Les anciens Germains, et d'autres à leur imitation, présentaient de l'herbe au vainqueur (f). Servius remarque que ceux qui se rendent, mettent bas les armes, pour paraître en posture de supplians (g). Il paraît, par l'histoire

(a) Droit de la guerre et de la paix, liv. III, ch. XXIV, § V, *num.* 1.

(b) Liv. XVIII, cap. VIII. — *Voy.* aussi les notes de Lindenborg, pag. 120. *Édit. Vales. Gronov.*

(c) Tit.-Liv., liv. XXIII, cap. X, *num.* 3 et 4. — M. de Valois sur Ammien Marcellin, de Bell. civ., lib. II, p. 454, *Éd. H. steph.*

(d) Ammien Marcellin, lib. XXVI, cap. IX, pag. 222. — M. de Vallois, Latinus Pacatus, cap. XXXVI. *Ed. Cellar.*

(e) Hist. Nat., lib. XV, cap. XXI.

(f) *Ibid.* lib. XXII, cap. IV.

(g) Manus inermes...... *aut supplices.... qui enim victi se dabunt, inermes supplicant.* (GROTIUS, liv. III, chap. XXIV, § V, n° 1, not. 1.)

de Jean Magnus et par d'autres auteurs, que, parmi les peuples du Nord, on allume un feu, pour donner à entendre que l'on veut entrer en négociation. « Aujourd'hui, dit encore Grotius, quand on arbore un drapeau blanc, c'est signe qu'on demande à parlementer » (*a*).

Ce sont là, par exemple, des coutumes de la nature de celles qui peuvent varier suivant les temps et les lieux, sans qu'il y ait infraction aux principes du Droit naturel, et qui, au contraire, ont toujours pour objet, quelle que soit d'ailleurs leur diversité, de parvenir à faire respecter et pratiquer ces mêmes principes élémentaires et immuables. On a cependant cherché, et l'on est en effet parvenu, à les généraliser, afin qu'elles pussent atteindre plus facilement leur but. « On a introduit, dit Frédéric de Martens, de certains signes reconnus pour équivaloir à une déclaration expresse qu'on désire de parlementer, et qu'on offre et demande la cessation des hostilités. C'est ainsi qu'une forteresse assiégée, en arborant le drapeau blanc, déclare qu'elle désire de capituler, et que l'ennemi, en répondant du tambour à ce signal, accorde une cessation d'hostilités momentanée. C'est ainsi que, dans un combat naval, un vaisseau qui ôte son pavillon en arborant

(*a*) Droit de la guerre et de la paix, liv. III, ch. XXIV, § V, *num*. 2.

un pavillon blanc, déclare, par ce signe de paix, qu'il offre de se rendre.... etc. » (*a*).

---

Relativement aux questions qui peuvent encore s'élever sur *la Distinction des ministres des premier, deuxième, troisième rangs; sur les Rangs ou Préséances, Instructions, Lettres de créance, Pleins-pouvoirs, Lettres de cachet ou Lettres de chancellerie, Lettres de la main, Réception et Cérémonial, Titres, Prérogatives, Prétentions et Droits respectifs des Souverains*, on peut consulter la Science du Gouvernement (*b*) et les différens auteurs cités dans cet ouvrage.

Sur les expédiens propres à éviter les questions de Préséance dans les traités, voyez le même ouvrage(*c*). Voy. aussi ci-après la 2e partie de ce traité(*d*).

Nous dirons ici, comme nous l'avons dit au sujet du Droit civil et du Droit politique, qu'ayant essentiellement pour but de faire connaître l'esprit et d'inspirer l'amour des vrais principes, nous n'avons

---

(*a*) Précis du Droit des Gens, fondé sur l'usage et les traités, liv. VII, chap. XII, — liv. VIII, chap. V, § 294, pag. 371, 434.

(*b*) Tom. V, chap. I, § 14, sect. 8. — *Ibid.* sect. 13, § 7. — *Ibid.* sect. 14, pag. 297. — *Ibid.* chap. IV.

(*c*) *Ibid.* sect. 3, § 4.

(*d*) Liv. II, chap. II, tit. I, § 2.

pas dû entrer dans l'examen des questions d'un ordre subalterne, sur lesquelles on ne peut se traîner sans devenir fastidieux et sans employer beaucoup de temps à-peu-près en pure perte.

Si l'on se pénètre bien de ces principes, si même l'on demeure imbu de la vérité qui leur sert de base, il suffit d'une rectitude d'esprit très-ordinaire pour porter un jugement sain sur toutes les questions de détail, dont la solution doit toujours en être une exacte conséquence.

Si l'on est ici convaincu, par exemple, des incalculables avantages de la paix et des relations amicales de peuples à peuples sans lesquelles elle ne saurait subsister, des inconvéniens de la guerre, du véritable but qu'elle doit avoir lorsqu'on ne peut l'éviter, on trouvera sans peine, après quelques momens de réflexion, ce qu'il importe de décider sur tous les points de détail que nous venons d'indiquer, et sur beaucoup d'autres qu'il serait difficile de prévoir et de classer, et à la discussion desquels il devient inutile de se livrer par avance.

En un mot, c'est en quelque sorte la clef de toutes ces questions particulières, prévues ou imprévues, qu'il faut trouver; c'est le germe de leur conception qu'on doit chercher à féconder; c'est le flambeau propre à en donner l'intelligence, qu'il faut animer, afin qu'il en résulte une force nouvelle pour le courage, l'honneur, la vertu, et qu'ils puissent, par leur concours et leur accord avec la raison, produire les fruits plus abondans et plus salutaires que l'on a lieu d'en attendre.

---

## SECTION II.

## *Principes en temps de Guerre.*

### § I^er^.

### DE LA PERSONNE ET DES PROPRIÉTÉS PARTICULIÈRES DE L'ÉTRANGER PENDANT LA GUERRE.

SOMMAIRE. Protection est due à la personne et aux propriétés particulières de l'étranger, même pendant la guerre.

La religieuse observation de ce principe est un devoir sacré, sur-tout à l'égard de toutes les personnes qui sont hors d'état de se défendre.

« Les Nations doivent se faire, dans la paix, le plus de bien, et dans la guerre, le moins de mal, qu'il est possible, sans nuire à leurs véritables intérêts. »
MONTESQUIEU.

Protection due à la personne et aux propriétés particulières de l'étranger pendant la guerre.

La vérité fondamentale des principes du Droit des Gens, en temps de guerre, est, comme nous l'avons reconnu dans le premier chapitre de ce livre, que « les Nations doivent dans leur propre intérêt, éviter tout le mal qui n'est pas essentiellement nécessaire pour ramener la paix » (*a*). On est forcé d'en tirer

(*a*) *Voy. ci-dessus*, vol. II, pag. 345.

cette juste conséquence, qu'en temps de guerre et même en pays ennemi, la personne et les propriétés particulières de l'étranger doivent toujours être respectées.

Ce n'est pas seulement, comme on pourrait être tenté de le croire, la grandeur d'ame et les sentimens de l'humanité, qui font de l'observation de ce principe un devoir sacré; le bon sens, la prudence, l'intérêt personnel même, en font aussi une règle de conduite, à laquelle les généraux habiles et les peuples éclairés ne manqueront pas de se conformer: car, en ne s'y soumettant pas, en agissant dans un esprit tout opposé et sans vouloir s'astreindre à aucun principe, à aucune règle de discipline et de prévoyance, on attire sur soi une foule de désastres et de malheurs, on s'expose à plus d'un genre de dangers; on détruit sans utilité les ressources propres à la subsistance des armées, on met obstacle à l'acquittement des contributions de guerre, qu'il faut prélever pour subvenir aux dépenses et pourvoir aux indemnités de la guerre; on ne tarde pas à exaspérer les esprits; on excite indubitablement les réactions et le désir des vengeances. Le désespoir, la fureur, s'emparent des habitans, soulèvent la population entière, et occasionnent ce que l'on appelle une guerre *nationale*, c'est-à-dire, au contraire, *individuelle et d'homme à homme*, guerre aussi dangereuse pour les vainqueurs que pour les vaincus, et souvent même infiniment plus funeste pour les premiers que pour les derniers. « Rien n'est si terrible, a dit un roi philosophe, que le désespoir de ceux-là mêmes qui n'ont point de courage» (*a*). Un homme sage, un véritable grand capitaine n'oubliera jamais cette vérité, au sein des plus brillans succès et de la plus haute prospérité; de même qu'il aura sans cesse présent à la pensée cet autre précepte d'application générale, dont l'inobservation flétrit tous les lauriers et ternit le lustre de la gloire la plus éclatante. « Tout le mal qui n'est pas nécessité par le besoin d'une juste et légitime défense, est contraire à la nature, préjudiciable au véritable intérêt des peuples et des hommes

---

(*a*) STANISLAS, *Considérations sur la Pologne*, Œuvres du Philosophe bienfaisant, tom. III.

en particulier, et conséquemment nuisible à celui même qui le commet. »

L'observation de ce principe est un devoir, sur-tout à l'égard des personnes hors d'état de défense.

Si l'on est bien pénétré du sentiment que la conviction de ces vérités inspire, on conçoit facilement que la protection doit plus spécialement s'appliquer aux femmes, aux vieillards, aux enfans, aux infirmes, aux malades; en général, à tous les êtres faibles, sans défense, hors d'état de nuire, et contre lesquels il serait inutile, et par conséquent odieux, d'employer la violence et la force.

Ce n'est pas, il est vrai, d'après ce principe que se conduisirent plusieurs peuples célèbres de l'antiquité. Les Athéniens, les Spartiates tant renommés, les Romains mêmes, agissant en cela comme les nations barbares, s'emparaient souvent de tous les biens des peuples vaincus; ils réduisaient ces peuples, hommes, femmes, vieillards, enfans, à l'état d'esclavage; mais, sur ce point comme sur quelques autres, on conviendra que ni les Grecs ni les Romains ne méritent l'honorable titre de législateurs du monde. Par cette conduite, ces peuples outrageaient évidemment le Droit des Gens; ils provoquaient, ils justifiaient, en quelque sorte, les violences et les mauvais traitemens que pouvaient exercer contre eux ces peuples qu'ils osaient appeler barbares, et qui, sous ce rapport, ne l'étaient pas plus qu'eux; ils s'exposaient à devenir, en cas de revers, les esclaves de tous ceux qu'ils regardaient comme tels, et qu'ils traitaient avec cruauté; tandis que, s'ils avaient eu la sagesse et le courage de leur donner les salutaires leçons, le profitable exemple de la seule politique que le sentiment de l'humanité et les règles d'une saine morale puissent approuver, ils les eussent promptement éclairés, et en eussent retiré pour eux-mêmes d'immenses avantages.

D'un autre côté, ils compromettaient de la manière la plus funeste leur repos intérieur aussi bien que leur gloire : car de quels vices des richesses ainsi acquises ne seraient-elles pas la source féconde? Ils appelaient chez eux la corruption, l'oisiveté, la mollesse; ils en chassaient toutes les vertus; ils sapaient, ils détruisaient jusque dans ses plus solides fondemens l'édifice de leurs prospérités nationales et particulières; ils amenèrent ainsi avec le temps l'infraction de tous les droits et de tous les devoirs, l'oubli des principes du droit public même les plus sacrés. En introduisant chez eux l'esclavage, en alimentant sans cesse dans leurs propres foyers un désastreux système de servitude et de tyrannie, ils anéantirent leur liberté.... Comment ne pas apercevoir les malheurs qui durent en être la suite? Comment n'avoir pas présens à la pensée les maux infinis qui en résultèrent en effet pour eux....?

Il en fut de même pendant long-temps chez les peuples du Nord, dans les Gaules.

Cependant on apprend par les historiens, on voit dans le recueil des anciens traités, publié par Barbeyrac, que plusieurs de ces anciens peuples qui donnaient mille exemples de barbaries, ne laissaient pas néanmoins de convenir qu'il serait permis aux laboureurs de vaquer aux travaux de l'agriculture: « cela se pratiquait même, entre eux, sans un traité particulier, et par une coutume sagement et naturellement établie » (*a*).

---

(*a*) GROTIUS, *De jure belli et pacis*, lib. III, cap. II, § II. — BARBEYRAC, *Recueil des anciens Traités*, 1re part., pag. 75.

Mais jetez un coup-d'œil général sur le tableau de l'histoire, et vous y remarquerez que les guerriers célèbres, que les conquérans les plus fameux ont acquis le nom de *Grand*, et immortalisé leur mémoire, en obéissant à ce sentiment de raison et d'humanité, bien plutôt qu'en étendant au loin leurs conquêtes et les bornes de leurs empires.

Titus, voulant prendre la ville de Jérusalem par la famine, refusa d'abord d'en laisser sortir tous ceux qui pouvaient être inutiles à sa défense, afin d'augmenter par-là, dans la ville assiégée, la détresse générale des habitans; mais bientôt après, ne pouvant résister au spectacle déchirant de tant de malheureuses victimes près de mourir de misère et de faim, il consentit au contraire à leur livrer passage. Ayant ensuite emporté la ville d'assaut, il ordonna encore à ses soldats d'épargner la vie des femmes, des enfans, des vieillards et de tous ceux qui seraient trouvés sans armes (*a*).

On trouve de même dans l'histoire de l'antiquité plusieurs actions justement admirées,

(*a*) *Voy.* JOSEPH., *Guerre des Juifs contre les Romains.*

de Cyrus, de Scipion, d'Alexandre même; et si l'on consulte plus particulièrement les ouvrages de Xénophon, on reconnaîtra quels avantages résultèrent pour Cyrus de ses actions les plus généreuses et les plus véritablement dignes des hommages de la postérité.

Parcourez ensuite les immortelles annales de la gloire des armées françaises, soit dans les temps anciens, soit dans les temps les plus modernes.

Vous verrez l'illustre chevalier Bertrand Duguesclin, brave, audacieux, intrépide, mais en même temps humain, sensible, généreux, compâtissant; vous l'entendrez s'adressant à l'heure de sa mort aux vieux capitaines avec lesquels il avait combattu pendant quarante ans, et leur recommandant de ne pas oublier ce qu'il leur avait répété si souvent, « qu'en quelques pays qu'ils fissent la guerre, les femmes, les enfans, le pauvre peuple, les gens d'église n'étaient point leurs ennemis » (*a*).

Vous verrez Henri IV laissant entrer des vivres dans Paris assiégé par son armée.

---

(*a*) *Voy.* le Dictionnaire des hommes illustres, etc.

Vous admirerez les actions généreuses des Bayard, des Fabert, des Turenne, et de plusieurs autres grands capitaines non moins illustrés par leur grandeur d'ame et leurs sentimens d'humanité, que par leur science profonde, leur sagesse, leur prudence, leur habileté dans l'art difficile de la guerre.

En 1745, le roi de France assiégeant en personne la citadelle de Tournai, en agit avec une glorieuse générosité à l'égard des habitans de cette ville. Le commandant de la citadelle ayant refusé de recevoir les femmes et les enfans que le maréchal de Saxe qui commandait le siége, lui envoyait, aux termes de la capitulation du 23 mai, le Roi vint au secours de ces malheureux, abandonnés sur le glacis où ils allaient mourir de faim et de dénuement; il leur fournit des chariots, et les fit transporter à Oudenarde, dont les ennemis étaient encore les maîtres, et il leur fit donner des vivres pour aller jusqu'à cette ville.

De nos jours, nous avons été témoins des actions héroïques d'un grand nombre de généraux, capitaines et soldats, dignes émules des anciens preux.

A ces traits de grandeur d'ame et de magnanimité, on opposera peut-être, à la vérité, quelques faits d'une nature et d'une politique toute différente : la conduite, par exemple, des Anglais pendant le siége de Malte ; mais de ce contraste même, quel lustre les premiers ne recevront-ils pas....! « Pendant le blocus de Malte, dit M. le comte Mathieu Dumas, dans ses essais historiques sur les campagnes des armées françaises, le général Vaubois, pour ménager ses faibles ressources, fit sortir les habitans que l'approche de la famine effrayait le plus. La population, dans les premiers jours de juin, était réduite à neuf mille ames. A cette époque, il ordonna que deux mille sept cents habitans fussent mis hors des postes. Mais le général anglais G...., pour hâter la reddition de la place, défendit aux avant-postes de les laisser passer : ces malheureux réclamèrent vainement l'intercession de leurs concitoyens, habitans de la campagne. Les Anglais inflexibles les forcèrent à rétrograder vers la place en faisant feu sur eux. Ils passèrent presque deux jours dans cette affreuse situation, envisageant une mort certaine, de quelque côté qu'ils voulussent marcher; plus certaine encore par la faim, s'ils restaient immobiles entre les lignes : mais le commandant leur ayant fait ouvrir les portes, les soldats français partagèrent avec eux leurs faibles portions d'alimens » (*a*).

On pourrait opposer aussi l'exemple de César. En effet il traita souvent avec inhumanité les peuples qu'il avait vaincus dans les Gaules. Après avoir forcé la ville de Cahors à capituler, il fit couper les mains à tous ceux qui avaient porté les armes, et ne leur laissa la vie, que pour les faire servir à inspirer la terreur et l'effroi chez les autres Nations gauloises... Un tel spectacle ne dût-il pas plutôt exciter leur haine et leur fureur contre un vainqueur aussi barbare? et qui d'entre eux n'eût pas ensuite préféré mille fois la mort à une capitulation qui pouvait les livrer sans défense à une semblable cruauté?

Au siége d'Alexia ou Auxois, en Bourgogne, il tint une conduite en tous points la même

(*a*) Précis des événemens militaires de 1799 à 1804; *Campagne de* 1800, tom. II, chap. X.

que celle du général anglais au siége de Malte. La famine était si grande parmi les assiégés, que Critognac l'un de leurs chefs alla jusqu'à ouvrir l'avis de se nourrir avec les corps de ceux que leur âge ou leur faiblesse rendaient inutiles pour la défense : il fut décidé qu'avant d'avoir recours à cette horrible extrémité, on en ferait sortir un grand nombre de la ville. Les vieillards, les femmes, les enfans, s'approchèrent donc en supplians du camp romain, et demandèrent du pain et des fers; mais César fit mettre des gardes sur les remparts du camp et eut la cruauté de les repousser tous.

Aussi cet injuste conquérant est-il loué et admiré, bien plus de ceux qui n'aperçoivent que la superficie des choses, que par ceux qui en savent juger le fond : au surplus nous devons dire, qu'éclairé peut-être par l'expérience sur les dangers de ce système de férocité, il fut souvent plus humain, moins vindicatif, moins irascible, plus habile politique. Après la victoire qu'il remporta contre les Nerviens, sur la rivière de Sambre, il usa de clémence envers les femmes, les vieillards, les enfans, envers tous les habitans. Il pourvut à leur subsistance, il leur rendit habitations et biens, et défendit à leurs voisins de les inquiéter (*a*).

Les lois de la guerre défendent encore d'attenter à l'honneur des femmes. Les outrages qu'on leur fait ne contribuent ni à la défense, ni à la sûreté, ni aux droits du vainqueur. « Ils ne servent, disent les auteurs, qu'à assouvir la brutalité du soldat et à transmettre l'horreur pour les peuples victorieux, des pères aux enfans, jusqu'à la postérité la plus reculée » (*b*).

On peut citer à ce sujet la conduite d'Alexandre, lors de la victoire qu'il remporta dans les plaines d'Issus sur Darius, envers Sysigambis sa mère, Statira sa femme, et les filles de ce prince, qu'il ne voulut pas même voir, dans la crainte de se laisser séduire par l'éclat de leur beauté (*c*).

---

(*a*) *Voy.* les Commentaires de César, liv. II, etc.

(*b*) GROTIUS, liv. III, chap. 2, 4. — Sc. du Gouvernement, tom. V, chap. II, sect. 6, § 8. — BURLAMAQUI, annoté par Félice, tom. VIII, chap. VI, § V, *rem.* 133.

(*c*) Arrien raconte même qu'Alexandre, étant devenu amoureux d'une captive nommée Roxane, ne voulut pas faire usage de la puissance que lui donnait la victoire pour satisfaire sa passion, et qu'il préféra de l'épouser

On sait la conduite que tint, en Espagne, Scipion, depuis surnommé l'*Africain*. On lui amena la femme de Mandonius, frère d'Indibilis, roi des Illergètes, deux filles d'Indibilis, et plusieurs autres personnes d'un haut rang, toutes remarquables par leur jeunesse et par leur beauté; mais il les fit aussitôt reconduire au sein de leur famille, en disant que son honneur et celui du peuple romain l'obligeaient à empêcher que la vertu, toujours respectable en quelque lieu que ce puisse être, ne fût exposée dans son camp à un traitement indigne d'elle.

Ce fut encore dans le même temps, que ses soldats lui présentèrent une princesse d'une beauté si accomplie, qu'elle attirait sur elle les regards et l'admiration de toute l'armée :

(De Expedit. Alexand., lib. IV., chap. XIX. Ed. Gran.) — Plutarque loue cette action comme digne d'un philosophe. (*De fortuna vel virtut. Alexand.*, orat. II, pag. 312. E, tom. II, Ed. Wech.) — (*Voy.* aussi Barbeyrac sur Grotius, Droit de la Guerre et de la paix, liv. III, chap. IV, § 19, num. IV). — L'empereur Julien, dans la guerre qu'il fit contre les Perses, se défendit, à l'exemple d'Alexandre, de voir de jeunes captives dont on lui avait vanté les charmes.

elle était sur le point d'être mariée à Allucius, prince des Celtibériens. Scipion fit venir ce prince et les parens de sa jeune captive, et ayant fait mettre à ses pieds une grande somme d'argent, que ceux-ci avaient apportée pour la racheter « *J'ajoute*, dit-il à Allucius, *à la dot que vous devez recevoir de votre beau-père, cette autre somme que je vous prie d'accepter aussi de moi comme un présent de noces* » (*a*).

Comment enfin passer sous silence l'une des actions les plus mémorables dont Bayard ait ennobli sa vie, lorsque se trouvant logé, dans la ville de Grenoble, près d'une jeune personne dont la beauté, disent les historiens de sa gloire, avait fait sur lui une vive impression, il fut cependant assez généreux pour respecter la vertu de cette jeune fille qui lui avait été livrée par sa propre mère, poussée à cette lâche et honteuse action par l'excès de la misère.

---

(*a*) Ce fut encore dans ce temps, que le même Scipion devenu maître des ôtages que les Espagnols avaient donnés aux ennemis de Rome, les renvoya à leurs parens. (*Voy.* TIT.-LIV., décad. III, lib. VI et VII.)

Qui ne se rappelle aussi avec admiration le désintéressement et la noblesse dont ce loyal et preux chevalier avait déja usé, à Bresse, quelques mois auparavant, envers son hôtesse et ses deux filles ?

On serait tenté de croire que les philosophes les plus vantés de la Grèce étaient encore bien éloignés de la véritable sagesse, puisqu'ils semblaient restreindre l'application du principe que nous venons d'exposer, aux guerres qui pouvaient survenir entre les peuples qui habitaient cette petite partie du monde. Désormais, c'est au contraire à toutes les Nations de la terre, qu'il faut adresser les paroles que Platon a mises dans la bouche de Socrate. « Respectons, lui fait-il dire, les fruits de la terre; ne soyons jamais des incendiaires; que gagnerons-nous à rendre nos ennemis implacables? il ne peut pas y avoir de véritable guerre entre les Grecs.

« S'ils sont obligés de prendre les armes les uns contre les autres, qu'ils se traitent comme des amis qui doivent bientôt se réconcilier; que le vainqueur contraigne moins le vaincu à céder à la nécessité; qu'il l'invite à écouter les conseils de la raison; qu'il le corrige en ami pour le rendre sage, et non pas en ennemi pour le perdre.

« Si une ville a des torts, les femmes, les enfans, les maisons, les temples, les sépultures, les murailles, ne sont point coupables, et nous ne devons punir que les auteurs de l'injustice ».

Mably rapporte ce passage dans son traité des *Principes des Lois*; et il fait la même réflexion que nous : « Voilà une doctrine très-sage. La morale l'approuve, parce qu'elle est honnête; et la politique doit l'approuver, parce qu'elle est utile. Mais Platon ne lui donne pas assez d'étendue; ce qu'il dit des Grecs, je voudrais que le législateur le dît de tous les hommes : car la terre entière est notre patrie commune, comme la Grèce l'était des Grecs. D'ailleurs, s'il importe aux Grecs d'être raisonnables les uns à l'égard des autres, pourquoi leur serait-il avantageux d'être déraisonnables avec les étrangers » (*a*)?

(*a*) MABLY, tom. IX de ses œuvres. De la législation ou Principes des lois, liv. II, chap. III, pag. 192.

En général, les publicistes et les nations modernes sont plus avancés, sous ce rapport, que ne l'étaient les peuples et les philosophes anciens. Leurs opinions et les usages sont concordans avec l'opinion de l'auteur que nous venons de citer.

« Au pillage de la campagne et des lieux sans défense, on a substitué, disent ces publicistes, un usage en même temps plus humain et plus avantageux au Souverain qui fait la guerre : c'est celui des contributions. Quiconque fait une guerre juste est en droit de faire contribuer le pays ennemi à l'entretien de son armée, à tous les frais de la guerre. Il obtient ainsi une partie de ce qui lui est dû; et les sujets de l'ennemi se soumettant à cette imposition, leurs biens sont garantis du pillage, le pays est conservé.

« Mais ce n'est point encore assez; et si un général veut jouir d'une réputation sans tache, il doit modérer les contributions et les proportionner aux facultés de ceux qu'il impose. L'excès, en cette matière, n'échappe point au reproche de dureté et d'inhumanité : s'il montre moins de férocité, que le ravage et la destruction, il annonce plus d'avarice et de cupidité.

« Les exemples d'humanité et de sagesse ne peuvent être trop souvent cités.

« On en vit un exemple bien louable dans ces longues guerres que la France a soutenues sous le règne de Louis XIV. Les Souverains obligés et respectivement intéressés à conserver le pays, faisaient, à l'entrée de la guerre, des traités, pour régler les contributions sur un pied supportable. On convenait, et de l'étendue du pays ennemi dans lequel chacun pourrait en exiger, et de la force de ces impositions, et de la manière dont les partis envoyés pour les lever auraient à se comporter. Il était stipulé, dans ces traités, qu'aucune troupe au-dessous d'un certain nombre ne pourrait pénétrer dans le pays ennemi au-delà des bornes convenues, à peine d'être traités en *Parti-bleu*. C'était prévenir une multitude d'excès et de désordres, qui désolent les peuples, et presque toujours en pure perte pour les Puissances qui font la guerre. Pourquoi un si bel exemple n'est-il pas *universellement* suivi » (*a*)?

---

(*a*) VATTEL, Droit des Gens, liv. III, chap. IX, § 165.

« On ne doit pas de propos délibéré, dit Félice dans ses remarques sur Burlamaqui, ôter la vie aux vieillards, aux femmes et aux enfans, et en général à aucun de ceux qui ne sont ni d'un âge ni d'une profession à porter les armes, et qui n'ont d'autre part à la guerre que de se trouver dans le pays ou dans le parti ennemi » (*a*).

—« Autrefois, dit l'auteur des Institutions au Droit de la Nature et des Gens, on ne distinguait pas les propriétés des sujets d'avec celles du Souverain, parce qu'ils étaient également considérés comme ennemis, à cause de leur identité avec leur chef : mais la politique moderne a changé cette dure et injuste jurisprudence; les propriétés particulières sont respectées,.... tout ennemi qui en agirait autrement, serait blâmé, et avec raison, comme violateur du Droit des Gens, parce qu'il ferait le mal sans utilité pour le but de la guerre. Il est des auteurs qui prétendent que les femmes, les enfans, les vieillards, les

(*a*) Principes du Droit de la Nature et des Gens, tom. VIII, 4^e^. part., chap. VI, § 5, *rem.* 133.

malades sont au nombre des ennemis comme membres de la société(*a*); mais cette doctrine outrepasse les droits de la guerre, et est contraire aux principes d'après lesquels elle doit être dirigée. Peut-on considérer et par conséquent traiter comme ennemis des êtres impuissans? Atteindra-t-on, en les maltraitant, le but de la guerre, qui est d'obtenir une juste satisfaction? le principe de propre conservation exige-t-il une pareille rigueur? Tout cela est senti par les Nations modernes; aussi respectent-elles tout ce qui ne porte pas les

(*a*) Grotius lui-même a dit : « Une preuve que la licence de la guerre s'étend fort loin, c'est que le Droit des Gens n'en met point à couvert les enfans mêmes et les femmes, que l'on peut aussi tuer impunément. » A l'appui de cette assertion, il cite plusieurs exemples, puisés dans Homère, Thucydide, Arrien, Appien d'Alexandrie, Tacite, etc.; celui des Israélites qui exercèrent un pareil acte d'hostilité contre les Hesbonites, et qui eurent ordre de traiter de même les Cananéens et quelques autres Nations, un passage du vieux Testament, le 9e vers. du psaume CXXXVII; et il ajoute : « Il ne faut pas s'étonner après cela, si on n'épargnait pas non plus les vieillards, comme on voit dans Virgile que Pyrrhus tue Priam.» (*Voy.* le droit de la guerre et de la paix, liv. III, ch. IV, § IX, n. 1 et 2.) Quels fondemens pour le Droit que des faits semblables !!...

armes : si elles n'en agissent pas ainsi par un sentiment de générosité, elles le font en cédant à la force irrésistible des principes et de l'humanité, dont en dernière analyse l'avantage est réciproque » (*a*).

### COROLLAIRE I.

*De la Course sur mer.*

SOMMAIRE. Distinction nécessaire à établir, pour que la Course sur mer ne soit pas une violation manifeste du Droit des Gens.

Distinction nécessaire à établir.

Puisque, dans la première partie de ce paragraphe, nous avons reconnu comme un principe constant, que les propriétés particulières de l'étranger doivent être respectées, même en temps de guerre, il faut nécessairement faire ici une application immédiate de ce principe, et en tirer cette conséquence que, si l'on veut respecter le Droit des Gens, on ne doit pas permettre que les courses sur mer s'exercent sur les bâtimens marchands appartenant aux sujets des puissances ennemies, mais seulement sur les vaisseaux de

(*a*) M. Gérard de Rayneval, Instit. au Droit de la Nat. et des Gens, liv. III, chap. V, § IV, pag. 222.

l'État contre lequel la guerre est déclarée. Les guerres de partisans, les pirateries, les brigandages, n'ont jamais pu être tolérés sur terre, ni par le Droit politique, ni par le Droit des Gens. Par quels motifs plausibles, sur quels fondemens solides pourraient-ils être autorisés et encouragés sur la mer?... « On ne pille ni les magasins, ni les marchands qu'on rencontre en pays ennemi pendant le cours d'une guerre continentale. Pourquoi les pille-t-on sur la mer, qui est un élément libre? Et ce pillage, quel rapport a-t-il avec le but de la guerre, avec les principes du Droit des Gens? Des particuliers s'enrichissent aux dépens d'autres particuliers, et tout le mal retombe sur le commerce et sur les paisibles négocians des deux nations ennemies. Voilà ce que c'est que la Course, et elle n'est rien autre chose. Je passe sous silence la manière irrégulière et souvent féroce, avec laquelle se conduisent la plupart des corsaires; les vexations qu'ils font éprouver aux neutres, et les querelles très-sérieuses qu'ils provoquent. Pour s'en convaincre, on n'a qu'à faire le relevé des réglemens que toutes les puissances font pour les contenir, ainsi que des contestations dont les amirautés sont surchargées. Les Nations ne s'éclaireront-elles jamais sur ce genre de brigandage! Cependant elles y ont un intérêt commun; et elles y gagneraient les hommes de mer que la Course absorbe » (*a*).

Le traité de commerce conclu entre la Prusse et les États-Unis d'Amérique, en 1785, porte, en termes exprès (art. XXIII), « que tous les vaisseaux marchands et commerçans employés à l'échange des productions des différens endroits, et par conséquent destinés à faciliter et à répandre les nécessités, les commodités et les douceurs de la vie, passeront librement sans être molestés; et que les puissances contractantes s'engagent à n'accorder aucune commission à des vaisseaux armés en course, qui les autorisât à prendre ou à détruire ces sortes de vaisseaux marchands, ou à interrompre le commerce » (*b*).

---

(*a*) Instit. au Droit de la Nat. et des Gens, liv. III, chap. XVI, *des lettres de marque*, § 3.

(*b*) *Voy.* Frédéric de Martens. Précis du Droit des Gens, fondé sur les traités et sur l'usage, liv. VIII, ch. IV, pag. 418.

La Grande-Charte des Anglais renferme une mesure qui avait été dictée dans l'esprit des principes et de l'équité, et qui devrait avoir ici son application : puisqu'en effet ce qui est juste et utile relativement aux marchandises trouvées sur terre *et dans l'intérieur du royaume*, doit l'être à plus forte raison au sujet de celles qui sont rencontrées sur mer *et hors du territoire*.

Mais si le gouvernement anglais exécute religieusement cette Grande-Charte, il n'y a malheureusement pas lieu de présumer que ce soit précisément en ce qui concerne cette même disposition, et sur-tout d'après l'extension que nous croyons pouvoir lui donner.

Le gouvernement anglais ne peut se glorifier à cette occasion ni de plus de générosité, ni de plus de sagesse, ni de plus d'exactitude à remplir ses promesses, que les autres Nations de l'Europe.

Cependant il ne suffit pas de rendre un stérile hommage aux principes; il faut sur-tout, après les avoir reconnus, et s'être bien pénétré de leur utilité, de leurs avantages réels et inappréciables, après les avoir sanctionnés proclamés et promulgués, y conformer scrupuleusement ses actions, et particulièrement sa conduite politique (3).

L'exécution peut quelquefois présenter des difficultés; mais ce n'est pas une raison pour y renoncer.

C'est à la législation d'y préparer progressivement les choses : c'est aux talens, à l'habileté des diplomates, à applanir les obstacles. Sous les auspices, avec la protection d'un gouvernement puissant par cela même qu'il sera juste, des plénipotentiaires instruits parviendront par des négociations sages, des stipulations claires, précises, loyales et favorisant tous les intérêts, à vaincre toutes ces difficultés d'exécution, et à assurer enfin le triomphe de la justice et du bon droit.

Ce serait, par exemple, il faut le dire, un inconvénient grave que la cargaison des bâtimens marchands pût profiter à une puissance ennemie : ce serait un abus dangereux, que les vivres, armes et munitions de guerre, que ces bâtimens peuvent transporter, alimentassent ses armées, que ces bâtimens vinssent ravitailler et approvisionner ses places-fortes et ses ports.

Mais ne pourrait-on parer à cet inconvénient par des dispositions législatives assez mûrement réfléchies, assez sagement méditées, pour qu'en prévenant ou écartant les dangers, elles ne renversassent cependant pas le principe?

Ne pourrait-on, soit à la suite d'une stipulation réciproque, soit même en l'absence de toute stipulation particulière, respecter de part et d'autre la propriété des négocians, leur conserver la faculté de recevoir le produit de leurs chargemens, mais ordonner qu'en certains cas prévus et d'avance spécifiés, ils seraient tenus de les déposer ou de les vendre sur les lieux; ou bien encore, en suivant telle direction, telle marche qui leur serait indiquée et prescrite tout-à-la-fois dans leur propre intérêt, et pour la sûreté publique....?

Ne peut-on pas encore modifier les dispositions législatives suivant la nature des marchandises dont les navires sont frétés....? c'est dans l'esprit de ce principe que les ordonnances des rois de France des années 1543 et 1584 n'avaient permis aux Français de se saisir des marchandises de contrebande et de les garder, qu'en en payant la valeur.

Encore une fois, toutes ces dispositions de détail, toutes ces règles et ces précautions d'exécution, offrent des difficultés sans doute, mais ces difficultés ne sont pas insurmontables pour le législateur juste et éclairé; et l'on peut parvenir à les concilier avec les Principes et le Droit.

Mais c'est principalement à l'égard des Puissances qui ont gardé la neutralité, que ces principes sont incontestables et doivent être observés. Burlamaqui suppose à la vérité « que l'on peut bien empêcher l'État ennemi de faire le commerce chez l'étranger avec ses propres vaisseaux » : mais il dit aussi : « On ne peut empêcher les Nations neutres d'aller dans les ports, d'y porter des denrées et d'acheter celles du pays. Le peuple qui voudrait mettre obstacle à cette liberté, violerait le Droit des Gens, qui ne lui permet pas de supprimer le commerce de ceux avec lesquels il n'est point en guerre : il abuserait de ses forces maritimes : il ouvrirait les yeux de toute l'Europe qui s'apercevrait aisément, que, s'il faut un équilibre sur la terre, il est encore plus nécessaire de l'établir sur la mer. L'empire que l'on voudrait s'arroger sur cet élément serait odieux, plus tyrannique que celui qui fait armer sur la terre. La mer appartient à tout le monde, et n'appartient à personne; qui pourrait y fixer ses possessions? Cet élément mobile ne permet point que l'on y place des limites certaines; nulle puissance n'y peut prétendre de propriété, si ce n'est sur quelque espace le long des côtes que l'on possède, et dont la navigation trop libre pourrait faciliter une insulte.

« Le Droit des Gens ne permet pas de troubler les vaisseaux neutres qui entrent et qui sortent des ports ennemis, qu'autant que ces ports seraient bloqués, ou que l'on y porterait des munitions que la guerre prohibe, ou que ces vaisseaux seraient frétés pour le compte de la Nation ennemie, ce qui se peut découvrir aisément»(*a*).

M. Gérard de Rayneval va plus loin encore, et avec raison : « à l'égard des marchandises neutres, dit-il, lors même qu'elles ont été chargées sur un bâtiment ennemi, elles doivent être insaisissables, parce que le pavillon n'en

(*a*) Principes du Droit de la Nat. et des Gens, t. VII, 3e part., chap. IV, § XIV.

dénature pas la propriété, et qu'un neutre peut d'autant plus se servir d'un bâtiment ennemi, qu'il a le droit incontestable de faire le commerce avec ce même ennemi : certes, on n'a jamais prétendu, dans la guerre de terre, avoir le droit de s'emparer des propriétés neutres qui se trouvent dans un pays ennemi : à quel titre changerait-on de principe et de conduite à l'égard de pareilles propriétés rencontrées en pleine mer? Il est impossible de trouver une raison plausible pour justifier un pareil procédé. Sans doute, on peut saisir le bâtiment ennemi, et faire l'équipage prisonnier; mais la marchandise neutre doit être exceptée. Quelle que soit la jurisprudence que les gouvernemens jugent à propos d'adopter à cet égard, si elle est contraire aux principes qui viennent d'être posés, elle est un acte de prépotence, et les seules nations faibles s'y soumettent» (*a*).

Enfin, il est, dans tous les cas, une autre

(*a*) Instit. au Droit de la Nature et des Gens, liv. III, chap. XV, § IV.

Quant à la forme des visites, *Voy.* le même ouvrage, liv. III, chap. XV, § V *et suiv.*

vérité moins susceptible encore d'être contestée, et que l'on ne peut se dispenser d'admettre, comme certaine, au rang des principes élémentaires; c'est que, lors des déclarations de guerre, il doit être accordé à tous navires et bâtimens appartenant à une puissance ennemie, un délai suffisant pour que ces déclarations arrivent à leur connaissance, et qu'ils puissent alors, s'ils le jugent à propos, se mettre à couvert des hostilités en rentrant dans les ports, puisqu'ils en étaient sortis avec toute sécurité sous la foi des traités. Cette règle de conduite ne peut être le sujet d'aucun doute, et n'en fait pas aux yeux des Publicistes. Hors de son observation, la conduite des nations qui se piquent le plus de respecter le Droit des Gens ne différerait pas à cet égard des peuples pirates qui, depuis long-temps déja, inspirent chez elles un juste mépris, et qui, naguère encore, excitèrent une si vive indignation, qu'une des premières nations de l'Europe se crut en droit de leur infliger une punition sévère, et peut-être trop rigoureuse (*a*).

(*a*) Bombardement d'Alger par les Anglais, en 1816.

## COROLLAIRE II.

### *Assassinats et Empoisonnemens de la personne d'un ennemi.*

**Sommaire.** Horreur que doivent toujours inspirer de semblables attentats. — Leurs dangers pour ceux qui s'en rendent coupables.

Exemples dont on doit conserver la mémoire.

*Horreur que doivent inspirer les assassinats et empoisonnemens. — Leurs dangers pour ceux qui s'en rendent coupables.*

Quelques écrivains n'ont pas craint de poser froidement la question de savoir si l'on peut sans crime se défaire d'un ennemi par l'empoisonnement ou l'assassinat.

Machiavel, plus hardi que les autres, soutient ouvertement que rien n'est plus naturel et plus juste ; qu'il est même des cas où cela peut devenir un devoir, ou tout au moins une action digne de louange.

Quelle perversité, ou quel excès d'aveuglement! Eh! que deviendrait donc le genre humain, si de telles maximes étaient plus généralement adoptées! de combien de massacres et de crimes la terre ne serait-elle pas ensanglantée?

Heureusement l'humanité, quelque imparfaite qu'elle soit, se trouve encore bien éloignée de ce profond degré de démence, ou de cet abyme d'immoralité et de corruption, où quelques détracteurs, oubliant qu'ils sont hommes, veulent absolument, à leur propre honte, la supposer descendue, et qui, chaque jour, s'acharnent avec fureur à se stigmatiser ainsi de leurs propres mains.

Nous le dirons donc, sans courir le risque d'être démentis que par ce petit nombre de gens qui ne veulent jamais juger l'homme, en général, d'après eux-mêmes, ou qui, s'ils se croient semblables à ce qu'ils en pensent, se ravalent au-dessous de l'humanité : le cri de la conscience, le sentiment de l'honneur, un mouvement secret d'indignation et d'horreur s'élèvent dans toutes les ames contre l'idée de ces effroyables et lâches forfaits, et suffiraient sans doute, lors même que le calcul de l'intérêt personnel ne s'y joindrait pas, pour réfuter et frapper d'indignité l'opinion absurde du politique italien. Quand on voudrait d'ailleurs ne consulter que ce calcul de l'intérêt personnel, ne verra-t-on pas que si l'on admet la légitimité de ces actions, les actes de représailles pourront paraître une sorte de justice?

Or, qui sera donc certain alors de ne pas devenir soi-même victime du crime qu'il se croyait en droit de commettre la veille, ou dont il méditait la consommation pour le lendemain?

Cette réflexion simple est tout aussi parfaitement applicable à la conduite que doit tenir un peuple entier, ou ceux qui le commandent, envers l'un de ses ennemis, qu'à celle des hommes considérés individuellement et à l'égard les uns des autres.

En vain alléguerait-on qu'il est des circonstances où un seul meurtre de cette nature peut dispenser de répandre des torrens de sang. Ce raisonnement est faux; une sorte d'exactitude mathématique ne le rend pas pour cela plus spécieux; elle ne peut abuser des êtres sensés, et laisse toujours briller la vérité, dans tout son jour, aux yeux de ceux qui ne cessent pas d'envisager les désastreuses et funestes conséquences qui ne pourraient manquer de découler d'une semblable doctrine: nous n'hésitons pas à l'affirmer ; la perte de mille combattans morts au champ d'honneur, la défaite d'une armée entière sont des malheurs incomparablement moins grands que celui qui résulte d'un empoisonnement ou d'un assassinat, pour ceux-mêmes qui s'en sont rendus coupables.

Aussi combien de faits honorables, et dont il faut consacrer la mémoire, ne citerait-on pas à l'appui de ce principe?

Quels publicistes vraiment éclairés ne se sont pas attachés à en démontrer l'importance?

Un auteur que nous aimons à citer, et dont le flambeau nous a souvent guidé en cette matière (M. Gérard de Rayneval), en traitant des choses licites ou défendues d'après les lois de la guerre, décide comme nous, sur cette question, par un raisonnement qui ne peut souffrir de réplique. C'est ainsi qu'il s'exprime : « Que dirai-je enfin du poison et de l'assassinat? Peut-on parler de pareils moyens, quand il s'agit d'un métier qui demande autant de grandeur d'ame, de magnanimité, que de courage? Peut-on supposer qu'un militaire, dont l'honneur est la devise, veuille le perdre par la plus vile, la plus atroce des lâchetés?

Non, et le seul soupçon est une injure. On a beau dire que la mort d'un seul homme, d'un souverain, d'un général, peut terminer la guerre, et conserver la vie à des milliers de soldats.

« J'observe d'abord que cette conséquence est bien incertaine : car les souverains et les généraux sont remplacés; et il est plus naturel de supposer que la guerre sera continuée, que de supposer le contraire. Mais raisonnons d'après la nature même des choses. — Vous vous croyez autorisé à empoisonner ou assassiner votre ennemi. — Fort bien. — Vous lui accordez donc le même droit; car tout est égal entre vous : ainsi, il peut de son côté vous faire empoisonner ou assassiner : quelle sera donc la conséquence pratique de cette faculté réciproque ? Une inquiétude mortelle et indestructible de part et d'autre; vous craindrez jusqu'à votre ombre. — Et le général, à la merci de cent mille hommes, qui ne sont pas tous bons sujets, comment pourra-t-il remplir son devoir? Placé sur le champ de l'honneur et de la gloire, il devra craindre à chaque pas de rencontrer un traître. — Il s'est dévoué à la mort les armes à la main; mais il ne s'est point dévoué aux embûches et au fer d'un lâche assassin.

« Convenons donc que l'assassinat et le poison sont des moyens atroces que la conservation de nous-mêmes ne nécessitent point; qu'ils doivent augmenter les horreurs de la guerre, au lieu de la terminer.

« J'ajoute que si ce moyen est licite pour terminer une guerre, il l'est aussi pour la prévenir : ainsi le poison et le fer des assassins deviendront le *ratio ultima regum*, ou plutôt un moyen innocent et ordinaire de la politique » (*a*).

— « Ce n'est pas seulement l'usage, dit le professeur Félice, qui défend le poison à la guerre; c'est la loi naturelle et le Droit des Gens le plus rigoureux » (*b*).

— « Le poison donné en trahison, dit Vattel, a quelque chose de plus odieux encore que l'assassinat : l'effet en est plus inévitable,

(*a*) Institut. au Droit de la Nat. et des Gens, liv. III, chap. IV, § 5, pag. 212.

(*b*) Principes du Droit de la Nat. et des Gens, t. VIII, 4e *part.*, chap. VI, *rem.* 134.

et l'usage plus terrible : aussi a-t-il été généralement détesté. On peut voir les témoignages qui ont été recueillis par Grotius » (*a*).

Écoutons encore à ce sujet les doctes et sublimes leçons que l'immortel Fénélon orna de son éloquence, pour les faire goûter de l'héritier présomptif d'un de nos Rois.

Télémaque ne se contente pas d'engager les chefs des Mandurins à ne pas surprendre Venuse par artifice. « Les dieux qui nous ont préservés des traîtres, répond-il à Dioscore qui vient offrir d'aller égorger le roi Adraste dans sa tente, nous défendent de nous en servir. Quand même nous n'aurions pas assez de vertu pour détester la trahison, notre seul intérêt suffirait pour nous engager à la rejeter. Dès que nous l'aurions autorisée par notre exemple, nous mériterions qu'elle se tournât contre nous. Dès ce moment, qui d'entre nous sera en sûreté ! Adraste pourra bien peut-être éviter le coup qui le menace, et le faire retomber sur les rois alliés. La guerre ne sera plus une guerre; la sagesse et la vertu ne seront

(*a*) Droit des Gens, liv. III, chap. IV, § 15.

d'aucun usage; on ne verra plus que perfidies, trahisons, assassinats. Nous en ressentirons nous-mêmes les funestes suites, et nous les mériterons, puisque nous aurons autorisé le plus grand des maux. Je conclus donc qu'il faut renvoyer le traître à Adraste; j'avoue que ce roi ne le mérite pas; mais toute l'Hespérie et toute la Grèce, qui ont les yeux sur nous, méritent que nous tenions cette conduite pour être estimés. Nous nous devons à nous-mêmes, enfin nous devons aux dieux justes, cette horreur de la perfidie » (*a*).

Exemples dont il faut conserver la mémoire.

Aussi Alexandre refusa-t-il l'offre que lui fit Bessus d'empoisonner son maître (*b*).

Les consuls Caïus Fabricius Lucinius et Quintus Æmilius ne se contentèrent pas de repousser l'offre que leur fit le médecin de Pyrrhus; ils en avertirent Pyrrhus lui-même, en lui adressant ces paroles remarquables: « *Ne croyez pas que ce soit pour vous flatter*

---

(*a*) Télémaq., liv. XX.

(*b*) « *Quem quidem* (Bessum) *cruci adfixum vidēre festinò, omnibus regibus gentibusque fidei, quam violavit, meritas pœnas solventem* ». (QUINT.-CURT., lib. VI, cap. III, *num.* 14.)

*et vous faire notre cour, que nous vous donnons cet avis; c'est pour ne pas nous couvrir nous-mêmes de honte et d'infamie* » (*a*). — « Ne vouloir pas vaincre par le poison, dit Sénèque parlant du premier de ces deux consuls, était une action bien digne d'un général qui, peu de temps auparavant, ne s'était point laissé vaincre par l'or de l'ennemi. *Ejusdem animi fuit auro non vinci, veneno non vincere* » (*b*).

(*a*) « *Sed communis exempli et fidei ergo visum est, uti te salvum velimus; ut esset, quem armis vincere possumus* ». (Aul.-Gel., Noct. attic., lib. III, cap. VIII.)

— « Non-seulement, dit encore Vattel, les Romains, dans leurs siècles héroïques, dans ces temps où ils donnaient de si beaux exemples de grandeur d'ame et de vertu, rejetèrent toujours avec indignation les avantages que leur présentait la trahison de quelques sujets des ennemis; non-seulement ils avertirent Pyrrhus du dessein horrible de son médecin, mais ils refusèrent même de profiter d'un crime moins atroce, et renvoyèrent aux Falisques un traître qui avait voulu livrer les enfans de leur roi et des principaux personnages de la ville. (*Voy. ci-dessus*, vol. II, pag. 183; Dr. des G., l. III, ch. IV, § 15.) (*Voy. aussi* Plutarq., *vie de Pyrrhus;* Valerien; Autias cité par Aulu-Gelle; Valere-Maxime; Elien; Cicéron, Offic. l. v; Aurelius Victor; Florus.)

(*b*) Epître CXX.

Sous Tibère même, les Romains refusèrent l'offre que leur faisait le prince des Cattes d'empoisonner Arminius : et cependant Arminius avait fait périr par trahison Varus, et avec lui trois légions romaines (*a*).

Les lettres du prince des Cattes furent lues dans le sénat, et l'empereur répondit, « que ce n'était ni par la trahison, ni par des voies cachées, mais ouvertement et les armes à la main, que le peuple romain se vengeait de ses ennemis. *Non fraude neque occultis, sed palàm et armatum populum romanum hostes suos ulcisci* » (*b*).

L'empereur Charles-Quint, quelque fausse et perfide que fût sa politique, ne voulut pas consentir à ce que, par des moyens de cette nature, on donnât la mort au fameux général turc Barberousse : et le duc de Noailles, gouverneur de la province de Roussillon, général de l'armée française, faisant la guerre contre Charles II, roi d'Espagne, ne permit pas non plus que les habitans de la Catalogne, qui se

(*a*) VATTEL, Droit des Gens, lib. III, chap. VIII, § 153.
(*b*) Tacit. Annal., lib. II, cap. 88.

disposaient à une révolte en faveur de la France, égorgeassent les troupes du roi catholique en quartier dans leur pays » (*a*).

« Une bonne cause, dit l'auteur de la défense des Constitutions américaines, ne fut et ne sera jamais servie par un assassinat. Tel est heureusement, dans le siècle présent, le sentiment de tous les hommes; et s'il s'est trouvé, en Pologne, un nonce du pape, capable de bénir les poignards de ceux qui conspiraient contre un roi humain et tolérant, ce nonce fut un monstre dont le pape lui-même a dû, dans ces temps de lumières, exécrer le fanatisme » (*b*). Tous ceux, au surplus, qui s'écartent si loin des règles du vrai courage et de l'honneur, hommes, peuples, souverains, ne tardent guères, avons-nous dit, à devenir victimes des mêmes forfaits : et l'histoire offre encore, à ce sujet, plus d'un exemple qui justifie les réflexions de l'illustre critique du PRINCE, de Machiavel. — « Donnez-

---

(*a*) SANTA-CRUZ. *Réflex. milit. et polit.* — DE RÉAL, Sc. du Gouvern., vol. V, p. 445.

(*b*) JOHN-ADAMS., *Défens. des constit. améric.*, t. I, p. 161.

vous, dit-il, des exemples de trahison.....? Craignez d'être trahi....—En donnez-vous d'assassinat...? Craignez la main de vos disciples» (*a*).

Les assassins périssent souvent par un assassinat.

Joab, général de l'armée de David, consentit que les habitans d'Abéla tuassent Séba, général de l'armée ennemie, qui s'était refugié dans leur ville (*b*); mais, dans la suite, Salomon ayant soupçonné que ce même Joab favorisait le parti d'Adonias, le fit tuer dans le temple, par les mains de Bananias (*c*).

Agatoclès, tyran de Syracuse, avait fait assassiner tous les sénateurs pour s'emparer de l'autorité absolue; mais il fut empoisonné par un breuvage que son petit-fils lui fit prendre.

Olivetto, et Vitellozo, son maître en scélératesse, firent égorger Fogliani et les principaux habitans de la ville de Fermo; mais ils furent l'un et l'autre étranglés à Sinigaglia, par César de Borgia, duc de Valentinois; et

---

(*a*) L'Anti-Machiavel, chap. VII.

(*b*) Reg. cap. 20, v. 21.

(*c*) *Ibid.* cap. II.

ce même César de Borgia, le héros de Machiavel, mourut à son tour, de même que le pape Alexandre VI, son père, des suites d'un poison qu'ils avaient fait préparer pour leurs convives.

On a lieu de présumer que Machiavel lui-même mourut empoisonné (*a*).

« Enfin, s'écrie encore le critique de ce détestable politique, de cet absurde écrivain, qu'on lise la vie d'un Denys, d'un Tibère, d'un Néron, d'un Louis XI, d'un tyran Basiliowitz, etc. etc.; et l'on verra que ces monstres, également insensés et furieux, finirent tous de la manière du monde la plus malheureuse » (*b*).

---

(*a*) Quelques-uns néanmoins ont pensé que ce fut simplement des suites de médicamens pris à contre-temps et sans nécessité.

(*b*) L'Anti-Machiavel, chap. VIII.

— Cléopâtre, reine de Syrie, après avoir assassiné Seleucus, l'aîné de ses enfans, dont la majorité allait la forcer d'abandonner les rênes du gouvernement, avait en même temps préparé un poison violent pour un autre de ses fils : mais l'attentat fut soupçonné, et elle mourut par ce poison même qui devait lui servir à commettre un grand crime. (*Voy.* l'hist. de la Législ., par M. le marq. de Pastoret, t. I, pag. 354; Justin., liv. XXXIX, chap. I.)

Combien l'indignation doit-elle donc être plus vive, la douleur générale plus profonde et plus cuisante, lorsque l'assassin choisit sa victime entre ses concitoyens, pendant la paix, au sein de la patrie, parmi ceux même à la vie desquels le repos, la prospérité, l'existence même des sociétés sont plus intimement, plus directement attachés...! Puissent la propagation de la morale, le perfectionnement et la force des institutions éloigner à l'avenir de semblables crimes....! Puissent les Nations ne plus être, comme nous le sommes encore, témoins et victimes de si exécrables forfaits...!

## § II.

### Prisonniers de Guerre.

Sommaire. *Première Proposition.* — L'ennemi qui met bas les armes, et qui n'est plus en état de défense, doit être épargné.

Faits mémorables à l'appui du principe.

*Seconde Proposition.* — On ne peut légitimement réduire à l'esclavage un ennemi pris les armes à la main.

*Troisième Proposition.* — Tout prisonnier doit être traité avec humanité ; et sa détention, si elle est nécessaire, ne doit être que passagère.

« La justice seule peut conférer des droits véritables et « légitimes. » Baron d'Holbach.

« *Inter dominum et servum nulla amicitia est :* « *etiam in pace, belli tamen jura servantur.* » Quint.-Curt.

L'ennemi qui met bas les armes doit être épargné.

*Première Proposition.* — « Il serait souverainement injuste de donner une telle force au droit de sa propre défense, que, pour toute sorte de craintes, on pût ôter la vie à celui qui inspire cette crainte. Ce serait une injustice que de ravir à quelqu'un la vie, par cela seul qu'on appréhende quelque mal de sa part. Ce serait faire soi-même le premier ce qu'on accuserait légèrement son ennemi d'avoir voulu faire. Il faut que le péril que l'on craint soit inévitable, pour mettre en droit de faire à autrui un mal qui prévienne celui qu'on ne veut pas recevoir.....

« La pensée où nous sommes qu'une personne conjure contre nous, qu'elle songe à nous dresser des embûches, ou médite de nous empoisonner, ou de nous faire périr, ne suffit pas pour nous autoriser à entreprendre sur sa vie. Nous ne pouvons nous porter innocemment à cette résolution extrême, tant qu'il nous reste quelque moyen d'éviter la mort qu'on nous prépare. Il faut que nous soyons assurés que nous ne pouvons nous garantir que par la mort de celui qui veut nous ôter la vie. Nous devons nous abstenir de toute entreprise sur ses jours, tant qu'il nous reste quelque espérance, quelque ressource; tant que nous pouvons compter sur quelque accident qui rompe les mesures de notre ennemi. On doit toujours se renfermer dans les bornes d'une juste défense, et l'on ne peut légitimement tuer un agresseur, que lorsqu'on n'a point d'autre moyen d'éviter la mort....

Les lois de la guerre ne permettent point de tuer sans nécessité. Quelle barbarie n'est-ce pas de tremper ses mains meurtrières dans le sang d'un ennemi qui a cessé de résister? On ne doit ôter la vie ni à ceux qui se sont rendus, ni à ceux qui demandent quartier, ni à ceux qui ne sont pas armés, ou qui, par la faiblesse de l'âge ou du sexe, ne peuvent faire aucune résistance.... » (*a*).

Ajoutons, s'il est possible, au développement de ces maximes, et faisons-en ici une application directe.

Oui, disons-nous aussi, du moment où un ennemi a mis bas les armes, où l'on ne se trouve plus à son égard dans l'état d'une juste et légitime défense, on ne peut lui ôter la vie, sans se rendre coupable de bassesse et de lâcheté, sans outrager la loi que la nature elle-même impose à l'humanité.

On ne doit pas en effet supposer légèrement dans un ennemi vaincu l'intention secrète de trahir l'honneur, et de manquer à

---

(*a*) Sc. du Gouvernement, tom. II, chap. III, sect. 3. — *Ibid.* tom. V, chap. II, sect. VI, § 7.

la foi jurée. Ce serait le propre d'un homme sans courage, que de se laisser aller facilement à de tels soupçons, et de commencer par violer soi-même les lois de l'honneur, uniquement pour se délivrer plus promptement de la crainte.

Si je marche en un lieu écarté, seul avec un homme que je soupçonne de vouloir attenter à ma vie, je l'observerai attentivement, je me tiendrai sur mes gardes, afin de ne pas me laisser surprendre, et de me défendre au contraire vigoureusement et sans désavantage, s'il ose m'attaquer. Mais je ne commencerai pas par l'assassiner, pour calmer plutôt mes inquiétudes et me débarrasser plus aisément de ma défiance. Celui qui en agirait ainsi, ne serait pas seulement un lâche, mais un brigand, un véritable assassin, que la justice saurait atteindre et punirait avec raison.

Si donc nous plaçons dans une situation à-peu-près semblable un soldat, dont la force, l'adresse, le courage même, ont dû s'exercer, s'accroître dans la carrière des armes, que l'on ne pourrait, sans lui faire injure, soupçonner de céder à une terreur panique; un homme enfin qui, par état et par inclination, doit trouver, si nous pouvons le dire, une espèce de charme à affronter les périls et la mort, pour mériter la gloire du triomphe, on doit douter bien moins encore du calme, de la fermeté, de l'énergie de sa conduite; et s'il s'écartait de la ligne indiquée par ce sentiment intime de l'honneur, combien ne serait-il pas plus coupable!

C'est donc ce calme, ce sang-froid, cette présence d'esprit, ce sentiment de modération, qui caractérise et qui doit toujours accompagner le vrai brave dans le fort même des combats; et non pas un emportement aveugle, une fureur irréfléchie, une soif ardente de carnage.

Ces autres mouvemens de l'ame résultent plutôt de la faiblesse, de la peur, que de la force et du courage; ils appartiennent plutôt au soldat pusillanime, qu'au guerrier intrépide et généreux.

On n'ignore pas, en effet, que le lâche, certain de la victoire, devient inexorable et sans pitié: si le péril cesse, rien ne saurait plus retenir son bras, et la lassitude seule peut alors, sinon adoucir sa rage, mettre du moins un terme à ses coups. Non content de désarmer et de mettre hors de défense l'adversaire qui succombe, il s'acharne à lui arracher la vie, et semble redouter que les morts mêmes ne ressaisissent leurs armes, et ne se lèvent pour le combattre de nouveau.

Preux chevaliers, honneur de notre patrie, amans favorisés de la victoire, soldats français! les justes notions de la bravoure, du vrai courage, vous sont familières; elles sont gravées dans vos cœurs généreux : elles ont toujours éminemment distingué votre loyal et noble caractère! Combien de fois ne vous vit-òn pas les mettre en pratique, et régler d'après elles vos actions dans les momens les plus périlleux!

Il est des époques dans l'histoire, des temps passagers, quoique trop longs encore, où toutes les idées du mal et du bien, de l'iniquité et de la justice, sont confondues et bouleversées; où tous les sentimens naturels à l'humanité sont étouffés, anéantis; ces temps trop récens de trouble et de terreur, de désastre et de deuil, nous ne devons pas toutefois les effacer entièrement des pages de notre histoire, puisque leur souvenir douloureux peut du moins nous être utile; puisqu'il peut à l'avenir, si nous savons en tirer de salutaires leçons, contribuer efficacement à accroître notre propre expérience, et à mûrir sur-tout la raison de nos neveux : et d'ailleurs, dans ces tristes et fatales années, où la mort enveloppait d'un voile funèbre la France entière, où l'innocence et la vertu, persécutées de tous côtés, étaient proscrites avec fureur au sein de la patrie, poursuivies, bannies des villes et des hameaux par des citoyens devenus assassins, et portant la torche et le poignard à la main, pour trouver un asyle, elles se refugièrent dans les camps, et les drapeaux leur servirent de rempart. Toujours le sentiment du vrai courage et de la générosité honora les étendards des Français, immortalisa leurs victoires, et fit bénir leur nom au sein même du carnage et des combats! Jamais leurs cœurs ne furent fermés aux supplications touchantes, aux accens déchirans du malheur implorant leur commisération et leur pitié! Que d'ennemis vaincus ont rendu un éclatant hommage à leurs vertus! Combien ont obtenu grace de leur grandeur d'ame et de leur humanité! Le soldat français vous dira par sentiment, ainsi que le publiciste d'après les principes : « *Un homme d'honneur ne sera jamais dur et cruel. Vous qui aspirez à ce titre, soyez toujours accessibles à la pitié, et ne refusez pas la vie à un ennemi terrassé qui vous la demande; qu'il soit votre prisonnier; ne soyez pas son assassin et son bourreau. Ce rôle ne convient pas à de braves soldats; il n'appartient qu'aux lâches, aux esclaves ou aux traîtres.* »

Après avoir obtenu la vie et déposé ses armes, un prisonnier de guerre, oubliant ce que lui prescrivent son serment et l'honneur, en vient-il à se révolter, vous rentrez envers lui dans le cas de la légitime défense : et c'est alors que vous êtes autorisé par sa perfidie à user de moins d'indulgence; mais si votre bras lui donne la mort, que ce soit toujours dans le moment de l'action, dans la chaleur du combat, lorsque vous êtes en quelque sorte contraint de le frapper pour repousser le coup mortel qu'il va lui-même vous porter : car s'il se trouve de nouveau hors de défense, son impuissance doit encore émousser votre glaive, désarmer votre main; si vous avez retrouvé tout votre calme, si vous êtes entièrement revenu dans un état de sécurité et de force, la vengeance n'est plus digne de votre courage, et la pitié doit toujours succéder dans votre ame au sentiment d'une juste indignation.

C'est aussi conformément à l'esprit de ces leçons, que Vattel nous a donné les siennes. « Dès qu'un ennemi se soumet et rend les armes, on ne peut, dit cet auteur, lui ôter la vie. On doit donc donner quartier à tous ceux qui posent les armes dans un combat; et, quand on assiége une place, il ne faut jamais refuser la vie sauve à la garnison qui offre de capituler....

« On ne peut trop louer l'humanité avec laquelle la plupart des Nations de l'Europe font la guerre aujourd'hui. Si quelquefois, dans la chaleur de l'action, le soldat refuse quartier, c'est toujours malgré les officiers, qui s'empressent de sauver la vie aux ennemis désarmés.... (*a*).

« C'était donc autrefois une erreur affreuse, une prétention injuste et féroce de s'attribuer le droit de faire mourir les prisonniers de guerre, même par la main d'un bourreau. De-

---

(*a*) (VATTEL, Droit des Gens, liv. III, chap. VIII, § 140.)

« Si l'on est en droit, dit Burlamaqui, en thèse générale, de suspendre à l'égard d'un ennemi les actes de la bienveillance, il n'est jamais permis d'en étouffer le principe. Comme il n'y a que la *nécessité* qui nous autorise à recourir à la force contre un injuste agresseur, c'est aussi cette même nécessité qui doit être la règle et la mesure du mal que nous pouvons lui faire; et nous devons toujours être disposés à rentrer en amitié avec lui, dès qu'il nous aura rendu justice, et que nous n'aurons plus rien à craindre de sa part.

« Il faut donc bien distinguer la juste défense de soi-même, de la vengeance. La première ne fait que suspendre, par nécessité et pour un temps, l'exercice de la bienveillance, et n'a rien d'opposé à la sociabilité *humaine*; mais l'autre, étouffant le principe même de la bienveillance, met à la place un sentiment de haine et d'animosité, vicieux en lui-même, contraire au bien *général*, et que la loi naturelle condamne formellement. » (Principes du Droit naturel, tom. II, part. II, chap. IV, § XVI.)

puis long-temps on est revenu à des principes plus justes et plus humains. Si Charles Ier, roi de Naples, ayant vaincu et fait prisonnier Conradin, son compétiteur, le fit décapiter publiquement à Naples, avec Frédéric d'Autriche, prisonnier comme lui, cette barbarie fit horreur; et Pierre III, roi d'Arragon, la reprocha au cruel Charles comme un crime abominable et jusques alors inoui entre princes chrétiens» (*a*).

---

(*a*) — « En 1593, le comte de Fuentez fit résoudre dans le conseil des Pays-Bas, de ne plus observer avec les Provinces-Unies ces ménagemens que l'humanité rend si nécessaires à la guerre. On ordonna le dernier supplice contre ceux qui seraient faits prisonniers, et l'on défendit sous les mêmes peines de payer les contributions à l'ennemi; mais les plaintes de la noblesse et du clergé, dont les terres étaient ravagées, et plus encore les murmures des gens de guerre, qui se voyaient exposés à une mort infâme, s'ils tombaient entre les mains des ennemis, forcèrent les Espagnols à rétablir des usages plus humains». (Vattel, Droit des Gens, liv. III, chap. VIII, § 149.)

— Une loi semblable fut, en France, l'ouvrage de l'anarchie révolutionnaire de 1793. Il fut décrété qu'il ne serait fait aucun prisonnier; mais l'honneur des soldats frémit d'indignation, et repoussa avec horreur cet ordre barbare, qui demeura sans exécution.

Faits à l'appui du principe.

Ce n'est pas seulement envers les peuples professant la même religion, que les chrétiens regardèrent une semblable action comme un crime détestable, et qu'ils en agirent dans un esprit et d'après un principe bien différens.

Lorsqu'à une époque déja éloignée, dans un siècle beaucoup moins civilisé que le nôtre, ces mêmes chrétiens, commandés par Guillaume Embriachi, général des Génois, prirent d'assaut Antipatride sur les Turcs, ils accordèrent la vie à tous ceux qui mirent bas les armes.

Avant la naissance du christianisme, les païens eux-mêmes obéirent plus d'une fois à cette loi de la guerre.

Lycurgue, par un sentiment d'humanité et par une raison politique, disent les historiens, voulait que, dès que l'armée ennemie était mise en déroute, l'on exerçât envers elle toute sorte de clémence. Par-là, les Lacédémoniens adoucissaient la férocité de leurs ennemis; l'espérance d'être bien traités s'ils rendaient les armes empêchait ceux-ci de se livrer à cette fureur qui est souvent fatale aux vainqueurs (*a*).

(*a*) *Voy.* la Sc. du Gouv., t. v, ch. II, sect. 4, § 45.

Si la politique des Romains envers Pyrrhus fut généreuse (*a*), telle fut aussi la conduite de ce roi envers les Romains, après la bataille et la prise de Locres. Ce prince, selon Justin, leur renvoya deux cents prisonniers, afin qu'ils connussent sa générosité, après avoir éprouvé sa valeur. « *Ex eâ prædâ Pyrrhus* cc. *captivos milites Romam gratis remisit, ut cognitâ virtute ejus, Romani cognoscerent etiam liberalitatem* » (*b*).

Il est encore d'autres exemples cités par les publicistes, et qui sont également dignes de mémoire.

La ville de Soleure était assiégée par Léopold, duc d'Autriche, en l'année 1318 : ce prince ayant fait jeter un pont sur l'Aar, et y ayant placé un détachement d'hommes armés, pour les introduire dans la place, la crue subite des eaux renversa le pont pendant la nuit, et précipita les soldats dans la rivière. Les habitans, cédant alors à un noble mouvement d'humanité, oubliant leur propre

(*a*) *Voy. ci-dessus*, pag. 169.

(*b*) Justin., hist. univ., lib. xviii.

intérêt, et peut-être même jusqu'à leur sûreté, s'empressèrent de porter secours à tous ceux qui se noyaient, et les introduisirent ainsi chez eux. Cet acte de générosité, loin de leur être funeste, sauva la ville du sac et du pillage : car Léopold, touché de leur humanité, fit aussitôt lever le siége, et signa la paix avec la ville (*a*).

« Le véritable ornement d'un général, a dit Henri IV, est le courage et la présence d'esprit dans une bataille, et la clémence après la victoire » (*b*).

Il faut encore rappeler ici l'action noble et généreuse du duc de Cumberland qui, ayant reçu une blessure à la bataille de Dettingue, en 1748, et apercevant un officier français prisonnier, et plus grièvement blessé que lui, ne souffrit pas que l'on s'occupât de sa propre blessure, avant d'avoir fait panser celle de son prisonnier (*c*).

Fût-on même dans l'impossibilité de main-

(*a*) *Voy.* VATTEL, Dr. des Gens. — Burlamaqui, etc., etc.

(*b*) LE GRAIN, Décad. de Henri-le-Grand, etc., etc.

(*c*) VATTEL, Droit des Gens. — Burlamaqui, etc., etc.

tenir et de conserver les prisonniers par la force, on ne peut sans crime les égorger de sang-froid : et Charles XII, l'Alexandre du nord, dont la conduite méconnut souvent les vrais principes du Droit politique, sut du moins respecter les lois de la guerre et les principes du Droit des Gens, lorsqu'il renvoya libres sur parole tous les prisonniers qu'il avait faits à la bataille de Narva : action héroïque et magnanime, que l'on considérera toujours comme l'un de ses plus beaux titres de gloire, quelque funeste qu'ait pu en être le résultat par suite de la perfidie du Czar.

C'est ainsi qu'aux yeux de la postérité juste et même indulgente, on peut, jusqu'à un certain point, effacer de grandes fautes : c'est ainsi que l'on peut quelquefois, par un seul trait de grandeur d'ame et de générosité, reconquérir un titre à la gloire et à l'immortalité (*a*).

---

(*a*) Il serait trop long de rapporter ici les nombreuses actions d'héroïsme et de générosité qui ont, de tous temps, illustré les armées françaises. Sous ce rapport, les fastes de l'histoire sont remplis de leur gloire, principalement à l'époque des guerres que la France eut

Mais aujourd'hui sur-tout, la civilisation s'étant par-tout perfectionnée, l'observation du principe est encore devenue moins difficile et moins rare ; et, en Droit, le précepte ne saurait plus être douteux. Les publicistes modernes y rendent hommage pour la plupart, et le prescrivent en termes formels. « On demande, dit l'un d'eux, s'il peut exister des cas où il est permis de faire périr des prisonniers. — On peut établir, comme règle générale, que le salut du prisonnier est la condition tacite, et nécessairement supposée de sa reddition ; d'ailleurs le droit de faire périr un homme de guerre cesse aussitôt qu'il est désarmé. S'il pouvait exister une circonstance où la doctrine contraire fût admise, la guerre se ferait sans quartier ; et combien ne se verserait-il pas de sang inutilement. La guerre est déja par elle-même un fléau si désastreux, qu'on ne saurait trop l'adoucir dans la pratique » (*a*).

---

à soutenir dans les premières années de la révolution. Quiconque, ami ou ennemi, français ou étranger, les parcourra sans partialité, n'hésitera pas à leur payer un juste tribut d'estime et d'admiration.

(*a*) Inst. au Dr. de la Nat. et des G., l. III, c. VII, § 5.

— « En général, dit un autre écrivain, les lois mêmes de la guerre demandent que l'on s'abstienne du carnage, autant qu'il est possible, et que l'on ne répande pas le sang sans nécessité. L'on ne doit pas directement, et de propos délibéré, ôter la vie ni aux prisonniers de guerre, ni à ceux qui demandent quartier, ni à ceux qui se rendent.... » (*a*).

— « Mais on demande, dit-il encore, s'il est permis de faire mourir un prisonnier de guerre. — Je réponds que non. Dès que votre ennemi est désarmé et vaincu, vous n'avez plus aucun droit sur sa vie, à moins qu'il ne vous en donne un par quelque attentat nouveau, *ou qu'il ne se soit auparavant rendu coupable envers vous d'un crime digne de mort* » (*b*).

— « La guerre, dit un troisième, autorise à considérer comme ennemis tous les sujets de l'État contre lequel elle a été déclarée, autant qu'il s'agit de poursuivre contre eux la satisfaction que nous recherchons; mais, *comme*

---

(*a*) Félice sur Burlamaqui, Principes du Droit de la Nature et des Gens, tom. VIII, 4e part., chap. VI, § V, *rem.* 133.

(*b*) *Ibid. rem.* 137.

*dans toutes les guerres des nations, aucune n'est autorisée à punir son ennemi légitime,* le droit de le blesser et de le tuer ne repose que sur celui de vaincre la resistance qu'il nous oppose, ou de repousser son attaque. C'est pourquoi déja la loi naturelle défend de blesser ou de tuer ceux qui, de leur personne, ne prennent point de part active aux hostilités. On doit donc épargner, 1° les enfans, les femmes, les vieillards, et en général tous ceux qui n'ont point pris les armes ou commis de violence; 2° ceux qui sont à la suite de l'armée, mais sans être destinés à prendre part aux violences; tels que les aumôniers, les médecins, les chirurgiens, les vivandiers, auxquels l'usage ajoute même (*a*) les quartiers-maîtres, les tambours et les fifres.

«D'un autre côté, on est en droit de blesser et de tuer les officiers et les soldats qui sont disposés à nous combattre, tant qu'il ne conste pas qu'ils ont déposé la volonté, ou perdu les moyens de continuer les hostilités. Dès qu'au contraire ils sont ou tellement bles-

(*a*) *Voy. ci-dessus*, vol. III, pag. 125.

sés ou tellement entourés de l'ennemi, qu'ils ne sont plus en état de résister, ou qu'ils mettent bas les armes en demandant quartier, l'ennemi est, dans la règle, tenu de leur laisser la vie » (*a*).

Un dernier, enfin, dit encore : « Lorsque la guerre est engagée, lorsque la fureur des combats a étouffé chez les hommes ce sentiment de bienveillance et d'amour qui unit tous les êtres dans l'ordre de la création, le vainqueur est fondé à désarmer les vaincus et à attenter à leur liberté : c'est ce qu'on appelle *faire des prisonniers de guerre*.

« Mais on peut signaler comme féroce celui qui ne respecte pas le malheur des vaincus, celui qui les accable de ses traits, lorsqu'ils sont sans défense et qu'ils s'abandonnent à sa discrétion.

« L'état de guerre est soumis à des chances funestes, et l'intérêt personnel doit sans cesse rappeler au vainqueur qu'il peut tomber à son tour au pouvoir de l'ennemi » (*b*).

---

(*a*) Frédéric de Martens, Précis du Droit des Gens moderne de l'Europe, fondé sur les traités et sur l'usage, liv. VIII, chap. IV, § 272.

(*b*) Princ. étern. de polit. const., t. II, liv. XIX, ch. IX.

*Seconde Proposition.* — Si nul n'a droit de mort sur son ennemi terrassé et vaincu, on ne peut évidemment pas motiver le *Droit d'esclavage* auquel on prétendrait le soumettre, sur le motif que l'on aurait eu droit de le tuer.

On ne peut légitimement réduire à l'esclavage un ennemi pris les armes à la main.

C'est cependant de cette manière qu'ont raisonné les jurisconsultes anciens et quelques publicistes modernes. « Contre un ennemi, ont-ils dit, tout m'est permis; je puis le tuer: et, si je puis le tuer, je puis aussi le réduire en servitude » (*a*).

La base de ce syllogisme est absolument fausse; mais quand elle serait vraie, la conclusion ou conséquence n'en serait pas moins vicieuse. 1° nous venons de prouver qu'il n'est permis de tuer son ennemi que dans le cas de nécessité absolue, et pour sa propre défense: or, si je ne l'ai pas tué, et que cependant je sois demeuré vainqueur, il est, par-là même, manifestement démontré que cela ne m'était pas absolument nécessaire, et que

(*a*) *Voy*. l'Esprit des Lois, liv. XV, chap. II. — François Richer d'Aube.... — Instit. de Justinien, lib. I, etc., etc.

par conséquent je ne me trouve pas avoir acquis le droit de le tuer (4).

2° Fût-il vrai que l'on eût, dans tous les cas, le droit de tuer un ennemi, il ne s'ensuivrait pas encore que, ne l'ayant pas fait, on pût avoir le droit de le retenir en servitude ou en esclavage; car la force seule ne peut jamais constituer un droit véritable; et il n'est pas dans la puissance de l'homme de donner un consentement valable à un ordre de chose qui le dépouillerait de la libre jouissance de toutes les facultés dont la plénitude entière est constitutive de la liberté naturelle (*a*). Il n'est pas au pouvoir de celui même qui serait assez faible ou assez lâche pour vouloir se réduire à un état d'asservissement et de nullité, honteux, avilissant et méprisable à tel point, que toutes ses facultés physiques et intellectuelles seraient engagées, que ses biens, ses actions, sa vie même, seraient à chaque instant menacés, et ne lui appartiendraient plus; il n'est pas au pouvoir de cet être insensé et dépourvu de toute espèce de

(*a*) *Voy. ci-dessus*, vol. 1, pag. 65 et suiv.

jugement et de prévoyance, de s'abaisser volontairement à une telle condition, d'une manière qui puisse être en rien obligatoire (5).

Décider que l'homme aurait la faculté légale de renoncer à sa liberté et de s'obliger à l'esclavage, ce serait supposer qu'il aurait le droit d'agir contre sa propre nature, contre les règles physiques et morales que son organisation même lui impose, contre les lois primitives et imprescriptibles auxquelles il lui est enjoint par le créateur de se conformer religieusement. Né pour être libre, l'homme ne peut pas se rendre esclave; il ne dépend pas de lui de descendre du rang où la main de la providence l'a placé pour se ravaler par-là à la condition des brutes. Les engagemens qu'il contracterait à cet égard seraient tout aussi nuls que ceux par lesquels il se serait engagé à se priver de l'un de ses membres, à se crever les yeux, ou à se couper les jambes et les bras; ils seraient aussi nuls, aussi illicites et illusoires que ceux d'un mineur qui contracterait contre la volonté de sa famille, et au-delà des bornes que les dispositions du Droit civil lui aurait prescrites. Les lois de la nature, bien autrement certaines, positives et inviolables, que les dispositions secondaires et variables des lois civiles (*a*), sont ici pour l'homme, en général, ce que sont ces mêmes lois, proprement dites *civiles*, à l'égard du mineur. Il n'est pas plus permis à l'homme, à quelque âge, dans quelque circonstance que ce soit, de se vendre, ou de consentir d'une manière quelconque à son esclavage, qu'il n'est légalement possible au mineur d'aliéner ses biens, sa propriété (*b*).

L'état de servitude ne sera donc jamais un

(*a*) *Voy. ci-dessus* vol. 1, pag. 232 et suiv.

(*b*) *Voy.* aussi l'Esprit des Lois, liv. xv, chap. II. *Origine du Droit d'esclavage chez les jurisconsultes romains.* — « Il est faux qu'il soit permis de tuer dans la guerre autrement que dans le cas de nécessité; mais dès qu'un homme en a fait un autre esclave, on ne peut pas dire qu'il ait été dans la nécessité de le tuer, puisqu'il ne l'a pas fait..... Les homicides faits de sang-froid par les soldats, et après la chaleur de l'action, sont rejetés de toutes les Nations du monde..... Il n'est pas vrai qu'un homme puisse se vendre. La vente suppose un prix : l'esclave se vendant, tous ses biens entreraient dans la propriété du maître; le maître ne donnerait donc rien, et l'esclave ne recevrait rien. Il aurait un pécule, dira-t-on, mais le pécule est accessoire à la personne.... etc., etc. »

droit, ni le résultat d'aucun droit, quelque base, quelque consentement même que l'on veuille supposer à son établissement. Il ne sera jamais que le résultat et l'abus de la force sur la faiblesse et l'ignorance. Si donc la force cesse d'agir ou n'est plus assez grande pour maintenir cet état de chose contre nature, si les liens sont rompus ou que l'obstacle ait été surmonté, l'homme est de droit, et par le fait même, rendu à la liberté. « Un homme, dit Felice, ne peut, par aucun traité, consentir à devenir l'esclave de qui que ce soit, ni se soumettre au pouvoir absolu et arbitraire d'un autre. On ne peut donner à un autre plus de pouvoir sur soi qu'on en a soi-même; et celui qui ne peut s'ôter la vie, ni se priver de la liberté dont la vie dépend essentiellement, ne peut sans doute communiquer à un autre aucun droit sur l'une ou sur l'autre » (*a*).

C'est aussi le cas d'appliquer avec justesse le mot de l'orateur romain, « *quid est quod contra vim sine vi fieri non potest.* »

Il n'y a jamais d'amitié entre le maître et

---

(*a*) Principes du Droit naturel, tom. III, 3e *part.*, chap. V, § IX, p. 156.

l'esclave, disaient les Scythes à Alexandre; au milieu de la paix la guerre subsiste toujours: « *Inter dominum et servum nulla amicitia est; etiam in pace belli tamen jura servantur* » (*a*).

— « La justice, dit un père de l'église, brise les fers injustes; *injusta vincula rumpit justitia* » (*b*).

— « Point de paix sans justice, dit Fergusson » (*c*).

— « La force, dit le baron d'Holbach, ne peut donner des droits qu'une force plus grande ne puisse anéantir : la justice peut seule conférer des droits véritables et légitimes » (*d*).

— « La juste défense de soi-même n'a pas seulement pour objet, dit l'auteur de la *Science du Gouvernement*, la vie de l'homme : elle a aussi pour objet sa liberté. Celui qui tâche d'usurper un pouvoir absolu sur un autre, entre par-là dans un état de guerre avec lui; et l'on peut présumer qu'après l'avoir soumis à son empire, il disposerait de sa vie au gré

(*a*) Quint.-Curt., liv. vii, cap. viii.

(*b*) Saint-August., *serm.* 81.

(*c*) Hist. de la société civile, tom. ii, 3e *part.*, ch. vi.

(*d*) Système soc., chap. x.

de son caprice. D'ailleurs, si l'on peut vivre dans l'esclavage, on y vit de manière qu'il vaudrait presque autant mourir.

« Quel droit un homme peut-il avoir de nous y faire tomber?... Tous les efforts qui tendent à mettre notre personne en sûreté, sont autorisés par le Droit naturel justement jaloux de notre liberté, et nous pouvons aller jusqu'à tuer celui qui veut nous en priver, si cela est nécessaire, pour nous la conserver » (*a*).

— « Lorsqu'un souverain, dit Vattel, se prétendant le maître absolu de la destinée d'un peuple qu'il a vaincu, veut le réduire en esclavage, il fait subsister l'état de guerre entre ce peuple et lui....

« Si quelqu'un dit qu'il peut y avoir paix dans ce cas là, et une espèce de contrat par lequel le vainqueur accorde la vie à condition que l'on se reconnaisse pour ses esclaves, il ignore que la guerre ne donne point le droit d'ôter la vie à un ennemi désarmé et soumis. Mais ne contestons point; qu'il prenne pour

(*a*) Sc. du Gouvern., tom. III, chap. III, sect. 3.

lui cette jurisprudence, il est digne de s'y soumettre. Les grands cœurs qui comptent la vie pour rien, et pour moins que rien, si elle n'est accompagnée de la liberté, se croiront toujours en guerre avec cet oppresseur, quoique de leur part les actes en soient suspendus par impuissance » (*a*).

— « Mais, remarque l'annotateur de Burlamaqui, le vainqueur, dit-on, peut ôter la vie aux vaincus; à plus forte raison, en leur laissant la vie, pourra-t-il les regarder comme des personnes qui lui appartiennent en propre. Principe barbare! Les Droits de la guerre, même la plus légitime, ne nous autorisent à pousser les hostilités que jusqu'à ce que nous ayons obtenu une entière satisfaction : toute hostilité qui passe ces bornes, est inhumaine et barbare; elle est contre le Droit de la nature et le Droit des Gens. Réduire à l'esclavage les vaincus, après en avoir tiré la satisfaction *qui nous est due*, c'est agir contre les Droits les plus sacrés de l'humanité. Aussi n'y a-t-il

---

(*a*) Droit des Gens, liv. III, chap. XIII, § 201.

aujourd'hui aucune Nation policée qui ne condamne un usage aussi cruel » (*a*).

Filangieri dit mieux encore : « Le raisonnement féroce qui, d'un prétendu droit de vainqueur sur la vie du vaincu, déduisait le droit encore plus absurde de le priver de sa liberté, en compensant, par l'esclavage, l'abandon qu'on lui faisait de la vie ; ce raisonnement a été effacé du nouveau Droit des Gens, comme le droit de vendre sa liberté ou celle de ses enfans l'a été du Droit civil moderne. A peine la guerre est-elle finie, que les chaînes des prisonniers sont brisées : le vainqueur rend au vaincu sa liberté, sa patrie et ses biens. Le guerrier ne craint plus l'esclavage, et le citoyen le redoute encore moins » (*b*).

Tout prisonnier de guerre doit être traité avec humanité, et sa détention, si elle est nécessaire, ne doit être que passagère.

*Troisième Proposition.*—Ce n'est pas encore assez que l'on ne puisse considérer les hommes pris les armes à la main comme esclaves ; que l'on ne puisse, par aucun droit légitime,

(*a*) Félice sur Burlamaqui, Principes du Droit des Gens, tom. VI, 1re *part.*, chap. VII, *rem.* 28.

(*b*) Sc. de la législation, tom. I, liv. I, chap. IV.

les réduire à l'état de servitude; il faut encore les traiter avec humanité. Ils peuvent être conduits en lieu de sûreté, mais leur détention ne doit être ni longue, ni aggravée par de mauvais traitemens. Des hommes qui sacrifient leur vie pour la défense de leur patrie, des hommes qui remplissent un devoir sacré, un devoir indispensable chez tous les peuples de l'univers (*a*), doivent être honorés et respectés principalement dans leur infortune, même chez leurs ennemis. Par-tout il faut les plaindre; par-tout on doit chercher à adoucir leur sort. « Les sévices contre les prisonniers de guerre, proscrits par toutes les lois de la guerre, sont, dit le dernier des publicistes que nous venons de citer, un autre délit du Droit des Gens, dont la première loi est de faire, pendant la paix, le plus de bien, et, pendant la guerre, le moins de mal qu'il est possible (*b*). L'humanité, que l'esprit du christianisme et les progrès de la raison en Europe ont introduite dans cette partie du Droit des Gens,

---

(*a*) *Voy. ci-dessus*, vol. I, pag. 99 et suiv.

(*b*) *Voy. ci-des.*, vol. II, p. 169, 345; et vol. III, p. 133.

doit être entretenue et protégée avec force par les lois particulières de chaque État. Le général qui les viole, doit être regardé comme un monstre par la Nation même qu'il défend : il expose ses concitoyens à tous les mauvais traitemens qu'il a fait éprouver aux malheureux prisonniers » (*a*).

— « On est en droit, dit Vattel, de s'assurer de ses prisonniers, et, pour cet effet, de les enfermer, de les lier même, s'il y a lieu de craindre qu'ils ne se révoltent ou qu'ils ne s'enfuyent ; mais rien n'autorise à les traiter durement.... (*b*).

« On va plus loin encore, dit l'annotateur de Burlamaqui, et par un usage qui relève également l'honneur et l'humanité des Européens, un officier, prisonnier de guerre, est renvoyé sur sa parole; il a la consolation de passer tout le temps de sa prison dans sa patrie, au sein de sa famille, et celui qui l'a

(*a*) FILANGIERI, Sc. de la législation, tom. V, liv. III, chap. XXV.

(*b*) Droit des Gens, liv. III, chap. VIII, § 150.

relâché se tient aussi sûr de lui que s'il le retenait dans les fers » (*a*).

« Les Nations européennes, a dit plus récemment un autre publiciste, ont adopté un expédient qui les dispense de tout acte de rigueur envers les prisonniers, lorsqu'elles en sont embarrassées : elles les renvoient chez eux sur parole, et rien ne peut dispenser ceux-ci de remplir la condition qui leur est imposée de ne pas servir. Si, l'ayant enfreinte, ils sont repris, leur punition est légitime, parce qu'ils sont parjures » (*b*).

— « On eût pu, reprend ailleurs Vattel, former autrefois une question embarrassante.

« Lorsqu'on a une si grande multitude de prisonniers, qu'il est impossible de les nourrir ou de les garder avec sûreté, sera-t-on en droit de les faire périr, ou les renverra-t-on fortifier l'ennemi, au risque d'en être accablé dans une autre occasion?

---

(*a*) Félice sur Burlamaqui, Principes du Droit de la Nature et des Gens, tom. VIII, chap. VI, *rem.* 137.

(*b*) Instit. au Droit de la Nat. et des Gens, liv. III, chap. VII, § 7, pag. 235.

« Aujourd'hui la chose est sans difficulté : on renvoie ces prisonniers sur leur parole, en leur imposant la loi de ne point reprendre les armes jusqu'à un certain temps ou jusqu'à la fin de la guerre; et comme il faut nécessairement que tout commandant soit en pouvoir de convenir des conditions auxquelles l'ennemi le reçoit à composition, les engagemens qu'il a pris pour sauver sa vie ou sa liberté et celle de ses soldats, sont valables comme faits dans les termes de ses pouvoirs, et son souverain ne peut les annuler.

« Nous en avons vu plusieurs exemples dans le cours de la dernière guerre. Des garnisons hollandaises ont subi la loi de ne point servir contre la France et ses alliés, pendant une ou deux années : un corps de troupes françaises, investi dans Lintz, fut renvoyé en-deçà du Rhin, à condition de ne point porter les armes contre la reine de Hongrie, jusqu'à un temps marqué : et les Souverains de ces troupes ont respecté leurs engagemens » (*a*).

---

(*a*) (Droit des Gens, liv. III, chap. VIII, § 151.)

Après la célèbre journée de Nerwinde, en 1693, le duc

— « En vain prétendrait-on, dit Burlamaqui, ou le professeur Félice, qu'un tel engagement est contraire à ce qu'on doit à sa patrie; il n'y a rien de contraire au devoir d'un bon citoyen, de se procurer la liberté en promettant de s'abstenir d'une chose qu'il est au pouvoir de l'ennemi d'empêcher; la patrie ne perd rien par-là, elle y gagne même quelque chose, puisqu'un prisonnier, tant qu'il n'est pas relâché, est perdu pour elle.... Tout ce qui tend à éviter un plus grand mal, quoique dommageable en soi-même, doit être considéré comme un bien... et c'est encore en consé-

---

de Luxembourg se comporta à l'égard des prisonniers que les Français avaient faits, comme il s'était conduit à Fleurus et à Steinkerque : on les avait conduits à Titlemond, et dès le lendemain de la bataille, il leur envoya le chevalier du Rosel, pour leur demander leur parole, et leur offrir tout ce qui dépendait de lui. Dans le transport de sa reconnaissance, le comte de Solmes, général de l'infanterie hollandaise, qui était au nombre des prisonniers, ne pût s'empêcher de dire à M. du Rosel : « Quelle « Nation est la vôtre ! vous vous battez comme des lions; « et vous traitez les vaincus comme s'ils étaient vos meil« leurs amis ». (*Voy.* le Diction. des hommes illustres, article *Luxembourg.*)

quence de ces principes qu'on tolère avec raison la promesse que fait un prisonnier de guerre de venir se remettre en prison. On ne le laisserait point aller sans cela; et il vaut mieux sans doute, et pour lui, et pour l'État, qu'il ait cette permission pour un temps, que s'il demeurait toujours en prison. Ce fut pour satisfaire à ce devoir que Regulus retourna à Carthage et se remit entre les mains de ses ennemis » (*a*), dont il n'est plus à craindre qu'aucune Nation civilisée imite la cruauté.

Mais la rigueur extrême dont use encore de nos jours, suivant ce qu'on assure, le gouvernement d'un peuple voisin, envers les prisonniers de guerre, en les renfermant dans d'étroites prisons, des pontons infects et pestilentiels, en ne leur donnant qu'une nourriture tout-à-fait insuffisante et mal-saine, est un crime *inexpiable* envers l'humanité toute entière, un outrage révoltant et odieux fait au Droit des Gens, une cruauté dont toutes

(*a*) Principes du Droit de la Nat. et des Gens, t. VIII, 4e *part.*, chap. IX, § XIX et XX. — CICER. de Offic., liv. III, cap. XXIX.)

les Nations policées de l'ancien et du nouveau continent ont plus ou moins le droit d'être indignées : car il serait encore préférable d'être conduit dans les déserts glacés de la Sibérie, plutôt que d'être jeté dans ces lieux horribles, où des hommes, entassés en foule dans un petit espace, environnés de toutes parts d'eaux vaseuses et stagnantes, peuvent à peine se mouvoir, et ne respirent qu'un air humide et corrompu, des vapeurs épaisses et fétides, dont le méphitisme et l'insalubrité doivent infailliblement les conduire à une mort lente, mais affreuse.

Un magistrat récemment envoyé en Angleterre par le gouvernement français pour y étudier le système et la marche de l'institution du jury, et que, comme écrivain, les Anglais n'accuseront certainement pas de trop de rigorisme à leur égard (*a*), un conseiller à la cour royale de Paris, s'exprime ainsi à ce sujet : « Les deux causes qui m'ont paru le plus par-

(*a*) Ce n'est pas, au contraire, sans quelque fondement, que les hommes les plus sensés reprochent à cet auteur de porter un peu loin l'enthousiasme pour le ca-

ticulièrement influer sur la prévention de toutes les classes de la Nation française contre le

---

ractère, les mœurs, la législation et les institutions anglaises, même pour l'institution qu'il était plus spécialement chargé d'examiner et d'approfondir, le jury.

Ce n'est pas sans beaucoup de raison sur-tout, que l'on est généralement surpris de le voir souvent mal juger les vrais rapports des effets et des causes, et attribuer ce qu'il peut y avoir de bien et d'utile, dans ces institutions et ces mœurs anglaises, à des règles de législation qui ne peuvent jamais produire en elles-mêmes que les plus grands maux, parce qu'elles choquent évidemment les principes les plus clairs et les plus sacrés de la justice, du bon sens et de l'équité: tels, par exemple, que le droit d'aînesse, l'excessive inégalité des partages, et les substitutions adoptées en Angleterre pour toutes les classes de la société.

Faut-il aller chercher ailleurs une cause plus réelle, plus directe, plus manifeste, de cette pauvreté, de cette détresse, de cette misère, qui affament le peuple anglais, et menace véritablement l'État de sa ruine; comme aussi de cette corruption, de cette servilité révoltante dont on aperçoit, à l'insu de l'auteur, les traces les plus funestes à chacune des pages de l'ouvrage dont il est ici question.

Ce ne sont pas *ces châteaux gothiques, ces sombres et féodales demeures* (dont le plus nuisible usage n'était pas de faire point de vue à l'horizon et d'orner un tableau), ou des parcs et des jardins à l'anglaise, qui font la vériatble richesse d'un pays et qui y procurent le bien-

peuple anglais, consistent dans la cruauté avec laquelle le gouvernement britannique a traité

---

être et l'abondance dans les classes inférieures de la société qu'il ne faut pourtant pas oublier tout-à-fait : ce sont précisément, au contraire, ces petites propriétés que l'œil d'un maître vigilant surveille, que ses bras actifs et vigoureux cultivent pour lui-même; ce sont ces champs *morcelés par des divisions et subdivisions nombreuses*, mais couverts de riches épis, ces *potagers*, ces *vergers* que l'auteur de *l'Administration de la justice criminelle en Angleterre* regrette si fort de voir multipliés en France depuis la révolution; ce sont ces propriétés, qui y font cependant la plus belle parure des plaines fertiles qui environnent la capitale, les grandes villes, qui ornent la plupart de nos provinces et qui rendent fécondes plusieurs autres parties de notre territoire qui, sans cette division de la propriété, resteraient incultes et stériles.

On peut ici rappeler assez à propos les assertions de quelques écrivains anglais. Sir Édouard Coke, d'après Math. Paris, assure que, sous Henri II, on comptait en Angleterre 1115 châteaux-forts. Quand ces châteaux furent concédés à des particuliers, aux barons altiers de ces temps-là, il en résulta dans tout le royaume les plus graves inconvénients : car, suivant la remarque de Guillaume de Newbridge, sous le règne d'Étienne, il y avait en Angleterre autant de rois ou de tyrans que de châteaux, *erant in Angliâ quodammodo tot reges vel potius tyranni, quot domini castellorum*. Mais personne n'en ressentit les effets plus que les rois Jean et Henri III. Aussi la plu-

les prisonniers français pendant la dernière guerre, et dans la conduite machiavélique

---

part de ces châteaux ayant été démolis dans les guerres des Barons, les rois, dans les temps postérieurs, ont eu grand soin de ne pas souffrir qu'ils fussent rebâtis avec des ouvrages fortifiés : et sir Éd. Coke pose en maxime, (Inst. vol. 1, v.), qu'un sujet ne peut construire un château-fort, un bâtiment à créneaux, ou autre place de défense sans la permission du roi, attendu le danger qui s'ensuivrait, si tout particulier pouvait le faire à sa volonté. (Blackstone. Comment. sur les lois angl., liv. 1, chap. VII, traduct. sous presse par M. Chompré.)

La coutume de Gavelkind dans le territoire de Kent et dans quelques autres parties du royaume, laquelle, dit Blackstone, existait peut-être généralement avant la conquête des Normands, veut pourtant que tous les fils succèdent en commun à l'héritage de leur père. (Comment. sur les lois anglaises, introduct. sect. 3.) Le statut de Galles de la douzième année du règne d'Édouard I, introduisit des changemens très-importants en divers points des lois de ce pays, de manière à les modeler à-peu-près sur celles d'Angleterre, spécialement quant aux formes des procédures judiciaires : mais les Gallois conservèrent encore une grande partie des règles qui les gouvernaient, particulièrement leur règle d'hérédité, d'après laquelle les terres se partageaient également entre les enfans mâles au lieu de passer au fils aîné seulement ». (Comment. sur les lois angl., tom. 1, introd. sect. IV.)

Il paraît, à la vérité, que quelques statuts subséquents, entre autres, le statut de la 27e année du règne de

qu'on lui reproche avec les peuples de l'Inde. La première de ces causes (la seule dont nous puissions nous occuper ici; et, s'il nous fallait approfondir la seconde, notre jugement ne serait pas, selon toute apparence, d'une si

---

Henri VIII (chap. 26), et ceux de la 34e et 35 années du même règne, (chap. 26), ont successivement diminué l'indépendance et les libertés de cette province, et qu'ils décidèrent même que l'hérédité des terres y serait réglée conformément aux tenures et règles de succession anglaises. (*Voy. ibid.*) Peut-être aurait-il été de quelque intérêt de vérifier si les parties de l'Angleterre, où ces lois primitives d'égalité sociale n'ont pas été entièrement détruites par la conquête, sont plus ou moins utilement cultivées que les autres; si la plus grande portion de la population y vit, comme ailleurs, dans le dénuement et la misère; si l'on s'y voit obligé, comme dans les autres districts, comme à Londres, de recourir à des taxes onéreuses, pour obvier à ce que des classes entières du peuple n'y meurent pas effectivement de faim.

Les anciens géographes nous disent du moins que les vivres étaient autrefois à bon marché dans le pays de Galles, et que la province de Kent, située entre la Tamise et la mer, et d'environ cinquante-cinq lieues de circuit, est divisée en trois parties; les dunes où l'on a santé sans richesses; les endroits marécageux où l'on a richesses sans santé; et les parties méditerranées où l'on a richesses et santé. (On peut aussi voir à ce sujet l'Hist. critiq. et raison. de la situation de l'Anglet., par M. de Montvéran.)

grande indulgence, que celui que paraît en définitive en porter l'auteur dont nous invoquons le témoignage), la première de ces causes agit plus particulièrement sur le peuple continuellement exaspéré par les récits pleins de haine et de vengeance des soldats et des matelots qui ont été si long-temps enfermés dans les Pontons; et la seconde, sur les classes élevées qui s'indignent (*a*) de cette politique astucieuse et barbare, à laquelle tous les moyens sont bons quand ils atteignent le but proposé (*b*).

« J'avoue qu'imbu, comme tous les Français de l'idée que notre Nation était profondément détestée par la Nation anglaise, je m'étais imaginé que c'était par un effet de cette haine que les Anglais exerçaient particulièrement sur nos prisonniers une aussi excessive rigueur; mais lorsque ensuite j'ai été à portée de juger de leur active philanthropie, je n'ai pu concevoir la contradiction qu'il y avait entre

(*a*) Cette indignation est-elle donc sans fondement?

(*b*) Ce but est-il celui qu'il faut atteindre? Est-il celui auquel il est raisonnable de tendre?

tous leurs efforts pour adoucir les maux de l'humanité souffrante, et leur conduite barbare envers nos soldats. J'en ai parlé à plusieurs membres du parlement, et la réponse que j'en ai reçue, c'est que n'ayant pas de places fortes dans l'intérieur ni aucun lieu de sûreté où ils pussent renfermer nos prisonniers (*a*), n'ayant non plus aucune espèce de police pour les surveiller (*b*), ils se voyaient forcés de les mettre sur des pontons, seules espèces de prisons qui fussent à leur disposition. Il est possible qu'il y ait quelque chose de vrai dans cette explication; mais cette nécessité rigoureuse, en supposant qu'elle soit

(*a*) Il est si facile d'en construire quand on a de la philanthropie et de l'argent!

(*b*) Quel misérable prétexte! Peut-on faire de l'Angleterre une critique plus forte et en même temps plus inexacte? N'y a-t-il donc dans ce pays ni autorités, ni moyens de les faire respecter et d'assurer l'exécution de leurs ordres? N'y a-t-il ni constables ni soldats? Enfin vaut-il mieux faire périr des prisonniers de guerre, que de créer, s'il le fallait, des officiers chargés de les surveiller, et, du reste, sans rapport aux naturels du pays, puisque la police en exercice leur paraît en tout point si contraire à leurs libertés?

aussi puissante qu'on me l'a dépeinte, n'exige pas au moins que les prisonniers soient entassés les uns sur les autres au-delà de toute proportion, et sans égard pour les maladies qui doivent résulter d'un pareil encombrement; ni enfin qu'ils soient condamnés à l'intolérable supplice d'un air continuellement infect et d'un défaut absolu d'exercice (*a*).

« Ce point est un de ceux sur lesquels devrait plus particulièrement se porter l'attention du gouvernement anglais. Il n'en est point qui excite contre lui tant et de si justes haines, et qui imprime à la Nation, aux yeux de l'Europe entière, une tache de barbarie plus indélébile.

«La comparaison qui s'établit sur-tout entre l'humanité de tous les autres gouvernemens envers leurs prisonniers, et les rigueurs que le gouvernement britannique exerce sur les

(*a*) N'eût-il pas au moins été naturel et humain d'employer à donner un peu plus d'espace aux prisonniers tant de navires, qui ne furent peut-être pas non plus capturés sur les Nations, soit neutres, soit même ennemies, conformément à toutes les règles dérivant des vrais principes du Droit des Gens ?

siens, donne lieu de supposer aux Anglais un esprit de cruauté qui semble leur être particulier, et qui fait regarder leurs rivages comme aussi funestes aux étrangers que l'étaient autrefois ceux de la Tauride » (*a*).

En France, au contraire, les prisonniers de guerre ont rarement été renfermés dans les prisons. On leur assigne ordinairement une ville entière pour lieu de résidence, et souvent même on ne les prive pas de la liberté d'en sortir et de se promener dans la campagne. Ils excitent généralement la pitié, la commisération des habitans des provinces qu'ils traversent, des lieux où ils séjournent; ils en obtiennent par-tout des secours et les témoignages consolateurs d'un sentiment de bienveillance et d'humanité. Aussi beaucoup d'entre eux ont-ils renoncé à leur patrie, pour en adopter une nouvelle de leur choix, et pour se fixer volontairement sur une terre où ils ont joui de toutes les douceurs d'une véritable hospitalité.

---

(*a*) De l'Administrat. de la justice en Angleterre, par M. Cottu, ch. IX, pag. 231 et suiv.

## COROLLAIRE.

### *Échange et Rachat des Prisonniers.*

SOMMAIRE. Après la guerre, les prisonniers doivent être rendus à leur patrie. Pendant le cours de la guerre même, ils doivent être échangés ou rachetés par l'État pour lequel ils ont combattu; et tous les peuples doivent se prêter respectivement à cet échange et à ce rachat.

Restitution des prisonniers après la guerre. Nécessité de leur échange et de leur rachat pendant le cours des hostilités.

En principe, nous venons d'établir, dans la première partie de ce paragraphe, que les prisonniers de guerre ne peuvent jamais être considérés comme esclaves; qu'ils doivent être secourus et traités avec humanité par le peuple au pouvoir de qui la vicissitude des armes et les chances incertaines de la guerre les ont fait tomber. Nous venons de voir qu'aucune nation civilisée ne peut, sans crime et sans encourir la réprobation et le mépris général, traiter ses prisonniers avec dureté, les laisser périr de faim et de misère, ou les retenir dans un pénible état d'emprisonnement, lors même qu'ils ne pourraient être secourus, ou qu'ils seraient volontairement abandonnés par ceux pour lesquels ils ont versé leur sang, exposé leur vie et perdu leur liberté.

Mais cet abandon de la part d'un peuple serait un crime plus grand encore; cet abandon serait une infamie dont, malgré leur démoralisation, l'imperfection, les vices de leurs constitutions, peu de gouvernemens ont osé, depuis plusieurs siècles, se rendre coupables en Europe (*a*).

Tout État est obligé de veiller avec soin, même en pays ennemi et pendant la guerre, sur le sort de ceux de ses défenseurs, qui sont tombés au pouvoir de l'ennemi. Il ne doit pas se contenter de plaider leur cause avec énergie pour obtenir que leur infortune et leur malheur ne soient pas aggravés par les mauvais traitemens; il faut encore que lui-même subvienne à leurs besoins, prévienne par ses secours le désespoir, les maladies, et autres accidens qui pourraient causer leur

(*a*) Si des prisonniers français ont eu à se plaindre, pendant un temps de cet abandon en pays étranger, c'est une des nombreuses violations du Droit, que l'on est fondé à reprocher à ce gouvernement fatal et tyrannique d'un homme qui, plus qu'aucun autre peut-être, eût dû porter au loin sur eux toute sa sollicitude et sa bienveillance.

mort ou détruire leur santé, prévoie en un mot tout ce qui peut adoucir leur captivité. Ce sont des citoyens, des frères, des amis, des enfans, qui doivent rentrer un jour dans le sein de la patrie; car les guerres heureusement ne sont pas éternelles.

La patrie, ce centre commun de tous les intérêts, de toutes les affections licites et naturelles, la patrie, cette mère commune de tous les membres d'une grande et même famille, a donc un intérêt bien grand à conserver la vie et la santé de ses membres absens, éloignés, retenus loin d'elle par une dure nécessité, et par une suite de leur service.

La raison politique, attribuée à Lycurgue, et que nous avons précédemment rapportée en son lieu (*a*), ne doit pas conduire à supposer que la crainte d'être traités cruellement par un ennemi victorieux ou d'être réduits en esclavage, est un stimulant nécessaire pour exciter l'émulation et le courage des soldats, pour les engager à se conduire avec honneur.

Imaginer que la perspective d'un abandon

---

(*a*) *Voy. ci-dessus*, même §, pag. 187.

absolu de la part de leurs concitoyens et de leur patrie les empêchera de déposer trop facilement leurs armes en présence de l'ennemi, serait une grande erreur; et abandonner ceux qui, par la force des choses quelquefois plus puissante que la prudence et la valeur, se seraient trouvés réduits à cette fatale extrémité, les délaisser dans la misère, le dénuement et l'oubli, pour déterminer par-là ceux qui serviront après eux à préférer la mort en toutes circonstances et lors même qu'elle serait évidemment sans utilité, ce serait d'abord (et en supposant même que cette conduite ne s'éloignât pas réellement du but qu'elle se proposerait d'atteindre) agir contre l'intérêt même de la patrie en lui occasionnant, sous un double rapport, des pertes présentes et certaines, pour un intérêt éloigné et plus qu'incertain; ce serait agir en opposition aux sentimens naturels, et si précieux à conserver, de la justice, de l'humanité, de l'honneur, et cela dans l'esprit d'un calcul honteux et d'une véritable spéculation machiavélique.

Mais, dans la réalité, ce calcul même serait erronné car, si un gouvernement dur et despotique, uniquement propre à former et à conduire des esclaves, peut quelquefois parvenir, non pas à stimuler l'honneur et le courage de ses soldats, mais à les rendre immobiles devant l'ennemi par une sorte de stupidité, en excitant en eux tous les sentimens possibles de terreur et de crainte, ce ne sera jamais par de semblables ressorts qu'un gouvernement raisonnable tentera d'agir sur l'esprit et les sentimens d'un peuple généreux et libre : ce ne sera pas par la crainte, qu'il cherchera à animer l'enthousiasme de ses guerriers; mais en n'entreprenant jamais de guerres injustes, illégitimes, que l'équité et la religion même ne puissent approuver; ce sera en conservant soigneusement dans le cœur de ces mêmes guerriers le sentiment naturel d'attachement et d'amour pour la patrie; et ce sentiment ne se conserve que par des moyens entièrement opposés aux viles spéculations d'une fausse politique, incapable d'inspirer jamais rien de grand, de noble, de généreux, parce qu'elle est elle-même sans élévation, sans noblesse, sans générosité, sans honneur.

Nous ajouterons (et ceci a encore moins

besoin de démonstration), que s'il est du devoir d'un gouvernement sage et humain de pourvoir à l'entretien et au bien-être de ceux qui ont combattu pour lui, lorsque la fortune secondant mal leur courage, les a livrés aux mains de l'ennemi, il n'est pas moins de son intérêt et de son devoir de négocier, soit après soit même pendant la guerre, leur échange ou leur rachat. Il y a déja long-temps que le bon sens et la justice ont éclairé sur ce point les gouvernemens des peuples civilisés, que la raison leur a fait sentir la réalité et l'importance de cet intérêt, et les a engagés à observer ce devoir.

Par le Cartel signé à Francfort sur le Mein le 18 juillet 1743, il fut arrêté (art. XXX) que les volontaires servant dans les armées et qui n'auraient aucun grade, tels, par exemple, que les employés dans les hôpitaux, les domestiques, etc. etc., seraient renvoyés de part et d'autre sur-le-champ, et auraient la faculté de servir dans les armées où ils seraient attachés; mais que ceux desdits volontaires qui auraient des grades, seraient échangés comme les troupes desdites armées.

« Quelquefois, dit l'auteur de la Science du Gouvernement, qui écrivait en 1740, les puissances belligérantes conviennent qu'elles se rendront mutuellement les prisonniers faits par le passé et ceux qui seront faits par la suite, en se donnant réciproquement des reconnaissances du nombre et de la qualité de ceux qui seront rendus, sans stipuler aucune rançon en faveur de la puissance qui en rendra le plus; et c'est ainsi que les Espagnols et les Anglais en ont usé ensemble par une convention faite à Paris, le 23 février 1742, entre Campoflorido, ambassadeur d'Espagne, et Tompson, chargé des affaires d'Angleterre auprès du roi très-chrétien...

« Le rachat des prisonniers, dit-il encore, est favorable au point qu'on y emploie quelquefois jusqu'aux vases sacrés. Les papes, les conciles, les empereurs ont permis de vendre le patrimoine de l'église pour racheter les esclaves » (*a*).

Même avant cette époque, les révoltes fré-

(*a*) *Voy.* la Sc. du Gouvernement, tom. v, chap. II, § 1 et 4. — *Ibid.* chap. III, sect. 3, § 6.

quentes, dit un autre auteur, et plus encore les douceurs de la religion chrétienne, firent relâcher de la rigueur de l'esclavage, et borner le pouvoir sur les esclaves, à celui qui est compatible avec l'évangile. Dans la suite, les ministres de l'église n'épargnèrent rien pour procurer la liberté aux esclaves qui se faisaient chrétiens; moyen bien louable pour attirer les hommes à la vraie religion, en leur faisant du bien. Paulin, évêque de Nole, se distingua; après avoir vendu ses biens pour racheter les esclaves, il se vendit lui-même aux Vandales (*a*).

Plus anciennement, et dans ce temps encore, les gouvernemens laissaient au contraire aux prisonniers (ou à leurs familles) le soin de se racheter; cette sorte d'insouciance coupable était le résultat nécessaire d'une organisation sociale très-imparfaite, d'un gouvernement impuissant et conséquemment sans sollicitude pour ses sujets: cette insouciance était même un oubli, une violation réelle des

(*a*) Félice sur Burlamaqui, Principes du Droit de la Nat. et des Gens, tom. v, chap. xv, *rem.* 269.

principes du Droit public, desquels, comme nous l'avons vu dans le livre premier de cet ouvrage, résulte, pour la société ou pour ceux qui la gouvernent, l'obligation inviolable de protéger la propriété, la liberté, la vie de tous ceux qui sont membres de l'État (*a*) : elle pouvait donner lieu à un assez grand nombre de difficultés, de questions embarrassantes, dont la solution se liait alors à l'examen des principes du Droit des Gens, et sur lesquelles les publicistes sont conséquemment entrés dans de grands détails (*b*); mais aujourd'hui qu'une organisation sociale déja mieux concertée commence à ramener les peuples à l'observation des premiers, des plus sacrés de tous les principes du Droit en général, ces détails sont devenus surabondans et seraient ici entièrement déplacés et inutiles : maintenant toutes ces questions, en ce qu'elles ont rapport au Droit des Gens, doivent être considérées comme remplacées par un seul et

(*a*) *Voy. ci-dessus*, vol 1, pag. 57 et suiv.

(*b*) *Voy.* entre autres, VATTEL, Droit des Gens. *Questions relatives à la rançon des prisonniers.*

unique principe élémentaire; et ce principe est l'obligation imposée à toutes puissances politiques de consentir respectivement, même pendant la guerre, à l'échange ou au rachat des prisonniers qu'elles ont faits.

Puisque l'esclavage, ainsi que nous l'avons démontré et que tous les peuples civilisés le reconnaissent aujourd'hui, ne peut jamais être la conséquence de la victoire (*a*), il est de la plus parfaite évidence, que tous ces prisonniers doivent nécessairement au retour de la paix obtenir de part et d'autre la liberté et les moyens de retourner dans leurs foyers : cette conclusion est incontestable et ne donne lieu à aucune objection raisonnable. Dans le cas même d'une guerre dont on est encore loin de prévoir la fin, l'intérêt réciproque des parties belligérantes fait subsister cette obligation de l'échange et du rachat des prisonniers, que l'empire de la raison et de l'humanité, seul, pourrait commander.

En effet, il n'est pas de peuple qui ne laisse pendant l'existence de la guerre, et quels que

(*a*) *Voy. ci-dessus*, même §, pag. 195 et suiv.

soient d'ailleurs les heureux succès de ses armes, quelques-uns de ses sujets au pouvoir de l'ennemi. Or, il est évident que, par un prompt échange, elle remplit alors deux devoirs également sacrés; celui de l'humanité et de la justice envers des braves dont elle doit honorer et respecter le malheur, quoiqu'ils aient combattu contre elle; et celui dont elle est encore plus étroitement tenue envers d'utiles et généreux citoyens, dont il lui importe de faire tomber les fers, pour les rappeler au sein de la patrie.

Voulût-on supposer, contre toute vraisemblance, qu'une partie n'eût à réclamer aucun des siens; dans ce cas même, il serait douteux encore qu'il ne fût pas plus avantageux pour elle de consentir au rachat que de trop prolonger la captivité de ceux qu'elle aurait en sa puissance : car, indépendamment de plusieurs autres considérations plus éloignées et inutiles à développer ici, elle peut, en se prêtant à leur délivrance, non-seulement obtenir une indemnité et d'autres concessions avantageuses; mais de plus, c'est même un avantage réel de se délivrer, en les renvoyant sur parole (*a*), des soins, des embarras et des frais de leur entretien et de leur garde, presque toujours plus onéreuse, même pour les nations opulentes, que n'en sont utiles les résultats.

---

(*a*) *Voyez ci-dessus*, même §, p. 205 et suiv.

## § III.

### PRÉTENDUES RÉTORSIONS DE DROIT, OU REPRÉSAILLES.

SOMMAIRE. Tonte politique éclairée réprouve les actes de *Représailles*, comme étant odieux en eux-mêmes, et sans utilité.

« *Sunt autem quædam officia etiam adversùs eos servanda à quibus injurias acceperis.* » CICER.

« Le mal fait à autrui ne détruit pas celui que nous en avons reçu ; il ne peut qu'attirer sur nous un mal plus grand encore. »

Toute politique éclairée réprouve les actes de représailles.

Nous voyons dans les Commentaires de César que, parmi les peuples de la Germanie, les brigandages qui se commettaient hors du territoire de l'État n'avaient rien de honteux. Ces nations prétendaient par-là exercer utilement la jeunesse, et la préserver de l'oisiveté (*a*).

(*a*) Commentaires de César, liv. VI.

— Aristote mettait le brigandage au nombre des différentes espèces de chasses : et Solon, entre les diverses professions, comptait celle de voleur, faisant seulement

Ce n'est pas une chose fort surprenante qu'elles raisonnassent ainsi, et la même logique doit être la base de la conduite de tous les peuples aussi voisins de la barbarie que l'étaient alors les Germains. Il est dans l'ordre naturel des choses que les Principes élémentaires du Droit public soient plus religieusement observés par les nations naissantes ou peu civilisées (*a*), que chez celles dont le territoire et la population se sont très-étendus, sans que les institutions y aient été proportionnellement perfectionnées; mais il est également naturel que, chez ces tribus barbares et à demi-sauvages, les Principes du

---

observer, *qu'il ne faut voler ni ses concitoyens ni les alliés de la république.* (*Voy.* aussi Helvétius, de l'Homme, tom. I, sect. IV, *n.* 27. — Questions sur l'encyclopédie, *Guerre.*)

On dit, mais sans doute à tort, que telle est encore aujourd'hui la morale des Juifs. (*Voy. ci-après, Considérations générales.*)

(*a*) Par exemple, Platon nous apprend que la patrie était si chère aux Crétois, qu'ils la désignaient par un nom qui exprimait en même temps l'amour qu'une mère tendre a pour ses enfans. *Voy.* Répub., liv. IX. — Plut. moral., *Si l'homme doit se mêler des affaires publiques*,

Droit des Gens ne soient pas aussi exactement suivis que dans les États mieux policés, où les arts, l'industrie, les sciences, le commerce, les relations de tout genre se sont progressivement développés.

Plus les hommes, faisant partie d'une même société, sont étroitement liés et unis entre eux, plus ce sentiment que l'on nomme amour de la patrie enflamme et fait battre leur cœur, et plus ils semblent, dans la réalité, naître ennemis déclarés de tous ceux qui ne sont pas pour eux frères, parens, amis, concitoyens. C'est là sans doute ce qui a fait dire à l'auteur du Contrat social ce qu'il a répété dans l'Émile, *que tout patriote doit être dur aux étrangers;* quoique ce soit commettre la même faute de raisonnement que lui-même reproche aux publicistes dans quelques endroits de ses ouvrages, et, comme eux, prendre fort mal-à-propos le fait pour le droit : car les progrès de la civilisation et des lumières conduisent à la conviction que l'honnête homme peut et doit être tout-à-la-fois bon citoyen et ami de l'humanité. Ces progrès de la civilisation agrandissent et étendent les idées; ils amènent insensiblement de nouveaux rapports entre les Nations, et font enfin apercevoir clairement que la guerre, et sur-tout le brigandage, sont des moyens beaucoup moins propres à assurer la prospérité publique et particulière, à conduire vers le bien-être général de l'humanité, que le commerce, l'industrie, et sur-tout la paix, sans laquelle les relations réciproques et utiles ne peuvent réellement pas se perfectionner ni même subsister (*a*).

Faisant maintenant l'application de ces réflexions à l'objet qui appelle notre attention dans ce paragraphe, il nous est facile de reconnaître pourquoi les représailles, c'est-à-dire ces actes de cruauté exercés sur les prisonniers ou sur quelques autres membres d'une nation ennemie, ces actes de fureur, de vengeance, que l'on croit pouvoir justifier uniquement parce que cette nation ennemie s'en est elle-même rendue coupable, ne sont guère usités que dans les pays où le sol, le climat, quelques circonstances particulières, ont retardé la marche progressive des connaissances

(*a*) *Voy. ci-des.*, t. II, p. 19; *ibid.*, l. III, ch. I, p. 332 *et suiv.*

et des facultés intellectuelles de l'esprit humain; chez les peuples qui, plongés dans un état de véritable barbarie, dégradés, et devenus, par le concours de plusieurs causes funestes, à demi-sauvages, se sont, dans un sens opposé, plus éloignés peut-être de l'état de nature, que les Nations où le luxe, et les vices qu'il traîne à sa suite, se sont le plus manifestés.

Si celles-ci se livrent encore à ces accès de délire et de frénésie, c'est plutôt contre elles-mêmes que contre les nations étrangères. C'est au milieu des convulsions et des déchiremens occasionnés par les guerres civiles, sources impures et fécondes en forfaits, foyers redoutables des plus hideuses passions, qu'elles exercent leur fureur; c'est contre leurs propres membres qu'elles tournent toute leur rage; et, il faut saisir l'occasion de le dire, ceux qui se livrent ou qui travaillent à conduire à de pareils excès, n'en sont que plus criminels encore, puisque alors ils outragent le Droit public même, dont les principes sont de tous les plus sacrés. Mais ne devant envisager le sujet de ce paragraphe que sous le rapport du Droit des Gens, c'est-à-dire, d'individus à individus faisant partie de nations l'une à l'autre étrangères, ce serait nous écarter entièrement du véritable point de vue de la question, que de nous étendre présentement sur les suites terribles de ces calamités nationales, de ces guerres intestines, que les Principes du Droit public, développés dans le premier livre de cet ouvrage, réprouvent assez victorieusement (*a*).

Il importe donc encore de ne pas perdre ici de vue cette vérité sur laquelle sont fondés tous les principes du Droit des Gens en temps de guerre « que les Nations, pour elles-mêmes

(*a*) La guerre dite *du Bien public*, celles de *la Ligue*, de *la Fronde*, offrent plus d'un exemple effrayant de ces scènes d'horreur, de licence, de deuil, d'anarchie; et il ne serait pas inutile sans doute d'en retracer le tableau. Mais plaignons ceux qui ne savent pas s'en faire à eux-mêmes une peinture assez fidèle, ou qui discernent mal les causes qui pourraient encore aujourd'hui appeler sur nous de semblables malheurs; plaignons ces hommes aveugles, et espérons toutefois que le temps dessillera leurs yeux et fortifiera leur raison.

« Les guerres civiles, a-t-on dit éloquemment dans un procès récent à la cour d'assises de Paris, on sait par où

et dans leur propre intérêt, doivent éviter, même pendant la guerre, tout le mal qui serait plus propre à envenimer et prolonger la guerre, qu'à ramener la paix » (*a*).

Une fois bien pénétrés de cette vérité, nous avons déja, par cela même, acquis l'intime conviction que ces actes de représailles exercés sur les soldats ou autres sujets d'une nation ennemie, sont des actes insensés, impérieusement réprouvés par les principes d'une saine politique, par les règles de la prudence et de la raison, comme ils sont repoussés par les sentimens naturels de la justice et de l'humanité.

---

elles commencent; mais qui peut prévoir comment elles finissent? quelle faction peut s'assurer de l'emporter sur l'autre! tantôt vainqueur et tantôt vaincu, aucun ne succombe sans proférer *l'exoriare aliquis nostris ex ossibus ultor!* Le sang des victimes appelle incessamment des vengeurs. N'est-ce point là cette hydre de la fable dont les têtes sans cesse renaissantes aussitôt que coupées, ne peuvent succomber à-la-fois que sous la massue du despotisme? (Plaidoyer de M. Dupin, avocat, dans le procès de M. Bidault, éditeur responsable du constitutionnel. Cour d'assises de Paris, audience du 13 mai 1820.)

(*a*) *Voy. ci des.*, t. II, ch. I, p. 345, et t. III, ch. II, p. 131.

En effet quels biens, quels avantages peut-il en résulter?... Imagine-t-on qu'ils soient un moyen efficace d'adoucir l'humeur féroce d'un peuple ignorant et stupide; qu'ils puissent ramener à des sentimens de modération et de générosité l'ennemi qui les aurait outragés et méconnus? Quelle méprise funeste! quelle ignorance profonde du cœur humain et de la progression toujours croissante des passions violentes qui égarent les peuples mêmes!

De vrais législateurs doivent avoir une prévoyance plus éclairée, des vues plus justes et plus élevées: ils ne peuvent ignorer qu'opposer l'iniquité à l'injustice, la fureur à la cruauté, le crime à l'infamie, la vengeance au meurtre, le meurtre à la vengeance, c'est infailliblement exciter de plus en plus la haine, la cruauté, la soif du sang; que c'est en conséquence s'éloigner directement du but raisonnable et légitime de la guerre: ils doivent savoir que le mal fait à autrui ne détruit pas celui que nous en avons reçu, et qu'il peut seulement attirer sur celui qui le commet des maux plus grands encore.

Admettre en droit l'utilité des représailles

et agir d'après ce principe, c'est, à n'en pouvoir douter, provoquer des inimitiés nationales plus vives et plus sanglantes, c'est les rendre interminables.

En exerçant entre eux le prétendu Droit de représailles, certains peuples sauvages sont arrivés au point de ne pouvoir plus calmer leur haine et assouvir leur rage, qu'en dévorant le corps de leurs ennemis, en s'abreuvant de leur sang, en se désaltérant chaque jour avec orgueil dans leurs ossemens brisés, en se décorant de ces horribles trophées.

Dans les îles d'Amboine, de Bornéo, de Sumatra, un jeune homme, disent les voyageurs, ne trouve pas à se marier, s'il n'apporte aux pieds de sa maîtresse la tête de quelque étranger : coutume barbare qui n'est autre chose que le résultat de la férocité de leurs guerres et de leur exactitude stupide à exercer les uns envers les autres, à titre de représailles, les plus grandes atrocités.

On peut dire, sans trop s'écarter des probabilités, qu'il ne faudrait pas beaucoup d'années ni un grand nombre de ces actions que quelques auteurs ont si mal-à-propos désignées sous le nom de *Rétorsions de Droit*, pour ramener les peuples, qui se flattent d'être arrivés au plus haut période de la civilisation, à ce degré de barbarie et de férocité.

Comment donc ne pas frémir d'indignation et d'épouvante, comment ne pas reculer d'horreur à l'aspect hideux que présente l'idée, le nom seul, d'une action dont les conséquences, plus ou moins rapprochées, pourraient conduire et précipiter les peuples vers un tel excès d'abrutissement et de dégradation.

Voulez-vous pratiquer enfin les salutaires leçons d'une politique réellement concordante avec les principes de la religion, du droit et de la morale? Rentrez en vous-même et recueillez-y avec soin ces sublimes leçons! Sages, philosophes, politiques et législateurs, disent-elles d'une voix unanime, vous qui avez la noble ambition de donner des lois à l'humanité, d'améliorer son sort, commencez par lui donner de grands exemples de modération : soyez généreux et magnanimes, même avec vos ennemis; et s'ils s'écartent des sentiers de la sagesse, gardez-vous bien d'imiter leur conduite. Si vous ne chancelez pas dans la droite voie; si vous êtes fermes et inébranlables dans les principes que des sentimens, si conformes à votre nature, vous auront fait adopter, n'en doutez pas, les peuples les plus durs et les plus sauvages seront bientôt touchés de votre grandeur d'ame, et leurs mœurs en ressentiront promptement l'heureuse influence.

L'homme, il est vrai, se livre quelquefois à tous les excès de la cruauté; mais en général il est doué par la nature de bonté, de générosité. Pour s'abandonner contre ses semblables à des actes inhumains, il est obligé de surmonter une sorte de répugnance naturelle qui existe chez les animaux mêmes. S'il arrive qu'il trouve dans les actions les plus barbares une sorte de jouissance, ce n'est que par l'effet d'un véritable délire et comme en se faisant violence; ce n'est que par suite des vives secousses d'une passion en elle-même douloureuse. Aussi a-t-il besoin alors de s'exciter, et d'augmenter le trouble de son ame, le désordre de ses sens. Portez vos regards sur ces contrées sauvages où la morale et la religion semblent, ou avoir cessé de se faire entendre, ou n'être pas encore parvenues ; voyez-y cette horde de barbares prête à immoler un de ses ennemis vaincus : elle pousse des hurlemens confus, elle fait retentir les airs du bruit de ses armes, elle semble se préparer de nouveau au combat, elle anime, provoque, rappelle avec effort sa fureur et sa rage; et ce n'est qu'en s'égarant ainsi qu'elle parvient à surmonter les sentimens naturels à l'humanité.

Mais en général aussi, après ces secousses violentes, après les rapides momens de jouissance que la vengeance satisfaite a pu donner, la nature reprend bientôt ses droits, et, du moins parmi nous, l'homme le plus dépravé sent succéder dans tout son être, aux ébranlemens qu'il vient d'éprouver, un sentiment douloureux qui pèse sur son cœur ; sentiment plus vague, moins profond que celui du remords, mais dont l'analogie avec celui-ci est d'autant plus sensible, que la participation à l'action qui le cause fut plus grande.

Quelle douce satisfaction intérieure, quelle joie pure et sans mélange d'amertume n'éprouvent pas, au contraire, les ames fortes et courageuses qui réussissent à maîtriser ces passions funestes, à surmonter les mouvemens de la haine pour n'écouter et ne suivre que ceux d'un généreux pardon! Et combien s'agrandissent, aux regards de l'univers entier, les peuples et les hommes assez heureux pour acquérir cette noblesse et cette énergie de caractère! Ce fut toujours, en effet, parmi les hommes les plus véritablement grands que l'on vit des ennemis dont l'animosité paraissait ne devoir cesser qu'avec leur vie, oublier leurs outrages, et mettre plus de prix à vaincre en générosité, qu'ils n'en eussent trouvé à l'emporter en force, en talens et en courage.

« Il est des devoirs à observer, dit Cicéron, à l'égard même de ceux dont nous avons reçu quelquc injure. *Sunt autem quædam officia, etiam adversus eos servanda, à quibus injurias acceperis* » (*a*).

Caton, haranguant le sénat en faveur des habitans de Rhodes, disait, entre autres cho-

(*a*) (CICER. Offic., lib. I, cap. IX.) — Nous avons déja emprunté de ce grand orateur cette autre maxime: « Prétendre que la foi donnée à celui qui n'en a pas est nulle, c'est tout simplement chercher un prétexte au parjure et à l'infidélité. » *Voy. ci-des.*, tom. II, pag. 230.

ses : « Ferons-nous donc ce que nous leur imputons à crime d'avoir voulu faire » (*a*).

Sur la fin du cinquième siècle de la fondation de Rome, Cn. Cornelius Asina Scipion, consul, qui commandait une escadre romaine, étant à la hauteur de Lipari, fut invité par Boodes, l'un des lieutenans-généraux du premier Annibal, qui avait un plus grand nombre de vaisseaux, de venir à bord avec les commandans de ses galères, pour y conférer à l'amiable sur les démêlés de Rome et de Carthage. Le consul et ceux qui l'accompagnaient ne furent pas plutôt sur le vaisseau ennemi, qu'on les mit aux fers. L'escadre romaine, destituée de ses chefs, se rendit sans combat, et le consul fut conduit à Carthage. Quatre campagnes après, Hannon, amiral carthaginois, qui venait d'être battu, eut la hardiesse de se présenter comme envoyé de Carthage aux consuls romains, L. Manlius Vulso et M. Attilius Régulus, qui faisaient la guerre aux Carthaginois en Sicile. A peine était-il entré chez les consuls, que la multitude s'écria qu'il fallait

(*a*) Aul.-Gell., Noct. attic., liv. vii, c. 3.

user de représailles. Mais les consuls répondirent : « *Il fut de la perfidie des Carthaginois de violer le Droit des Gens ; il est de la probité des Romains de le respecter, même à l'égard des perfides* » (*a*).

Vers le milieu du siècle suivant, les Carthaginois rompirent une trêve faite avec le grand Scipion, et pillèrent un de ses navires. Les ambassadeurs de Scipion, qui étaient allés à Carthage demander raison de la violation de la trêve, furent en butte aux outrages et aux mauvais traitemens ; mais les ambassadeurs qui étaient à Rome n'en éprouvèrent aucun. Les Romains se contentèrent de les renvoyer. La fortune cependant, comme si elle avait voulu mettre le peuple romain une seconde fois en état de se venger de l'outrage qu'on lui avait fait, fit tomber ces mêmes ambassadeurs, à leur arrivée en Afrique, dans les mains de Bœbius, qui, au rapport de Polybe, commandait le camp romain dans ce pays, tandis que Scipion, avec la plus grande partie de son

---

(*a*) (TIT.-LIV., *in Epitom.*; Valer. Max. lib. VI, cap. VI ; Rollin, *Hist. rom.*, tom. IV, pag. 78 et 108.)

armée, le parcourait en vainqueur. Bœbius, qui avait été l'un des ambassadeurs maltraités à Carthage, les arrêta, et ne douta pas que Scipion ne dût autoriser sa vengeance. Cependant lui ayant fait demander ce qu'il devait faire à ces ambassadeurs carthaginois, il en reçut cette réponse, déja citée dans cet ouvrage (*a*) : « Rien de ce que les Carthaginois ont fait aux nôtres »; ou, suivant Tite-Live : « Rien qui soit indigne des principes du peuple romain et des miens. *Tamen se nihil nec institutis populi romani, nec suis moribus indignum in iis facturum.* »

Peuples modernes, peuple français sur-tout! nous trouvons dans votre histoire plus d'un exemple semblable; attachez-vous donc à les imiter; rappelez-vous, entre autres, la belle conduite de Fabert, en 1635; et quelques années auparavant, sous le règne de Henri IV, dans un siècle d'héroïsme militaire, mais en proie à la plus triste anarchie, l'exemple mémorable de Constance de Cezelli, femme de Barry de Saint-Aunez.

---

(*a*) *Voy. ci-dessus*, vol. III, pag. 77.

Les impériaux, dans une retraite, avaient tué tous ceux qui leur avaient refusé des vivres. Fabert était à leur poursuite; il entre dans un camp abandonné et couvert d'officiers et de soldats blessés et mourans: un cavalier, ne respirant que la fureur, s'écrie: « Il faut achever ces malheureux qui ont massacré nos camarades dans la retraite de Mayence. » — « Voilà, dit aussitôt Fabert, le conseil d'un barbare: cherchons une vengeance plus noble et plus digne de notre nation. »

Il fit distribuer à ceux qui pouvaient prendre une nourriture solide le peu de provisions que le détachement avait apportées. Les malades furent ensuite transportés à Mézières, où, après quelques jours de soins, la plupart recouvrèrent la santé; et presque tous, dit l'historien, s'attachèrent à la puissance dont le général les avait, contre leur espérance, traités si généreusement (*a*).

En 1590, le parti de la ligue en Languedoc

(*a*) *Voy. les* Campagnes de Fabert; et le Dict. des hommes illustres, tom. II.

demanda des troupes au roi d'Espagne : sur la nouvelle de leur débarquement, Barry de Saint-Aunez, gouverneur pour Henri IV à Leucate, en partit pour aller communiquer un projet au duc de Montmorenci, commandant de cette province; il fut pris en chemin par les ligueurs, qui marchèrent aussitôt avec les Espagnols vers Leucate, persuadés que ayant le gouverneur entre leurs mains, cette place ouvrirait de suite ses portes, ou du moins ne tiendrait pas long-temps; mais Constance de Cezelli, femme de ce gouverneur, après avoir assemblé les soldats de la garnison et les habitans, et leur avoir représenté ce qu'exigeait leur devoir, se mit si fièrement à leur tête, une pique à la main, qu'elle inspira du courage aux plus faibles. Les assiégeans furent repoussés par-tout où ils se présentèrent. Désespérés de leur mauvais succès, et du monde qu'ils avaient perdu, ils envoyèrent dire à cette femme courageuse que, si elle continuait à se défendre, ils allaient faire pendre son mari. « J'ai des biens considérables, répondit-elle les larmes aux yeux, je les ai offerts et je les offre encore pour sa rançon;

mais je ne rachetterai point par une lâcheté une vie qu'il me reprocherait, et dont il aurait honte de jouir : je ne le déshonorerai point par une trahison envers la patrie et envers le roi. »

Les assiégeans, après avoir tenté une nouvelle attaque qui ne leur réussit pas mieux que les autres, firent mourir Barry, et levèrent le siége. La garnison voulut user de représailles sur le seigneur de Loupian, qui était du parti de la ligue, et qui avait été fait prisonnier; mais Constance de Cezelli s'y opposa.

Henri IV lui envoya le brevet de gouvernante de Leucate, avec la survivance pour son fils (*a*).

Tamerlan lui-même ne dit-il pas à Bajazet vaincu : « Je sais quel sort tu réservais à mes Tartares et à moi, si le sort t'avait favorisé; mais je ne veux point user de représailles: je respecterai ton honneur et ta vie; et l'humanité que je te montre dans ton infortune n'est qu'une dette que j'acquitte envers Dieu pour le remercier de sa bonté pour moi» (*b*).

---

(*a*) SAINTE-FOIX, Essais sur Paris, etc., t. III, p. 319.

(*b*) *Voy.* l'hist. de l'empire Ottoman, depuis sa fonda-

Voilà le principe et les exemples que doit invariablement suivre tout capitaine dont l'ame est réellement noble et guerrière, tout homme qui ne veut pas démentir par ses actions la noblesse de son origine. Voilà les exemples qu'il faut encourager, et le principe que doit aujourd'hui consacrer tout peuple qui met quelque prix à la gloire, qui tient à honneur de n'être plus compté parmi les nations barbares, et ne veut pas se dégrader aux yeux de la postérité : et déja, sous ce rapport, on peut rendre justice au siècle qui commence, comme l'a fait le baron d'Holbach en parlant du siècle qui vient de s'écouler. « Quoique les princes et les peuples, dit cet auteur, n'aient point encore renoncé à la folie des guerres, néanmoins, dans les guerres même, on trouve moins de férocité que dans celles d'autrefois. L'intérêt de tous les peuples les a peu-à-peu ramenés à l'humanité. Chez les sauvages, le guerrier est d'une cruauté qui révolte la nature ; son cœur, étranger à la compassion, se livre tout entier à la rage : peu

tion jusqu'à la paix d'Yassy, en 1792, par M. de Sallaberry.

content de vaincre, il tourmente, il brûle, il dévore l'ennemi qui est tombé en ses mains.

« Chez les Grecs et chez les Romains, l'ennemi vaincu rachetait sa vie par la perte de sa liberté. Devenu esclave, il cessait d'être un homme aux yeux de son vainqueur, qui se croyait en droit de le traiter comme une bête, de le vendre, ou même de le tuer.

« Chez les modernes, le bruit des armes n'empêche plus d'entendre le cri de la nature, de la justice, de la pitié. L'intérêt de tous les guerriers leur fait sentir que leurs ennemis vaincus sont des hommes, et qu'ils doivent les traiter comme ils voudraient être traités eux-mêmes, s'ils venaient à succomber sous les forces des autres. Ainsi un intérêt éclairé bannit l'atrocité des guerres, *les actes de représailles*, et fait voir, en un mot, à celui qui remporte aujourd'hui la victoire, que la fortune inconstante peut demain le livrer à son tour au pouvoir des ennemis qu'il voit abattus à ses pieds » (*a*).

De sorte que, sous ce point de vue, on peut

(*a*) Syst. social, chap. XVI. *De la vie sociale, de l'état de nature, de la vie sauvage.*

avoir raison de dire, avec le même auteur, que « le Droit des Gens n'est réellement que l'effet des conventions dont la raison fait sentir la nécessité aux peuples devenus plus sensés » (*a*).

Nota. Grotius, Pufendorf, Wolff, Barbeyrac, ont envisagé la question dans un sens beaucoup plus étendu que celui sous lequel nous avons dû la traiter ici. Mais il nous semble que ce que nous avons établi précédemment (*b*) suffit pour démontrer combien, dans le sens même où ils l'ont considérée, ils étaient mal fondés dans ce qu'ils ont voulu poser comme principe, et lorsqu'ils ont dit: « Les Nations, ayant le même droit qu'a chaque particulier dans l'état de nature, et les biens de chaque particulier, pris ensemble, devant être regardés par rapport aux Nations étrangères, comme les biens de la Nation, si une Nation ne peut obtenir sa chose, ou celle de ses citoyens, d'une autre Nation qui la retient, ou qui la doit de quelque autre manière que ce soit, ou si cette même Nation refuse à l'autre, ou à ses citoyens, de leur rendre justice, l'explétion de Droit entre les Nations est permise, et il est licite dans ce but de prendre les choses des citoyens quels qu'ils soient.

---

(*a*) Système social, chap. XVI. *De la vie sociale*, etc.

(*b*) *Voy. ci-des.*, tom. II, 1e sect., § 1, p. 379; t. III, 2e sect., § 1, p. 131 et suiv.

« Quand on enlève ainsi les biens des citoyens d'une autre Nation, ou du prince, par explétion de Droit, cela s'appelle *Représailles.* Il paraît donc que les représailles sont permises entre les Nations, et que le Droit de représailles n'appartient qu'aux Nations, ou à ceux qui ont leur Droit, savoir aux Princes; par conséquent un particulier ne peut user du Droit de représailles que par la permission du Prince » (*a*).

— « C'est encore un usage établi entre les peuples, dit Pufendorf avec aussi peu de fondement, que les biens de *chaque* sujet répondent, pour ainsi dire, des dettes de l'État dont il est membre(*b*), comme aussi du tort qu'il peut avoir fait en ne rendant pas justice aux étrangers; en sorte que les intéressés peuvent se saisir des biens de tous les sujets de cet État, qui se trouvent chez eux et de leurs personnes même. Ces sortes d'exécutions s'appellent des *Représailles*, et elles sont souvent un prélude de la guerre. Ceux qui y ont donné occasion par leur faute, doivent dédommager le citoyen qui en a souffert » (*c*).

---

(*a*) WOLFF, tom. II, 4e *part.*, *Droit des Gens*, ch. VI, § 1563.

(*b*) *Voy. encore ci-dessus* le paragr. 1 de la sect. 1, et le paragraphe 1 de la sect. 2 renfermant la réfutation de ce faux principe, vol. II, p. 319 et suiv.; et vol. III, p. 131 et suiv.

(*c*) *Voy.* Devoirs de l'homme et du citoyen, chap. XVI,

L'un de ces auteurs (Grotius) a cependant fort judicieusement remarqué « que, selon le Droit de nature, personne n'est tenu du fait d'autrui, si ce n'est un héritier, à qui les charges attachées aux biens passent avec les biens en vertu d'un établissement aussi ancien que la propriété même; que l'empereur Zénon dit qu'il est contraire à l'équité naturelle, qu'on inquiète une personne pour les dettes d'une autre; que ce qui est dû par un corps n'est pas dû non plus par chacun des membres dont il est composé, comme le dit formellement le jurisconsulte Ulpien (*a*); d'où vient que, par le Droit romain, il est défendu de rechercher un villageois, pour les dettes de quelque autre de son village, auxquelles il n'a aucune part (*b*); et ailleurs, de faire saisir les biens d'une personne pour les dettes d'autrui, même pour les dettes publiques (*c*); que dans une novelle de Justinien, l'empereur défend de gager ou saisir les biens de quelqu'un pour les dettes d'autrui, et en donne cette raison, qu'il n'est pas juste de s'en prendre, pour cause de dette, à un autre que le débiteur : *exécutions odieuses*, comme elles sont appelées au même endroit (*d*), ou, comme

§ x, — Droit de la Nat. et des Gens, liv. VIII, chap. VI, § 13, et la note 1 de Barbeyrac.

(*a*) Digest., liv. III, tit. IV, leg. VII, § 1.

(*b*) Cod. liv. XI, tit. LVI, *leg. unic.*, *Voy. aussi* Cujas.

(*c*) Cod. liv. XII, tit. LXI, leg. IV.

(*d*) Novelle LII, princ. et cap. 1.

s'exprime Théodoric (a), roi des Goths, *licence honteuse* » (b).

L'État peut être responsable des faits de ses sujets, mais la réciprocité de responsabilité à l'égard de ceux-ci n'en est pas une conséquence équitable : car on ne saurait supposer qu'aucun d'eux, individuellement, soit assez puissant pour s'opposer au mal que commet le gouvernement auquel il est soumis. L'intention du mal et de l'injustice, non plus que le mal et l'injustice même, ne se présument pas, (c'est un axiôme de droit et le résultat d'un sentiment de justice); et tout individu, par la force seule de ce principe d'équité, est incontestablement réputé innocent des torts et dommages auxquels il n'est pas prouvé qu'il ait coopéré, et qui peuvent avoir eu lieu sans sa participation, souvent même à son insu. En matière criminelle ou correctionnelle, dans tous les cas de délit ou de quasi-délit (et c'est sous ce rapport seulement que l'analogie existe), un père est tenu du fait de ses enfans, un maître du fait des personnes qui sont à son service, par la raison que l'un et l'autre exercent une surveillance, une sorte de puissance et d'autorité, et que le délit commis les fait, à juste titre, suspecter de

---

(a) Apud Cassiodor., var. IV, 10.

(b) GROTIUS, traduct. de Barbeyrac, Droit de la guerre et de la paix, liv. III, chap. II, § 1.

négligence (*a*); mais jamais les enfans ou les serviteurs ne seront tenus, équitablement du moins, des délits dont les parens ou les maîtres se seront rendus coupables (*b*), parce que leur soumission individuelle ne les place pas dans le cas d'une obligation particulière dont le délit commis puisse les faire réputer complices.

---

(*a*) Encore la responsabilité n'a-t-elle pas lieu, « *lorsque les père et mère, instituteurs, artisans ou autres, prouvent qu'ils n'ont pu empêcher le fait qui donne lieu à cette responsabilité.* » (*Voy.* Cod. civ., liv. III, tit. IV, chap. II, art. 1384.)

(*b*) *Voy.* vol. I, liv. II, chap. II, tit. II, § 3, pag. 347.

## § IV.

## DES OTAGES.

SOMMAIRE. L'usage de prendre des ôtages est et doit être négligé dans l'état actuel de la civilisation.

Si on en exige, quelle conduite doit-on tenir à leur égard.

« *Neque se in obsides innoxios, sed in ipsos,*
« *si defecerint, sæviturum: nec ab inermi,*
« *sed ab armato hoste pœnas expetiturum.* »
TIT.-LIV., lib. XXVIII, c. 34.

Chez les anciens, et particulièrement à Athènes, on entendait par *Androlepsie* le droit ou plutôt l'usage d'enlever ou de retenir, en certains cas, les étrangers pour ôtages (*a*). L'usage de prendre des ôtages est et doit être négligé dans l'état actuel de la civilisation.

Disons d'abord en peu de mots ce qu'il faut aujourd'hui penser de cette coutume en général, et nous rapporterons ensuite, à l'appui du principe, les actions de quelques grands hommes et l'opinion des plus célèbres publicistes.

(*a*) GROTIUS. Droit de la guerre et de la paix, liv. III, chap. II, § 3. — WOLFF, Instit. du Droit de la Nat. et des Gens, tom. II, 4e *part.*, chap. VI, § MCLXIV et suiv.

Ce furent ces actes de barbarie et de cruauté si improprement dénommés *Rétorsions de droit* ou *Droits de Représailles*, qui firent naître l'usage d'exiger, d'enlever ou de retenir comme ôtages quelques personnes de distinction, des vieillards, des femmes, des enfans.

Si les traités étaient enfreints, si les députés que l'on envoyait, si les prisonniers que l'on avait perdus, si les ôtages que l'on avait soi-même donnés étaient maltraités (ce qui arrivait fréquemment dans ces siècles où la raison et la religion n'avaient pas encore rendu l'observation des vrais principes du Droit politique et du Droit des Gens assez familière), les ôtages que l'on avait de son côté enlevés, reçus ou retenus, éprouvaient le même sort, et souvent même un traitement beaucoup plus cruel encore. Ils étaient ou brûlés vifs, ou massacrés, ou mutilés, et, dans ce dernier cas, renvoyés parmi les leurs dans l'état le plus propre à inspirer la terreur.

Mais que devait-il en résulter? qu'en arrivait-il en effet? Le spectacle de ces malheureuses victimes de la barbarie portait chez leurs compatriotes le désespoir, l'indignation, la fureur, et à la première occasion favorable, ceux-ci enchérissant encore sur la cruauté des bourreaux de leurs concitoyens, saisissaient avec empressement tous les moyens d'assouvir à leur tour leur vengeance : et de-là des haines, une animosité de part et d'autre, si violentes, que la destruction entière de l'un des partis pouvait seule mettre un terme aux hostilités. C'est ce qui arriva pendant les guerres que les Romains firent dans les Gaules. César, ce conquérant qui, en général, a été bien plus loué qu'il ne l'a mérité, et dont nous avons déja cité plusieurs faits dignes des temps les plus grossiers, se fit souvent donner des ôtages par tous les petits peuples qui habitaient cette vaste étendue de pays où il avait répandu la terreur de ses armes et la haine du nom romain ; il s'en faisait délivrer, et par ceux qu'il avait vaincus, et par ceux avec lesquels il formait quelque alliance : plus d'une fois il fit ensuite mourir de la manière la plus cruelle les sénateurs ou les principaux habitans qui lui avaient été remis, ou qu'il avait retenus pour gages. C'est ainsi qu'il en usa envers les Numides(*a*), et dans la guerre contre les Vénètes, après le combat naval qu'il leur livra, et après la victoire qu'il remporta sur eux près de Vannes. Aussi cette conduite le mit-elle dans la nécessité de détruire la population entière de quelques-unes de ces contrées, pour rester absolument maître du pays (*b*).

L'histoire de tous les peuples de l'antiquité, la vie de leurs héros les plus célèbres, sont entachées à chaque instant, il faut le dire, de semblables cruautés; et la presque universalité de cette barbarie peut, jusqu'à un certain point, être considérée comme la justification des uns et des autres (*c*). Mais aujourd'hui que tout acte

---

(*a*) *Voy.* Dion Cassius, lib. XLIII, p. 245, *E. ed. H. Steph.* — Grotius, lib. III, IV, § 12.

(*b*) (*Voy.* les commentaires de César.)

(*c*) L'empereur Sévère, ordonnant à ses soldats de passer tout au fil de l'épée dans la Grande-Bretagne, se servait de quelques vers d'Homère, où Agamemnon dit qu'il ne faut épargner personne des Troyens, pas même les enfans qui sont encore dans le sein de leurs mères (Iliad. liv. VI, vers 37 et suiv. — Xiphilin, Vit. Séver., p. 342, *ed. H. Steph.*) — Les soldats de l'empereur Julien tuèrent les femmes de la ville de Dacires, que les hommes y avaient

de cruauté et de représailles serait véritablement un crime, un fait impolitique et méprisé de toutes les nations; aujourd'hui que toute action de cette nature ne saurait être tolérée, et serait généralement considérée comme une violation manifeste du Droit des Gens, la précaution de se faire livrer des ôtages a dû être négligée et comme entièrement abandonnée. On a vu qu'elle devenait inutile, puisqu'il ne serait pas possible de rendre les ôtages responsables d'un crime commis en leur absence,

---

laissées. Le même empereur ayant pris la ville de Majozamalcha, dans le pays de Babylone, n'épargna, ni sexe, ni âge: *et sine sexûs discrimine, vel ætatis, quidquid impetus reperit, potestas iratorum absumpsit.* (Zozime, liv. III, cap. XV, *ed. Cellar.* — Amm. Marcellin, lib. XXIV, cap. IV, p. 436, *ed. Vales. Gron.*) — Thucydide nous apprend que les Thraces ayant pris la ville de Mycalesse, passèrent au fil de l'épée jusqu'aux femmes et aux enfans (liv. VII, cap. XXIX). — Arrien raconte la même chose des Macédoniens, après la prise de Thèbes, (*De exped. Alex.*, lib. I, cap. VIII, *in fine*); et Appien d'Alexandrie, des Romains, lorsqu'ils eurent pris Ilurge, ville d'Espagne, (Bell. Hispan., *pag.* 457, *ed. Amst.* 272, *H. Steph.*) — Annibal passa au fil de l'épée cinq mille prisonniers. (Appian. Annibal. Bell. pag. 556.) — Germanicus César, au rapport de Tacite, lorsqu'il mit à feu et à sang les bourgs des Marses, nation de l'ancienne Germanie, n'eut

et dont on aurait la conviction qu'ils ne se seraient pas personnellement rendus coupables; puisque, quelles que fussent les infractions aux traités, les actes d'hostilités, de mauvaise foi, d'iniquité, de fureur, qui pourraient être commis par les peuples de qui on les aurait reçus, on n'en serait pas moins rigoureusement tenu d'user de clémence et d'humanité, et de traiter ces ôtages comme tout prisonnier de guerre, avec égards, sans emportement, sans esprit de vengeance, sans

pitié ni de l'âge ni du sexe. « *Non sexus, non ætas, miserationem adtulit* ». (Annal. lib. I, cap. LI, *num.* 2.) (*Voy.* aussi Grotius, traduit et annoté par Barbeyrac, Droit de la guerre et de la paix; liv. III, chap. IV, § IX.)

— Ce fut sans doute ce même Germanicus qui, excitant les Romains au carnage contre les Germains, s'écriait: « Qu'avons-nous besoin de captifs ? on ne finira la guerre qu'en exterminant le peuple entier jusqu'au dernier homme « *Orabatque insisterent cædibus : nil opus captivis; solam internecionem gentis finem bello fore.* » — Tacite rapporte encore qu'après une sanglante victoire remportée par ce général, sur ces mêmes Germains, quelques-uns de ces malheureux montant au sommet des arbres et cherchant dans leur feuillage un asyle contre la fureur des Romains, on se fit un jeu de les percer de flèches « *admotis sagittariis per ludibrium figebantur* ». (Tacit. Annal., lib. II, cap. XVI. — *ibid.* cap. 21.)

aucune réciprocité de mauvais traitemens et de cruauté (*a*); puisque cette obligation de clémence subsisterait encore, quoi qu'en aient pu dire quelques sophistes, à l'égard même de ceux qui se seraient volontairement offerts et soumis de plein gré à la condition d'ôtages. Plus ces hommes, par une offre volontaire, auraient fait preuve de dévouement et de générosité, et plus l'honneur et la grandeur d'ame prescriraient de respecter en eux l'héroïsme et la vertu. Quelle honte, en effet, ne serait-ce pas, dans cette supposition même, d'attenter à leur vie ou de les soumettre à de mauvais traitemens? C'est sur-tout de nos jours que la conduite des Carthaginois envers Régulus, que les atrocités d'Alexandre, de César, de Tibère, de Scylla, excitent une indignation universelle. Le Droit politique autorise encore un peuple à prendre les armes, à recourir à la force, à agir hostilement, pour obtenir la juste réparation d'un préjudice réel, d'une inique agression (*b*); mais c'est, comme le voulait Scipion, contre le

(*a*) *Voy. ci-dessus*, § II, p. 203; et § III, p. 237 et suiv.
(*b*) *Voy ci-des.*, vol. II, pag. 345; et vol. III, p. 131.

peuple entier, contre le corps politique, et non pas contre un seul individu, innocent d'ailleurs, que la guerre doit s'exercer : faire tomber le châtiment du délit d'une nation contre une autre sur quelques-uns de ceux qui lui appartiennent, c'est ce que les véritables principes du Droit des Gens universel réprouvent trop expressément, pour que l'on puisse désormais se rendre coupable d'un tel crime.

Quelle conduite tenir à l'égard des ôtages, si l'on juge utile d'en exiger.

Juge-t-on toutefois utile de recourir, en quelques circonstances particulières, à cette sorte de garantie, de sages publicistes ont tracé depuis long-temps déja la conduite que l'on doit tenir à leur égard.

Grotius rapporte d'abord que « les vainqueurs autrefois ne laissaient pas de faire mourir ceux qui s'étaient rendus à discrétion, et qui avaient été reçus sur ce pied-là...; que les Romains en usèrent ainsi à l'égard des principaux de la ville de Pometie, Scylla, envers les Samnites, César, envers les Numides et envers Vercingentorix (*a*); que c'était même, parmi les Romains, un usage presque sans exception, de

(*a*) *Voy.* Dion Cassius, lib. XL, pag. 156.

faire mourir, le jour du triomphe, les chefs des ennemis, soit qu'on les eût pris, ou qu'ils se fussent rendus (*a*): il remarque « que c'était la coutume de traiter de même les ôtages, et non-seulement ceux qui s'étaient remis eux-mêmes entre les mains de l'ennemi par une espèce de convention, mais encore ceux qui avaient été donnés par d'autres; que les Thessaliens firent ainsi mourir deux cent cinquante ôtages des Phocéens, et les Romains, trois cents des Volsques Auronciens (*b*). Puis il dit : « Autrefois l'opinion commune était que chacun a sur sa propre vie le même Droit que sur ses biens, et que ce Droit est transféré à l'État par un consentement exprès ou tacite de chaque

(*a*) (*Voy.* Cicér., lib. V, *in Verr.*, cap. XXX. — Tit.-Liv., lib. XXVI, cap. XIII, *num.* 14. — Tacit. *Annal*, lib. XII, cap. XIX, *num.* 3.)

Galba, entrant à Rome, fit décimer ceux qui s'étaient rendus à lui. « *Horror animum subit, quoties recordor feralem introitum, et hanc solam Galbœ victoriam, quum in oculis urbis decimari deditos juberet, quos deprecantes in fidem acceperat.* » (Tacit. *hist.* lib. I, cap. XXXVII, *num.* 3.)

(*b*) PLUTARCH. *De virtut. mulier.*, tom. II, B. p. 244. — Dion. Halicarn. *Antiq. rom.*, lib. VI, cap. XXX.

citoyen. Ainsi il ne faut pas s'étonner que dans cette supposition, on ait cru pouvoir, lorsqu'on avait sujet de punir quelque crime commis par l'État, faire mourir les ôtages, ou en vertu de leur consentement propre et particulier, ou à cause d'une espèce de consentement de l'État, dans lequel le leur était renfermé... Mais aujourd'hui que nous avons appris dans une meilleure école, à regarder notre vie comme une chose dont la disposition est réservée à Dieu, et ne nous appartient jamais à nous-mêmes (*a*), il s'ensuit que personne ne peut, par son consentement tout seul, donner à autrui aucun droit sur sa propre vie, ou sur celle de ses sujets. C'est pourquoi Narsès, comme le rapporte Agathias (*b*), trouvait qu'il y aurait une grande cruauté à punir de mort des ôtages innocens. D'autres encore ont témoigné les mêmes sentimens; et ils ont pu s'y confirmer par l'exemple de Scipion (dont nous avons déja signalé plusieurs actions généreuses, et dont, relativement au sujet que

(*a*) *Voy. ci-dessus*, vol. 1, pag. 121; et *ci-après*, l'appendice, *note* 23 du liv. 1.

(*b*) Lib. 1, cap. VII.

nous traitons ici, on trouvera tout-à-l'heure, dans l'une de nos citations, un nouveau trait de grandeur d'ame et de magnanimité. )

« Quelques jurisconsultes modernes veulent néanmoins que de telles conventions par lesquelles on engage sa vie, soient valables, quand l'usage les autorise (*a*). J'accorde cela, si on appelle Droit une simple impunité, comme on fait souvent dans cette matière. Mais si l'on prétend disculper ceux qui ôtent la vie à quelqu'un en vertu d'une simple convention, je crains bien qu'on ne se trompe soi-même, et qu'on n'abuse dangereusement les autres » (*b*).

— « On appelle ôtages, dit Wolff, des personnes qu'on livre pour sûreté d'une dette, c'est-à-dire, pour assurer qu'on observera les conventions, ou qu'on payera ce qu'on doit. Ainsi les ôtages sont proprement donnés en gage, et on les peut retenir jusqu'à ce qu'on ait fait ce qui est dû. C'est pourquoi celui qui les reçoit a le droit de les surveiller autant

(*a*) MENACHIUS, Arb. Qu. 7, *num.* XI.

(*b*) GROTIUS, Droit de la guerre et de la paix, liv. III, chap. IV, § XII et XIV. — *Ibid.* liv. III, chap. XI, § XVIII, *num.* 1 et 2.

qu'il faut pour qu'ils ne s'enfuient pas; mais il n'a pas le droit de les contraindre à travailler, *puisque ce serait la même chose que se servir du gage* (*a*). Comme personne n'a droit sur la vie d'un autre, on ne peut engager la vie des ôtages; conséquemment on ne peut engager que leur liberté. Cependant ils ne sont pas pour cela esclaves; mais ils le deviennent lorsqu'on ne fait pas ce pourquoi ils avaient été donnés, et alors on peut les retenir en captivité (*b*); mais on ne peut les tuer» (*c*).

Vattel a dit : « Le Souverain qui reçoit des ôtages, n'a d'autre droit sur eux, que celui de s'assurer de leur personne pour les retenir jusqu'à l'entier accomplissement des promesses dont ils sont le gage. Il peut donc prendre des précautions pour éviter qu'ils ne lui échappent; mais il faut que ces précautions soient modérées par l'humanité, envers des

---

(*a*) Il faut convenir que c'est ici tirer la conséquence d'un peu loin.

(*b*) *Voy.* à ce sujet ce que nous avons dit ci-dessus, § II, pag. 195 et suiv.

(*c*) WOLFF, Instit. du Droit de la Nat. et des Gens, tom. II, 4e *part.*, chap. V, § MCLI.

gens à qui on n'est point en droit de faire souffrir aucun mauvais traitement; et elles ne doivent point s'étendre au-delà de ce qu'exige la prudence.

« La liberté seule des ôtages est engagée, et si celui qui les a donnés manque à sa parole, on peut les retenir en captivité. Autrefois on les mettait à mort en pareil cas : cruauté barbare, fondée sur l'erreur. On croyait que le Souverain pouvait disposer arbitrairement de la vie de ses sujets, ou que chaque homme était le maître de sa propre vie et en droit de l'engager, lorsqu'il consentait à se donner comme ôtage.... Cependant dans un temps où cette affreuse coutume n'était que trop autorisée, le grand Scipion déclara hautement qu'il ne ferait point tomber sa vengeance sur d'innocens ôtages, mais sur les perfides eux-mêmes qui les avaient abandonnés, et qu'il ne savait punir que des ennemis armés... (*a*). Tout ce qu'une pareille coutume peut opérer, c'est

(*a*) (*Voy.* Tit.-Liv., XXVIII, cap. XXXIV, *num.* 10.)
L'empereur Julien fit la même déclaration au rapport d'Eunapius, *Excerpt. legat.* 1, pag. 213, *edit. Commelin.*

l'impunité entre les Nations qui la pratiquent. Quiconque la suit ne peut se plaindre qu'un autre en fasse autant; mais toute Nation peut et doit déclarer qu'elle la regarde comme une barbarie injurieuse à la nature humaine.

« Ajoutons encore à ces exemples un fait également mémorable. Narsès, général des troupes de Justinien, faisant le siége de Lucques, les habitans et la garnison signèrent une capitulation par laquelle ils promirent de rendre la place, s'ils n'étaient pas secourus dans trente jours, et ils livrèrent des ôtages pour sûreté de cette capitulation. Le délai expiré, la place cependant ayant continué de se défendre, quelques officiers de Narsès furent d'avis de faire mourir les ôtages, afin de punir l'infidélité des assiégés; mais Narsès, trouvant qu'il y aurait de l'inhumanité et de l'injustice à faire tomber sur des innocens la faute des coupables, rendit les ôtages, et continua simplement de battre la place.

« Il est beau de voir aujourd'hui les Nations européennes se contenter entre elles de la parole des ôtages. Les seigneurs anglais remis à la France, en cette qualité, suivant le traité d'Aix-la-Chapelle, en 1748, jusqu'à la restitution du cap Breton, liés par leur seule parole, vivaient à la Cour et dans Paris plutôt en ministres de leur Nation, qu'en ôtages (*a*).

Enfin plus récemment, l'auteur des institutions du Droit de la Nature et des Gens a dit beaucoup mieux encore : « Si le Souverain qui a fourni un ôtage manque à sa parole, quel droit cela donne-t-il sur ce dernier? Le manque de parole établit l'état de guerre; et de là il résulte que le pays qui n'a pas rempli ses engagemens, peut être traité hostilement. Ainsi, en principe, l'ôtage peut tout au plus être considéré et traité comme prisonnier de guerre : tout ce qui outrepasserait cette mesure, serait une injustice, une vexation gratuite, une cruauté, lors même que l'ôtage est livré à discrétion. Anciennement on pensait que l'on pouvait mettre des ôtages à mort; mais il suffit d'énoncer une pareille doctrine, pour faire

(*a*) Droit des Gens, liv. II, chap. XVI, § 246, 247, 261. — BARRE, Histoire générale d'Allemagne, vol. II, pag. 62 et 63. — *Voy. aussi* Félice sur Burlamaqui. Principes du Droit de la Nature et des Gens, tom. VIII, chap. XII, *rem.* 187.

sentir combien elle répugne à l'humanité. On n'a le droit de tuer ni les habitans, ni le souverain, non armés, d'un pays avec qui l'on est en guerre : comment donc s'arrogerait-on un pareil droit à l'égard des ôtages, qui sont bien une espèce de gage, mais non des garans? Dans la réalité, ils ne procurent qu'une sûreté morale, qu'une sûreté d'opinion : ils ne sauraient être punis pour des faits auxquels ils n'ont pu avoir aucune part. Si leur Souverain ou leurs concitoyens les abandonnent, peuvent-ils être victimes d'une telle perfidie, d'une pareille lâcheté? L'humanité réclame ici tous ses droits; et s'ils ne suffisaient pas, la prudence conseillerait du moins de craindre et de prévenir les représailles » (*a*).

---

(*a*) M. Gérard de Rayneval. Instit. du Droit de la Nat. et des Gens, liv. III, chap. VIII, § 3 et 4.

## § V *et dernier.*

### DES TRANSFUGES.

SOMMAIRE. Position de la question.

1° Le Droit des Gens autorise-t-il à accueillir les transfuges.

2° Quelle conduite la prudence et l'honneur prescrivent-ils à leur égard.

« *Transfugam jure belli recipimus.* »
DIGEST.

« On ne peut s'engager, même pour sauver sa vie,
« à combattre contre sa patrie. » FÉLICE.

Position de la question.

Sous les gouvernemens despotiques et violens, les déserteurs furent souvent punis de mort. Une des lois du code Justinien permettait à chacun de les tuer sur-le-champ et sans autre forme de procès; et on appelait cela « une permission d'exercer la vengeance publique pour le bien commun (*a*). *Opprimendorum desertorum facultatem provincialibus jure permittimus. Qui se resistere ausi fuerint, in his velox ubique jubemus esse supplicium. Cuncti etenim, adversus latrones publicos de-*

(*a*) GROTIUS, Droit de la guerre et de la paix, liv. I, chap. IV, § XVI. — *Ibid.* liv. II, chap. XX, § XVII, *num.* 4.

*sertoresque militiæ, jus sibi sciant pro quiete communi exercendæ publicæ ultionis indultum* » (*a*).

On sent assez quelle était la barbarie d'une semblable législation.

Il serait superflu de s'étendre sur la démonstration de ses suites funestes : et il ne peut d'ailleurs être question ici des détails de cette partie secondaire de la législation ; ces dispositions de lois particulières, relatives à la punition de ceux qui ont lâchement abandonné leurs drapeaux pour se soustraire à l'exécution d'un devoir sacré (*b*), sont circonscrites dans la sphère du *Droit pénal*, que nous avons dit être une émanation, une conséquence directe des principes élémentaires du Droit public, un des premiers moyens d'en assurer l'observation, et dont nous avons, d'après cela, cherché à bien apprécier le véritable esprit dans le premier volume de cet ouvrage (*c*).

(*a*) Cod. lib. III, tit. XXVII. *Quando liceat unicuique sine judice se vindicare*, etc, leg. II.

(*b*) *Voy.* vol. I, pag. 99; et *ci-après*, 2e *part.*, vol. IV, chap. II, tit. I.

(*c*) *Voy.* vol. I, pag. 359 et suiv.

Sous quel point de vue convient-il donc d'envisager les questions qu'il s'agit présentement d'examiner?

1° Rechercher en principe si le Droit des Gens, en temps de guerre, autorise à accueillir les transfuges des puissances ennemies;

2° Déterminer quelle conduite la prudence et l'honneur obligent de tenir à leur égard;

Telles sont les deux propositions dont le développement doit nous occuper en ce moment.

Le Droit des Gens autorise-t-il à accueillir les transfuges.

*Premièrement,* il n'est pas, il faut en convenir, de question plus embarrassante et plus difficile à résoudre en principe, que celle de savoir si le Droit des Gens autorise l'admission respective des transfuges entre les puissances ennemies en temps de guerre, si ces puissances n'ont pas le droit réciproque de profiter des défections qui peuvent s'opérer chez l'une en faveur de l'autre.

D'une part, on pourra alléguer, comme l'ont fait quelques auteurs, que si la civilisation était arrivée plus près de l'état de perfection où elle doit certainement parvenir un jour d'après les vues manifestes de la Providence, ce moyen de succès serait peut-être un de ceux dont l'humanité aurait le moins à souffrir; que si les hommes en général s'éclairaient assez avec le temps, comme il y a lieu de l'espérer, sur le caractère évident des vrais principes du Droit politique, il serait à désirer qu'alors les entreprises hostiles *manifestement iniques* des Gouvernemens fussent universellement désertées; que les guerres contre lesquelles l'équité se prononce hautement, et dont, en réalité, quels que soient l'éclat et les apparences trompeuses des premiers succès, l'issue définitivement est toujours funeste, trouvassent ainsi en elles-mêmes un obstacle invincible pour les faire échouer au premier moment de l'exécution; qu'il vaut mieux en effet que le vaisseau soit retenu dans le port par la prudence des passagers, la sagacité des matelots, la prévoyance de l'équipage, que de faire voile sous la conduite d'un pilote cupide, ignorant, présomptueux, pour aller bientôt, dans sa course vagabonde et insensée, échouer sur la plage lointaine où s'engloutiront sans retour tant de folles espérances, d'odieux et chimériques projets de brigandage, d'usurpations et de conquêtes....

On alléguera encore « que la manière la plus sûre de fixer les citoyens dans leur pays, ainsi que l'a dit l'auteur du Traité des Délits et des Peines, est d'augmenter le bien-être respectif de chacun » (*a*).

On alléguera peut-être aussi les paroles et l'opinion de Burlamaqui, lorsqu'il s'exprime ainsi : « On demande si les citoyens peuvent sortir de l'État en troupes. Grotius et Pufendorf sont là-dessus d'un sentiment opposé. Pour moi, il me semble qu'il ne peut guère arriver que les citoyens sortent en troupes, que dans l'un de ces deux cas : ou quand le gouvernement est tyrannique; ou lorsqu'une multitude de gens ne peut subsister dans le pays, comme si les manufacturiers, par exemple, ou d'autres ouvriers, ne trouvaient plus de quoi fabriquer ou débiter leurs marchandises.

---

(*a*) (Traité des Délits et des Peines, § 35.)

« Comme tout État, ajoute l'auteur de cet ouvrage, doit s'efforcer de faire pencher la balance du commerce en sa faveur, de même c'est le plus grand intérêt d'une Nation que la somme du bonheur y soit plus grande que chez les Nations voisines » (*Ibid.*)

« Dans ces circonstances les citoyens peuvent se retirer comme ils veulent, et ils y sont autorisés en vertu d'une exception tacite.

« Si le Gouvernement est tyrannique, c'est au Souverain à changer de conduite, et aucun citoyen ne s'est engagé à vivre sous la tyrannie.

« Si la misère presse les citoyens de sortir, c'est là encore une exception favorable aux engagemens les plus exprès. » ....(*a*).

Nous avons nous-mêmes établi en plusieurs endroits de cet ouvrage, et on pourra chercher à le rattacher ici, que nul ne doit en effet être contraint à habiter, malgré lui, dans un pays où il croit ne pouvoir trouver ni sûreté, ni repos, ni bonheur; que le droit d'abandonner le sol qui nous a vus naître résulte de l'une des facultés qui constituent la liberté naturelle, dont nul homme ne peut être légitimement dépouillé; que c'est à ceux qui sont chargés de la conduite des peuples de les diriger avec assez de sagesse pour ne pas faire naître dans le cœur des sujets de

(*a*) Principes du Droit de la Nat. et des Gens, tom. VI, 2e *part.*, chap. V, § VII.

l'État le désir de s'expatrier; de les gouverner de manière à attacher chaque citoyen à la patrie, au sol, aux institutions, autant par intérêt et par amour, que par devoir (*a*).

Mais, d'autre part, on objectera, non sans beaucoup de force et de raison, que ce n'est pas ici le lieu de faire l'application de ces vérités; qu'il est manifeste sans doute que la civilisation et les mœurs doivent s'améliorer avec le temps; mais que, dans le plus haut degré de perfectibilité possible, ainsi que dans l'état actuel des choses, une portion quelconque de l'armée, comme l'armée tout entière, doit être essentiellement et par-dessus tout, subordonnée, obéissante et passive; que le devoir véritable d'un soldat se bornera toujours à défendre le poste qui lui est confié; que ce n'est pas à lui qu'il appartient de prononcer sur les motifs de la guerre, et de peser les raisons déterminantes de la conduite du Gouvernement, lorsque le Gouvernement a résolu de la déclarer ou de la soutenir; que quelles que soient en théorie les lumières d'un

(*a*) *Voy. ci-dessus*, vol. I, pag. 65. — Liv. II, pag. 158. — Vol. III, liv. III, pag. 58 et suiv.

citoyen, d'un soldat, il ne peut jamais être en position de connaître et d'apprécier les faits dont l'examen et le rapprochement seraient indispensables pour former un bon jugement ; et que conséquemment s'il est sage, la première et la plus grande preuve de sagesse qu'il puisse donner, c'est de s'abstenir de juger là où il ne doit que se soumettre et agir (*a*); que les conséquences d'un systême contraire seraient graves et funestes ; qu'elles pourraient aller, dans le cas même d'une guerre indispensable et juste, jusqu'à livrer le territoire à l'invasion des troupes ennemies ; que, si la civilisation et les institutions s'améliorent, les guerres iniques seront plus rares, et que c'est alors qu'une confiance entière, une obéissance absolue, sont dues au Gouvernement de l'État, sur-tout par les soldats ; qu'enfin jusque-là ce serait déja pousser loin le principe de l'indépendance naturelle appliqué à la question qui nous occupe, que d'admettre en principe l'obstacle résultant de la force d'inertie, d'une sorte d'opposition mo-

(*a*) Il serait fort à désirer qu'en général on sût dans le monde se faire l'application de cette réflexion.

rale émanant de l'armée, sans proclamer encore comme un autre principe ce systême désastreux qui aurait pour résultat de légitimer la désertion, et d'exciter les guerriers à abandonner leurs rangs pour passer dans ceux de l'ennemi.

Si la force de ces considérations, puissantes sans doute, suffisait pour toucher et convaincre les Peuples et leurs Gouvernemens, il deviendrait superflu d'entrer dans l'examen de notre seconde proposition : car l'admission des transfuges étant une chose reconnue mauvaise en soi, injuste et conséquemment réprouvée par le Droit, les Peuples seraient respectivement tenus de s'en abstenir, et toute discussion ultérieure sur la conduite que l'on doit tenir à leur égard après leur admission, n'aurait plus d'objet.

Que si, au contraire, par les raisons que nous avons d'abord énumérées ou par tous autres motifs, on adopte l'opinion que le Droit n'oblige pas les Nations que des débats politiques divisent, à repousser loin d'elles les transfuges qui croient devoir abandonner les drapeaux qu'elles vont combattre, et que ces défections sont, pour chacune des parties opposées, un avantage dont il est dans l'ordre naturel des choses qu'elles puissent respectivement profiter, on doit alors, de toute nécessité, aborder et résoudre la question de savoir comment il faut, en les admettant, se comporter à leur égard; et cette seconde proposition devient même alors la plus importante, celle qu'il convient le plus d'étudier, celle dont l'examen appartient spécialement au Droit des Gens.

Or cette dernière manière d'envisager les choses est l'opinion généralement reçue, et de graves auteurs ont cru, sans aucune difficulté, devoir se ranger de ce sentiment. Grotius entre autres, d'après les jurisconsultes romains, s'en explique formellement en plusieurs endroits de son Traité de la Guerre et de la Paix: « On reçoit un transfuge par droit de guerre, dit le jurisconsulte Celsus, *transfugam jure belli recepimus* (*a*); c'est-à-dire qu'il n'est pas contre le droit de la guerre de recevoir ceux

(*a*) Digest., lib. XLI, tit. I, *de adquir. rerum. domin.*, leg. LI. — *Voy.* aussi sur cette loi CUJAS, *observ.*, lib. IV, cap. IX; et Pierre DUFAUR, *semestr.*, lib. II, cap. III, pag. m. 13.

qui quittent le parti ennemi pour se ranger du nôtre » (*a*).

Passons donc à l'examen de la proposition subséquente.

Quelle conduite la prudence et l'honneur prescrivent-ils de tenir à l'égard des transfuges.

*Secondement*, reste à préciser quelle conduite la prudence et l'honneur ordonnent de tenir envers ces mêmes transfuges.

Or la prudence prescrit évidemment de ne pas les admettre en corps trop nombreux, lors même que l'on croit être parfaitement assuré de leur foi. La désertion n'est souvent qu'un piége tendu à l'inexpérience et à la crédulité. L'exemple de Zopire, celui de Sextus, fils de Tarquin, celui du fourbe Sinon, et bien d'autres encore, en font foi (*b*). La prudence commande quelquefois de ne pas les admettre en armes, de leur donner diverses directions, de leur assigner, pour lieux de cantonnemens

(*a*) GROTIUS. Droit de la guerre et de la paix, liv. III, chap. I, § XXII. — *Ibid.* liv. III, chap. XII, *num.* I, etc. etc.

(*b*) *Voy.* HERODOT., lib. III, cap. CLIV et seq. — JUSTIN, lib. I, *cap. ult.* — TIT.-LIV., liv I, cap. LIII et LIV. — VIRG. *AEneid.*, lib. I, *vers* 65. — PUFENDORF, Droit de la Nat. et des Gens, liv. VIII, chap. XI, § 5. — GROTIUS, de la guerre et de la paix, liv. III, chap. XXIV, § 2.

ou de résidence, des villes éloignées les unes des autres, et, par-dessus tout, de ne pas les rapprocher du théâtre de la guerre. C'est de cette manière qu'il est possible de parer à l'objection qui peut se présenter, et que Burlamaqui se fait, lorsque, parlant du passage d'une armée sur un territoire neutre, il dit: « Il faut avouer que le passage d'une armée entière est sujet à trop d'inconveniens pour décider avec Grotius, que les Nations soient obligés par Droit naturel de se l'accorder réciproquement » (*a*).

Voilà donc en premier lieu les lois que dicte la prudence, sous plusieurs rapports, à l'égard des transfuges; mais l'honneur, sous l'un de ces rapports, exige peut-être plus encore.

L'honneur commande de ne pas les contraindre à tourner leurs talens et leur courage contre leur patrie; il ordonne même de ne pas les y provoquer. « Il faut conclure avec Grotius, dit encore Burlamaqui, qu'on ne peut jamais en conscience séduire, ni solliciter à la

---

(*a*) Principes du Droit de la Nat. et des Gens, tom. VII, 3e *part.*, chap. VI, § 3.

trahison les sujets de l'ennemi, puisque c'est les porter positivement et directement à commettre un crime abominable, et auquel, sans cela, ils n'auraient peut-être jamais pensé d'eux-mêmes» (*a*); enfin, l'honneur défend de se prêter à ce qu'ils puissent, de leur propre mouvement, en agir de cette sorte.

Sans doute, il n'est pas sans exemple que les Gouvernemens et les Peuples eux-mêmes aient commis de grandes injustices, et se soient livrés à d'effroyables cruautés.

Les Gouvernemens et les Peuples eux-mêmes tombent par fois dans d'extrêmes égaremens, dans de criminels excès, en un mot, dans un si complet oubli de tous les principes de droiture et d'équité, qu'ils semblent s'efforcer par-là de rompre de leurs propres mains, les nœuds les plus sacrés de l'ordre, de l'harmonie, du bien-être social.

Lors donc que les Nations se trouvent ainsi manifestement abandonnées de la protection

---

(*a*) Principes du Droit de la Nat. et des Gens, t. VIII, 4e *part.*, chap. VI, § IX.

divine, lorsqu'elles sont en proie à cet esprit de vertige, d'aveuglement et de fureur, qui les tourmente et les déchire, à cet ange de ténèbres et de malheurs, qui les entraîne, de chûtes en chûtes, dans un gouffre de misère et d'iniquités, il peut bien être permis à ceux que le torrent menace d'engloutir, de fuir une terre de toutes parts dévastée par le meurtre et l'incendie, un sol fumant par-tout de carnage; il est bien permis, à l'homme juste, ami de la paix et de l'humanité, d'aller chercher, sur les rives étrangères, liberté, justice, tolérance et sécurité; mais alors aussi, ce même homme, citoyen ou guerrier, dans son exil, déplorant les maux, gémissant sur l'infortune de cette patrie qui lui sera toujours chère, formera, dans la sincérité de son cœur, les vœux les plus ardens, pour qu'elle puisse enfin sortir de l'abyme; pour que, le ciel lui rendant son appui, elle triomphe tout-à-la-fois de ses ennemis et de ses propres erreurs, et se relève un jour, glorieuse et régénérée, du sein même des ruines dont tant de causes réunies, quoique opposées, l'avaient environnée.

Il n'armera donc pas son bras, pour laver ses outrages et venger son exil dans le sang de ses concitoyens, pour élargir les plaies, pour aggraver les douleurs d'une triste patrie, dans ces jours de calamités et de deuil général. Celui dans le cœur duquel l'honneur aura jeté de profondes racines, le citoyen pénétré des sentimens d'amour qui doivent l'attacher à son pays, l'homme doué d'un noble et grand caractère, trop malheureux déja de laisser les siens en proie à tant d'horreurs, se gardera bien de céder aux basses inspirations de l'intérêt personnel, aux sentimens de la haine, à la soif de la vengeance; on ne le verra pas rentrer, le reproche et l'injure dans la bouche, la flamme, le poison ou le fer à la main, au sein de sa famille, et s'efforcer d'y apporter de plus tous les désastres d'une guerre étrangère. Loin d'adopter pour règle de sa conduite les fureurs d'Hippias et de Coriolan, il saura plutôt se résigner à l'exil, à la mort, comme Aristide ou Thémistocle. Car, dit le professeur Félice, « on ne peut jamais s'engager, même pour sauver sa vie, à servir contre sa patrie; et un homme de cœur périra mille fois plutôt que de contracter ce honteux engagement » (*a*).

Si, donc, telles sont les lois sévères du patriotisme et de l'honneur, ne serait-ce pas les outrager d'une manière encore plus scandaleuse, que d'exciter et sur-tout de contraindre quiconque veut leur rester fidèle, à les méconnaître, à devenir traître et parjure?

Et d'ailleurs les conseils de la prudence ne sont-ils pas encore ici parfaitement d'accord avec ces leçons de l'honneur? Quelle confiance avoir dans la coopération d'hommes ulcérés

---

(*a*) (Principes du Droit de la Nat. et des Gens, t. VIII, 4e *part.*, chap. IX, § XX, *rem.* 163.)

— Thémistocle, banni par les Athéniens, auxquels la supériorité de ses talens avaient porté ombrage, refusa constamment les offres d'Artaxerxès, qui voulait lui donner le commandement général de ses armées, dans la guerre qu'il résolut d'entreprendre contre la Grèce; et ne voulant, ni se rendre coupable d'un refus envers son bienfaiteur, ni porter les armes contre sa patrie, il se donna la mort.

Combien de Français, aussi généreux que lui, et dont les noms seraient dignes d'une même célébrité, victimes peut-être d'une plus criante injustice, et tombés dans le dernier degré de l'infortune, sans secours, sans pain, sans asyle, n'en ont pas moins imité en ce qu'il devait

et transfuges, qui peuvent bien céder à l'ardeur d'un ressentiment d'autant plus violent qu'il sera plus récent, mais chez qui les premiers devoirs, les sentimens naturels et généreux reprendront peut-être, avant peu, leur ascendant, et qui alors sentiront leur haine s'émousser, leur bras défaillir, au moment où il faudra diriger leurs coups contre des concitoyens, des amis, des parens et des frères ?

Il est si naturel de n'avoir qu'une confiance imparfaite dans l'assistance des transfuges que l'on admet à combattre dans ses rangs contre

---

l'être, et donné à leur tour ce noble exemple de patriotisme et de vertu ?

Que si d'autres, au contraire, s'en écartèrent, on ne doit pas penser que nous ayons voulu faire ici une censure trop sévère de leur conduite. Car il est une autre vérité de fait et dont on ne saurait disconvenir ; c'est que là où règne le despotisme ou l'anarchie, il devient comme impossible de reconnaître la patrie, et de savoir par quels moyens on peut encore la servir. Tels seront toujours, par la force même des choses, les tristes résultats de ces deux fléaux des societés humaines ; et c'est ce que le premier volume de la seconde partie de cet ouvrage aura particulièrement pour but de rendre plus sensible encore.

leur propre patrie, qu'en semblable occurrence on vit toujours les généraux expérimentés dresser leurs plans, disposer l'ordre du combat, de manière à prévenir la trahison, et à rendre l'action de ces auxiliaires comme nécessaire et forcée; mais, pour cela, on se trouve contraint de paralyser ses propres forces, d'en mettre une partie en réserve; et encore faut-il dire qu'en pareil cas les plus savantes dispositions furent souvent inutiles, et n'empêchèrent pas que l'emploi des transfuges ne devînt fatal à ceux qui se virent contraints d'y avoir recours. Qu'est-ce en effet qu'une armée sans ensemble, sans union, sans confiance, où nul n'est assuré d'être secondé par celui qui doit combattre à ses côtés, où les généraux, les capitaines et les soldats, pleins de défiance et de soupçon, ne sont occupés, au jour même du combat, qu'à s'observer mutuellement avec inquiétude? Quel espoir fonder sur le succès de ses entreprises? Par quelle sorte d'événement miraculeux les verrait-on favorisées de la victoire?

On l'a remarqué depuis long-temps déjà; ce qui soutient et fortifie le courage des soldats, ce qui fait la force et assure le triomphe d'une armée, c'est, sinon la confiance même du succès, du moins la certitude générale que chacun en particulier fera son devoir, que tous les efforts, unis et concordans, seront dirigés vers le même but.

Au contraire, toute réunion militaire, tout corps, toute armée, toute ligue, avant la bataille, sera déja à demi-vaincue, si l'action et le courage des braves même, peuvent être ralenties par la crainte, qu'ils seront fondés à concevoir, d'être lâchement abandonnés dans le danger, si le plus vaillant guerrier se voit réduit à ne devoir compter que sur son propre courage. Miltiade n'eût pas triomphé de Darius à Marathon, si, moins confiant dans ses propres troupes, il eût attendu pour combattre, l'assistance des alliés, quoique ces alliés fussent des Spartiates; et les Grecs sous la conduite de Xénophon ne fussent pas revenus dans leur patrie, à travers des pays inconnus, malgré les plus grands obstacles, après avoir remporté autant de victoires qu'ils rencontrèrent de peuples différents sur leur route, si, dans leur retraite, ils avaient pu craindre la trahison jusque dans leurs rangs, et si la confiance et l'union intime n'eussent au contraire soutenu leur espérance et leur courage.

---

## CONSIDÉRATION GÉNÉRALE,

### 1° *Sur les Principes élémentaires du Droit des Gens, en temps de Paix.*

SOMMAIRE. Les hommes ne sont pas ennemis, par cela seul qu'ils sont membres de différentes sociétés politiques, et nés sous divers climats.

Motifs d'après lesquels les étrangers ne doivent pas entreprendre de se faire justice individuellement par eux-mêmes.

> « *Hæc societas diligenter et sanctè obser-*
> « *vanda est, quæ nos omnes omnibus*
> « *miscet et judicat aliquod esse commune*
> « *jus generis humani.* »
>
> SENEC., Ep. XLVIII.

Nous nous trouvons naturellement amenés à reproduire ici une vérité que nous avons déja eu l'occasion d'énoncer.

Nous avons dit (section II, paragraphe 3 de ce titre) qu'il est dans l'ordre naturel des choses, comme cela est aussi de fait, que les principes du Droit public soient plus religieusement observés chez les peuples naissans ou peu civilisés, que chez les nations où le territoire et la population se sont fort étendus, sans que les institutions y aient été proportionnellement perfectionnées; qu'il est également naturel, comme cela est encore justifié par le fait, que, chez les premiers, les principes du Droit des Gens soient moins exactement observés que chez ces grandes nations où les arts, les sciences, l'industrie, se sont successivement développés, où le commerce et les relations extérieures se sont progressivement étendus; qu'en un mot, « *les progrès des lumières et de la civilisation conduisent à la conviction que l'honnête homme doit être aujourd'hui tout-à-la-fois bon citoyen et ami de l'humanité* » (*a*).

Cette vérité est d'une si haute importance et d'une telle étendue dans ses justes conséquences, que, si nous n'avons pas cru devoir la présenter, ainsi que l'ont fait quelques auteurs, comme servant de base à tous les principes élémentaires du Droit des Gens, il est au moins évident que, lorsqu'ils sont posés, établis et développés, elle peut servir à faire mieux comprendre quelle est la puissance et la force obligatoire de ces principes, et con-

(*a*) *Voy. ci-dessus*, vol. III, pag. 231 et suiv.

tribuer ainsi à leur imprimer une sorte de sanction.

Nous essaierons donc, dans cette vue, de lui donner un nouveau degré d'évidence; nous nous attacherons sur-tout à prouver par quelques exemples qu'elle fut toujours dans la pensée des hommes dont la sagesse et les lumières ont devancé celles de leurs siècles.

Au milieu de tous les êtres animés qui peuplent la terre, le genre humain ne forme bien réellement qu'une même famille dont tous les membres doivent être portés à s'aimer, à se secourir, à se rendre réciproquement service.

Sans doute on ne peut pas nier que, lorsque les hommes font partie de peuples différens, ils ne peuvent, ils ne doivent même pas avoir mutuellement un dévouement semblable, un attachement égal à celui que des compatriotes se doivent; étrangers les uns aux autres par les mœurs, le langage et les habitudes, nés souvent à de grandes distances, séparés par des fleuves, des montagnes, des déserts et des mers; paraissant, jusqu'à un certain point, opposés d'intérêts, la nature ne les unit pas par les liens plus sacrés, par les principes éminemment obligatoires du Droit public.

Ainsi la société humaine, dans son ensemble, peut être considérée comme étant à la patrie, ce que la patrie est elle-même par rapport à la famille, à une société particulière formée par les liens du sang ou par ceux de l'amitié.

Mais de ce qu'il n'est pas dans la nature que l'attachement aux devoirs respectifs établis entre les hommes par le droit commun, atteigne au même degré de force et d'énergie que leur attachement aux devoirs qui leur sont prescrits par le Droit public; de ce qu'ils font partie de différentes sociétés politiques; de ce qu'ils sont nés en divers climats, il ne suit pas, à beaucoup près, que les hommes doivent se haïr et chercher à se nuire.

Au contraire, de même que l'affection particulière que nous portons à notre famille, à nos proches, ne doit jamais, dans la vue de leur être utile, nous engager à porter atteinte aux droits de nos concitoyens; de même que l'amitié la plus vive, l'affection la plus tendre, l'amour le plus sincère pour nos amis, nos parens, nos frères, nos enfans, nous prescrivent de garder entre eux et nos autres concitoyens, comme entre nos concitoyens et nous-mêmes, une égalité parfaite de droit et d'équité; que leur propre intérêt, aussi-bien que le nôtre, le veut ainsi, parce qu'il n'existe de bonheur réel et durable que dans l'observation rigoureuse et la pratique constante de ces lois d'équité (*a*); de même aussi l'affection dont nous sommes redevables à notre patrie, à tous nos compatriotes, ne doit jamais nous déterminer à être haineux et injustes envers les étrangers, à porter aucune atteinte à leur sûreté, à leur liberté, à leur propriété; en un mot, à leur causer un préjudice quelconque, pour accroître nos richesses ou nos jouissances.

De ce qu'il est dans la nature et dans la volonté du Créateur que les sentimens d'affection et d'amour soient plus vifs et plus forts entre parens, amis, concitoyens, qu'ils ne le sont entre hommes faisant partie de peuples différens, il ne s'ensuit certainement pas que les habitans des contrées les plus éloignées, que les hommes les plus étrangers les uns aux autres par le langage, les traits,

---

(*a*) *Voy. ci-dessus*, vol. 1, pag. 108 et suiv.

la forme, la couleur, ou par quelque autre différence plus ou moins sensible de conformation extérieure, ne doivent pas se sentir unis et comme portés les uns vers les autres par un sentiment commun de sympathie et d'humanité. Les variations nombreuses d'une même espèce ne sont pas, même parmi les animaux, une cause d'antipathie et de haine; comment donc ces mêmes différences seraient-elles, pour chacun des membres de l'espèce humaine, un motif de haine et d'aversion?

On demandait à Confucius quels étaient ses désirs. — «Mes désirs, répondit-il, ont pour objet tout le genre humain : de ses intérêts, je fais les miens.»

On demandait à Socrate d'où il était. — Il ne répondit pas, d'Athènes, mais du monde.

— «J'ai deux patries, disait un empereur: en tant qu'Antonin, Rome; en tant qu'homme, l'univers.»

Ce même philosophe dont la raison éclaira l'hémisphère oriental, dont la sagesse profonde a percé la nuit des ans, et brille encore à nos yeux d'un vif éclat, Confucius dit encore : «Le sage a pour base de toutes ses vertus l'humanité : l'amour dû à tous les hommes n'est pas quelque chose d'étranger à l'homme ; c'est l'homme même : sa nature le porte à les aimer tous ; ce sentiment lui est aussi naturel que celui de l'amour de soi ; c'est le caractère qui le distingue éminemment de tous les êtres créés ; c'est l'analyse de toutes ses lois. Si l'amour que l'on doit à son père, à sa mère, est d'une force supérieure à celle de l'amour qui a pour objet tout le genre humain, il lui sert comme de degré, et nous y mène insensiblement. C'est de cet amour universel que vient cette justice qui fait que l'on rend à chacun ce qui lui appartient. La différence qui se trouve entre l'amour que l'on a pour ses parens et celui que l'on a pour les autres hommes, entre cet amour que l'on a pour les hommes habiles et vertueux, et celui que l'on a pour ceux qui ont moins d'habileté et de vertu, est comme une véritable harmonie, une symétrie de devoirs que la raison du ciel a établie, et à laquelle nous ne pouvons rien changer. »

— « Nous devons, dit Sénèque, nous regarder comme étant les membres d'un grand corps : la nature nous a tirés tous de la même source, et par-là nous a faits parens les uns des autres; elle-même a établi la justice et l'équité ; elle nous a donné des mains pour nous aider les uns les autres; et l'on est plus à plaindre lorsque l'on cause du dommage, que lorsqu'on en reçoit. *Membra sumus corporis magni; natura nos cognatos edidit, cùm ex iisdem et eadem gigneret : hæc nobis amorem indidit mutuum et sociabiles fecit : illa æquum justumque composuit; ex illius constitutione miserius est nocere quàm lædi; sunt ad juvandum manus* » (*a*).

Cicéron dit : « Nous sommes nés les uns pour les autres, aussi-bien que pour nous-mêmes; et nous devons nous considérer comme divers membres d'un même corps, et nous aimer sincèrement et véritablement les uns les autres. Bien loin de faire des injustices à qui que ce soit, il n'y a pas d'homme que nous ne devions toujours être prêts d'assister, de secourir, de protéger, et pour qui nous ne devions faire ce que chacun ferait pour son meilleur ami.

(*a*) Senec. Epist. xcv.

Comme la justice doit être l'unique règle de nos actions, le bien de la société humaine en doit être l'unique but; et il n'y a pas de travail que nous ne devions entreprendre, ni de péril auquel nous ne devions nous exposer pour ses intérêts....

« C'est un devoir que la nature nous impose, de nous livrer aux plus grands travaux pour secourir et conserver, s'il est possible, toutes les nations, imitant ainsi cet Hercule que la renommée, chargée de récompenser les bienfaits, a mis au rang des dieux. *Est secundum naturam, pro omnibus gentibus, si fieri possit, conservandis aut juvandis, maximos labores molestiasque suscipere, imitando Herculem illum quem hominum fama beneficiorum memor in concilio cœlestium convocavit* » (*a*).

Montaigne cite la réponse de Socrate, que nous venons de rapporter, et y ajoute cette réflexion : « Lui qui avait l'imagination plus pleine et plus étendue, embrassait l'univers comme sa ville, jetait ses connaissances, sa société, ses affections à tout le genre humain;

(*a*) CICER., Rhét. lib. V. — De offic., lib. III, cap. V.

non pas comme nous, qui ne regardons qu'à nos pieds » (*a*).

Burlamaqui et son annotateur, s'appuyant aussi de l'opinion de Cicéron, s'expriment sur ce sujet en ces termes. « Ce n'est pas assez de s'acquitter des devoirs, que *la Justice civile* (*b*) nous impose. Nous avons remarqué plusieurs fois que la justice naturelle, cette justice qui forme l'honnête homme, l'homme vertueux, a des bornes beaucoup plus étendues que la justice civile, c'est-à-dire, que cette justice qui ne forme que *le bon citoyen* ; tellement qu'on pourrait être tout-à-la-fois juste suivant les lois civiles, et un vrai scélérat suivant *les Lois naturelles* (*c*)... L'homme doit donc, s'il veut agir en être raisonnable, s'acquitter non-seulement des devoirs *parfaits et rigoureux* ; mais aussi de ceux que les Jurisconsultes, ou les

(*a*) Essais. *De l'instit. des enfans*, liv. I, chap. XXV.

(*b*) Entendez plutôt le DROIT PUBLIC.

(*c*) Entendez ici les principes du DROIT POLITIQUE et ceux du DROIT DES GENS. D'après Burlamaqui lui même, les lois naturelles ont encore plus d'étendue; elles s'appliquent à l'ensemble du Droit en général. *Voy.* préf., pag. LXIV et suiv.; et liv. II, rem. au verso de la table.

Légistes, appellent *imparfaits et non rigoureux:* car, au tribunal de la raison, ils nous obligent tous également. A moins donc que nous ne voulions dire que les hommes en particulier sont obligés d'être honnêtes et vertueux, et qu'assemblés en corps politiques ils peuvent se passer de l'être; ou qu'ils ne soient obligés d'être honnêtes et vertueux qu'envers ceux avec qui ils forment un même corps, et qu'ils ne sont pas tenus de l'être envers ceux qui vivent dans un autre État et qui forment une société politique différente de la leur; en un mot, à moins que les hommes, par l'établissement des sociétés civiles, n'aient rompu toutes liaisons naturelles avec les autres hommes, et qu'ils n'aient été dispensés d'être honnêtes gens avec ceux qui ne seraient pas membres de leur corps politique; à moins, dis-je, qu'on ne soutienne de pareilles absurdités, les Nations doivent s'acquitter réciproquement de tous les devoirs de l'humanité, de tous ces droits que le jargon ordinaire des Légistes appelle *imparfaits et non rigoureux.*

« Oui! l'humanité, la compassion, la charité, la bienfaisance, la libéralité, la générosité, la patience, la douceur, l'amour de la paix, etc., etc., ne sont ni de vains noms ni des choses indifférentes pour les Nations. Ce langage paraîtra (*peut-être*) bien étrange à la politique des cabinets ; je n'en serais pas surpris : car il demande une connaissance complète des vrais intérêts des peuples, et cette connaissance est beaucoup plus rare qu'on ne pense. L'esprit humain est borné, et ceux qui se trouvent à la tête des affaires, partagent leur attention sur un nombre infini d'objets différens, en sorte qu'il est bien difficile qu'ils puissent porter leur vue sur tous ces points, aussi loin que la connaissance de la vraie politique et les véritables intérêts des Nations le demanderaient (*a*).

« Cicéron, cet homme incomparable, à la tête d'un si grand empire, et également grand lui-même à la tribune et dans le sénat, sentit parfaitement bien cette vérité : aussi regardait-il l'observation exacte de la loi naturelle et

(*a*) Pour philosopher utilement, remarquait Aristote, il faut du repos et de la tranquillité « *intellectus similis est cuidam otio et quieti non injucundæ.* » (*Voy.* l'Hist. crit. de la philos., tom. II, liv. IV, chap. XVII, § V.)

des devoirs de l'humanité, comme la politique la plus salutaire pour un État. *Nihil est quod adhuc de republicâ putem dictum et quo possim longius progredi, nisi sit confirmatum non modo falsum esse illud, sine injuriâ non posse, sed hoc verissimum, sine* summâ justitiâ *rempublicam regi non posse* (*a*).

« On sait que, par ces mots *summâ justitiâ*, Cicéron voulait exprimer cette justice universelle qui est l'entier accomplissement de la loi naturelle. Il s'en explique encore dans un autre passage par lequel il fait assez connaître qu'il ne borne pas les devoirs mutuels des Nations à la justice *civile* (*b*), en disant que rien n'est si conforme à la nature, si capable de donner une vraie satisfaction, que d'entreprendre, à l'exemple d'Hercule, les travaux même les plus pénibles pour la conservation et l'avantage de toutes les Nations...

« Loin donc de nous ces hommes d'un esprit borné qui ne voient et qui ne connaissent qu'eux-mêmes, qui ne tiennent qu'à eux-

(*a*) Fragm. ex lib. II de republ.

(*b*) *Voy. ci-dess.*, pag. 302 les notes (*b*) et (*c*).

mêmes, et y rapportent tout; qui ont le cœur trop petit pour contenir leurs semblables, et bornent leurs affections dans le cercle étroit qui les environne. Sous quelque climat qu'un homme soit né, il doit être l'objet de notre sollicitude, sans distinguer ni Européen, ni Américain, ni Africain, ni Asiatique (6). Le Droit des Gens réunit le Grec et le Barbare, le Chrétien et le Mahométan. Si cette petite portion de matière, que nous appelons notre corps, n'est que d'un pays, notre esprit doit voir par-tout des compatriotes. Tous les gens de bien sont parens, les méchans seuls sont étrangers » (a).

— « Il est juste, dit l'auteur de la Science du Gouvernement, d'avoir pour son mari, sa femme, son père et sa mère, son parent, son ami, une tendresse de préférence; mais il est une sorte d'affection que nous devons à tous les hommes, comme étant tous membres de cette famille générale du genre humain. Aimer les hommes et les traiter avec bonté, en considération seulement de leur simple qualité d'hommes, voilà l'humanité.

---

(a) Principes du Droit de la Nat. et des Gens, t. VII, ch. III, § I. — *Ibid.* ch. VI, § VIII. — *Ci-dess.*, v. II, p. 420.

« Ce sentiment, gravé dans nos cœurs, répond des autres vertus sociales, et les y suppose aussi imprimées. Celui qui aime un autre homme, quoiqu'il lui soit étranger, uniquement parce qu'il est homme, ne manquera pas, à plus forte raison, d'aimer celui à qui il tient par des nœuds plus sacrés, et qui joint à la qualité d'homme, celle d'ami, de parent ou de compatriote. Ce sera aussi un frein, qui, si l'on vient à rompre avec les personnes que l'on aimait d'un amour de préférence, empêchera que l'on ne se porte à des voies extrêmes, et à des excès criminels (*a*). Offensé grièvement par une épouse, un fils, ou tous autres qu'on chérissait spécialement, on pourra perdre ce vif amour qu'on sentait pour eux, mais

(*a*) Faisons sur-tout l'application de cette judicieuse réflexion, aux divisions qui naissent trop souvent des divergences d'opinion en matière politique dans un État, dans les sociétés les plus étroites, dans les familles : car, si l'imperfection des institutions est un grand mal, les dissensions et les haines entre parens, amis et concitoyens, sont un mal bien plus grand encore, et qui, loin de porter aucun remède au premier, le rend au contraire plus cuisant et plus funeste. *Voy.* vol. 1, pag. 118 et suiv. — vol. 11, pag. 37 et suiv.

on ne cessera pas du moins de les aimer à titre de créatures semblables à soi. Un homme véritablement humain ne peut que n'être pas l'ami d'un autre homme, mais il n'est jamais son ennemi » (*a*).

— « Il suffit d'être homme, dit un autre écrivain moderne, pour avoir des droits sur l'homme. L'humanité est un nœud fait pour lier invisiblement le citoyen de Paris et celui de Pékin. C'est un pacte qui engage également tous les membres de la grande famille, dont les différents peuples du monde ne sont que les individus épars. Ce pacte est la sauve-garde de notre race : il met chacun de nous en droit de réclamer la justice, la pitié, les bienfaits de tout être sensible, de quelque pays, de quelque religion, de quelque condition qu'il soit. La guerre, la cruauté, la conquête, l'intolérance, la dureté, sont des choses contraires à l'humanité.... » (*b*).

---

(*a*) Sc. du Gouvernement, tom. III, chap. V, sect. I, ayant pour titre : *Quelles liaisons il y a entre les hommes, quels devoirs en naissent, et dans quel ordre il faut les remplir.*

(*b*) Système social, *chap.* 10.

Voltaire dit :

« De l'Inde aux bornes de la France,
Le soleil, en son vaste tour,
Ne voit qu'une famille immense
Que devrait gouverner l'amour.
Mortels, vous êtes tous des frères :
Jetez ces armes mercenaires;
Que cherchez-vous dans les combats?
Quels biens poursuit votre imprudence?
En aurez-vous la jouissance
Dans l'horrible nuit du trépas » (*a*)?

Enfin, et par-dessus tout, cette religion dont tant d'hommes s'honorent aujourd'hui sans la pratiquer, et peut-être même sans la connaître; cette religion que de téméraires écrivains ont follement entrepris de déraciner, sans doute parce qu'ils en ignoraient les bases réelles et indestructibles, les éternels fondemens; cette religion, si différente aussi de ce qu'en font d'ignorans enthousiastes ou d'hypocrites dévots; cette religion, appui de tous les principes, de tous les droits et de tous les devoirs; cette religion essentiellement amie et protectrice de la liberté, de l'égalité, de la tolérance, du patriotisme, d'une prévoyante

(*a*) Ode sur la paix de 1736.

et compâtissante justice, de toutes les vertus sociales et naturelles, c'est-à-dire, de la saine et vraie philosophie; cette religion de raison, de vérité, de sagesse, d'indulgence, de douceur; cette religion si pure, si grande, si miséricordieuse et si belle dans l'admirable et précieuse simplicité de son divin auteur; en un mot, cette véritable religion évangélique, que prescrit-elle, si ce n'est d'aimer, de secourir, de protéger tous les hommes, de voir en eux des frères, et dans le genre humain une seule et même famille? C'est là l'analyse, la substance même de ses saints commandemens : et quiconque, homme, citoyen, prêtre, magistrat, ministre, législateur, prince ou monarque, ne s'applique pas à les pratiquer exactement, à y conformer religieusement ses pensées, ses discours et ses actions, n'a pas le droit de se dire, ne peut réellement pas se compter au rang des disciples fidèles du Dieu sauveur et rémunérateur des hommes.

Le Fils de Dieu, fait homme et descendu sur la terre, pour y affermir la loi naturelle, pour y répandre la lumière, pour y propager les vrais principes de la morale et du droit,

JÉSUS-CHRIST, répondit au docteur qui l'interrogeait : « Un prêtre vit le voyageur blessé, et passa; un lévite passa auprès de lui, et continua son chemin; mais un Samaritain le voyant fut touché de compassion ; lequel des trois vous paraît être son prochain....? » Le docteur répondit : « Celui qui a eu pitié de lui. » Et Jésus lui dit : « Allez, et faites de même... » (*a*).

— « *Diliges proximum tuum sicut te ipsum* », dit saint Mathieu (*b*).

Saint Augustin rapporte que ce vers de Térence,

« *Homo sum, humani nihil à me alienum puto* » (*c*).

ayant été compris dans ce sens, la première fois qu'on l'entendit prononcer à Rome, il s'éleva dans l'amphithéâtre un applaudissement universel.

Un écrivain de nos jours dit (heureux si nous conformions tous en ceci nos actions à ses

---

(*a*) St. Luc, x, 31, 32, 36, 37.

(*b*) St. Math., XXII, 39.

(*c*) *Heaut.*, act. I, sc. V, *v*. 5.

conseils) : « C'est ici le caractère distinctif du Christianisme ; tout y respire l'amour de Dieu et des hommes ; l'amour est le fondement de tous ses préceptes ; l'amour est le sommaire de sa loi. Ne point aimer, c'est n'être pas chrétien ; c'est se bannir soi-même du royaume de Jésus-Christ, société d'amour, pour entrer dans la société de haine dont l'ange d'orgueil est le monarque.....

« Lier le pouvoir aux sujets, et les sujets entre eux, ce n'est que le commencement des bienfaits du Christianisme. L'esprit d'amour qu'il inspire ne s'arrête pas à la frontière, comme l'exclusif et dur patriotisme des anciens. En ordonnant à l'homme d'aimer l'homme, Jésus-Christ ne distingue point le compatriote de l'étranger ; il n'excepte pas même nos ennemis, ceux qui nous persécutent et nous maudissent ; en sorte que, par une admirable universalité d'amour, sa doctrine ne tend pas moins à unir les peuples entre eux que les membres d'une même société ; ou plutôt elle tend à former une seule société de tous les peuples. *Le monde*, disait il y a seize cents ans l'auteur de l'Apologétique aux gentils, *le monde entier n'est à nos yeux qu'une vaste république, patrie commune du genre humain.* Unam omnium rempublicam agnoscimus, mundum » (*a*).

Si pourtant il s'élève entre les individus de peuples différens quelques contestations, c'est à la société seule qu'il appartient d'y statuer. Les peuples sont, ainsi que nous l'avons établi dans ce titre, respectivement tenus de rendre cette justice (*b*); et, quelque imparfaite que soit encore la civilisation, quelque défectueuse que soit encore l'organisation sociale intérieure et extérieure, elle existe cependant déja assez, pour que chaque homme en particulier ne soit plus en droit de se faire justice à lui-même; et les publicistes (entre autres l'auteur du Traité du Droit des Gens) ont été fondés à dire que la nature ne donnant aux hommes le droit d'user de la force que quand elle leur

Motif d'après lequel on ne peut se faire justice à soi-même contre les étrangers.

(*a*) (Essai sur l'indifférence en matière de religion, tom. I, p. 416.) — L'immortel Fénélon, poussé trop loin peut-être par la ferveur de son zèle, est allé jusqu'à dire : « *Je préfère ma famille à moi, ma patrie à ma famille, et le genre humain à ma patrie* ».

(*b*) *Voy. ci-dessus*, vol. II, pág. 351 et suiv.

devient nécessaire pour leur défense et pour la conservation de leurs droits, il est aisé d'en conclure que, depuis l'établissement des sociétés politiques, un droit si dangereux dans son exercice (pour celui même qui l'exerce), n'appartient plus aux particuliers, si ce n'est dans ces rencontres où la société ne peut les protéger, les secourir ; que, dans le sein de la société, l'autorité publique (établie dans l'intérêt de chacun des membres de la société) vide tous les différends des citoyens, réprime la violence et les voies de fait; que si un particulier veut poursuivre son droit contre le sujet d'une puissance étrangère, il peut ou recourir à son propre Souverain obligé de le protéger, aux magistrats qui exercent l'autorité publique, ou s'adresser au Souverain de son adversaire (*a*). « Il serait trop dangereux, poursuit Vattel, d'abandonner à chacun la liberté de se faire lui-même justice contre les étrangers; une nation n'aurait pas un de ses membres qui ne pût lui attirer la guerre; et

(*a*) S'il se trouve hors du territoire de sa patrie. *Voy. ci-dessus*, vol. II, pag. 351 et suiv.

comment les peuples conserveraient-ils la paix, si chaque particulier avait le pouvoir de la troubler» (*a*)?

## 2° *Sur les principes élémentaires du Droit des Gens en temps de guerre.*

SOMMAIRE. En temps de guerre, c'est uniquement dans l'intérêt général des peuples dont ils font partie que les hommes doivent agir hostilement les uns contre les autres. Ils ne deviennent pas, même dans ce cas, individuellement ennemis. — Conséquences de cette vérité.

> « *Sed ea animi elatio quæ cernitur in periculis*
> « *et laboribus, si justitiâ vacat, pugnatque*
> « *non pro salute communi, sed pro suis*
> « *commodis, in vitio est.* » CICER.

C'est seulement dans l'intérêt des peuples dont ils font partie que les hommes doivent agir hostilement les uns contre les autres, etc.

C'est donc uniquement dans le cas où les Nations sont entre elles dans un état de guerre, que les membres de ces nations ennemies sont autorisées à agir hostilement et à employer la force les uns contre les autres.

Des législateurs, des publicistes même, ont prétendu qu'alors ils deviennent individuellement ennemis; mais en principe cette opinion

(*a*) Droit des Gens, liv. III, chap. I, § 4.

est encore une erreur dont les conséquences seraient désastreuses, si elle était généralement admise. La pensée que Jean-Jacques (du reste encore en contradiction ici avec lui-même) a émise à ce sujet, est à coup sûr beaucoup plus sensée, quoique principalement appuyée sur un raisonnement métaphysique qu'il eût été possible de rendre plus clair. « La guerre, dit-il, n'est point une relation d'homme à homme, mais une relation d'État à État, dans laquelle les particuliers ne sont ennemis qu'accidentellement, non point comme hommes, ni même comme citoyens, mais comme soldats; non point même comme membres de la patrie, mais comme ses défenseurs. Enfin chaque État ne peut avoir pour ennemis que d'autres États, et non pas des hommes, attendu qu'entre choses de diverses natures, on ne peut fixer aucuns vrais rapports » (*a*).

---

(*a*) Comment avec une pensée si conforme à l'esprit du DROIT DES GENS, J.-Jacques a-t-il pu émettre, et même reproduire plusieurs fois, une opinion aussi diamétralement opposée aux principes de ce Droit, que celle-ci. « Il faut opter, dit-il dans l'Émile et dans le Contrat social, entre faire un homme et un citoyen : car on ne

C'est en effet contre le corps entier d'une Société qu'agissent les membres de deux Nations en état de guerre. C'est pour un intérêt commun qu'ils deviennent ennemis, et ils ne peuvent se livrer légitimement à une inimitié individuelle, qui serait sans cause, sans fondement; qui même, détruisant le concert, le commun accord de tous les membres de chacune de ces Nations ennemies, nuirait souvent, et de bien des manières, à l'intérêt général de l'une et de l'autre, seul objet de la guerre; comme, par exemple, en causant à l'ennemi un préjudice inutile, mais dont les conséquences funestes ne retomberaient pas toutes

---

peut faire à-la-fois l'un et l'autre. Toute société partielle, quand elle est étroite et bien unie, s'aliène de la grande. *Tout patriote est dur aux étrangers. Ils ne sont qu'hommes; ils ne sont rien à ses yeux.* » Quelle fausse logique! Quelle aberration de sentiment!... Quoi! au jugement que porte ici cet écrivain inconséquent et misanthrope, il nous faut renoncer à être juste et humain envers tous les hommes, ou n'être pas patriote et bon citoyen!... Ah! demeurons au contraire bien convaincus que, comme nous l'avons déja dit, sans humanité et sans justice, on n'est pas aujourd'hui véritablement honnête homme; et que qui n'est pas honnête homme, ne saurait plus être véritable patriote et bon citoyen. Vol. II, p. 233 et 294.

uniquement sur lui (*a*); comme, par exemple encore, en compromettant sans nécessité et sans fruit l'existence particulière d'un citoyen au moment même où son action et ses services seraient peut-être du plus haut intérêt pour la cause publique. Vattel dit fort bien en ce sens : « un droit d'une si grande importance, le droit de juger si la Nation a un véritable sujet de se plaindre, si elle est dans le cas d'user de force, de prendre les armes avec justice, si la prudence le lui permet, si le bien de l'État l'y invite, ce droit ne peut appartenir qu'au corps de la Nation, ou au Souverain qui la représente » (*b*).

Cette vérité ainsi comprise est d'une application générale; mais c'est sur-tout dans les armées où règne une salutaire discipline, qu'elle doit recevoir l'exécution la plus rigoureuse. Les soldats, les officiers, les généraux eux-mêmes doivent toujours conformer scrupuleusement toutes leurs volontés et leurs actions au commandement de celui qui, chargé

---

(*a*) *Voy. ci-dessus*, vol. II, pag. 194; et vol. III, p. 132.

(*b*) Droit des Gens, liv. III, chap. I, § 4.

des opérations de la campagne, et ayant conçu le plan de l'attaque et de la défense, peut fructueusement diriger l'ensemble des mouvements, et les faire concourir au même but. Les généraux, les officiers, les soldats, doivent ne commettre aucunes hostilités qu'elles ne leur aient été prescrites; ils doivent s'attacher à exécuter ponctuellement les ordres qui leur ont été transmis, sans jamais les dépasser; il importe sur-tout qu'au jour d'une action générale et décisive, ils sachent attendre patiemment et avec calme le signal du combat, et obéir non moins ponctuellement à celui de la retraite. C'est ainsi qu'ils peuvent réellement coopérer au succès de la guerre et servir efficacement la patrie.

Conformément à ces maximes, on a vu souvent, chez les peuples modernes, les avant-postes communiquer ensemble, soit avant le commencement de l'action, soit pendant les trèves, suspensions d'armes et armistices. Dans ces circonstances, ils ne se traitent pas en ennemis particuliers.

Sous le rapport de la discipline, quelques

peuples de l'antiquité, les Spartiates, les Romains, entre autres, ont donné des exemples de l'austère sévérité avec laquelle ses lois étaient observées chez eux.

Un Lacédémonien, entendant sonner la retraite, s'arrêta sur-le-champ, et épargna l'ennemi qu'il allait frapper : et, comme on lui en demandait la raison, il répondit qu'il valait mieux obéir à ses supérieurs que de tuer un ennemi.

Chrysandre, l'un des soldats de Cyrus, fit la même chose : et Epictète, parlant de l'action de Chrysandre, dit « que ce brave soldat trouvait plus à propos de suivre la volonté de son général que la sienne propre » (*a*).

La bravoure de ces peuples anciens était telle cependant, que Salluste à remarqué que chez eux on avait puni plus souvent encore des gens qui s'étaient engagés au combat contre les ordres du général, ou qui en étaient sortis trop tard, après le signal de la retraite, que des gens qui eussent abandonné leur poste ou

---

(*a*) Disc. *Recueillis par* Arrien.

se fussent retirés sans en avoir reçu le commandement (*a*).

Titus Manlius Torquatus répétait souvent « qu'il ne combattrait pas sans l'ordre de son général, quand il serait sûr de remporter la victoire. » Il fit condamner à mort son fils T. Manlius, pour avoir tué Geminius Metius dans un combat singulier que celui-ci lui avait proposé (*b*).

Le dictateur Posthumius Tiburtus fit de même mourir son fils Aulus Posthumius, bien que l'entreprise de ce dernier eût été couronnée d'un heureux succès, parce que, contre l'ordre qui lui avait été donné de ne pas combattre, il avait marché à l'ennemi, et lui avait livré bataille (*c*).

Avidius Cassius fit punir de mort plusieurs officiers de son armée qui étaient allés, sans en avoir reçu l'ordre, surprendre avec un petit

(*a*) De Bell. Catil., cap. IX. — Félice sur Burlamaqui, tom. VII, chap. I, § VI, *rem.* 115., pag. 314, *édit.* 1768.

(*b*) ZONARAS, lib. VII. — TIT.-LIV. Decad. I, lib. VIII, cap. VII.

(*c*) Val. Max.

nombre de soldats un corps de trois mille hommes, et l'avaient taillé en pièces (*a*).

« La bravoure, dit Cicéron, qui se montre dans les dangers et dans les travaux de la guerre, est un vice, et non pas une vertu, lorsque la justice en est séparée, et qu'elle cherche plutôt ses intérêts particuliers que le bien public » (*b*).

L'auteur de Télémaque dit : « La valeur ne peut être une vertu qu'autant qu'elle est réglée par la prudence : autrement c'est un mépris insensé de la vie et une ardeur brutale. La valeur emportée n'a rien de sûr : celui qui ne se possède point dans les dangers, est plus fougueux que brave ; il a besoin d'être hors de lui pour se mettre au-dessus de la crainte, parce qu'il ne peut la surmonter par la situation naturelle de son cœur. En cet état, s'il ne fuit point, du moins il se trouble, il perd la liberté de son esprit, qui lui serait nécessaire pour donner de bons ordres, pour pro-

(*a*) Vulcatus Gallican., *cité par* Grotius, lib. III, ch. 18, § 1, *not.* 6.

(*b*). De Offic., lib. I, cap. XIX.

fiter des occasions, pour renverser les ennemis, et pour servir utilement sa patrie. S'il a toute l'ardeur d'un soldat, il n'a pas le discernement d'un capitaine. Encore même n'a-t-il pas le vrai courage d'un soldat ; car le soldat doit conserver dans le combat la présence d'esprit et la modération nécessaires pour obéir. Celui qui s'expose témérairement, trouble l'ordre et la discipline des troupes, donne un exemple de témérité, et expose souvent l'armée entière à de grands malheurs. Ceux qui préfèrent leur vaine ambition à la sûreté de la cause commune, méritent des châtimens, et non des récompenses » (*a*).

—« Les soldats, dit Vattel, ne peuvent rien entreprendre sans le consentement exprès ou tacite de leurs officiers : car ils sont faits pour obéir et exécuter, et non pour agir de leur chef; ils ne sont que des instruments dans la main de leurs commandants...

« On se rappellera ici, ajoute-t-il, ce que nous entendons par ordre tacite. C'est celui qui est nécessairement compris dans un ordre

(*a*) Télémaque, tom. II, *lib.* 12.

exprès, ou dans les fonctions commises par un supérieur.....

« Ce qui est dit des soldats doit s'entendre à proportion des officiers, et de tous ceux qui ont quelque commandement subalterne. On peut donc, à l'égard des choses dont le soin ne leur est point commis, comparer les uns et les autres aux simples particuliers qui ne peuvent rien entreprendre sans ordre. L'obligation des gens de guerre est même beaucoup plus étroite, et cette discipline est si nécessaire, qu'elle ne laisse presque aucun lieu à la présomption. A la guerre, une entreprise qui paraîtra fort avantageuse, et d'un succès presque certain, peut avoir des suites funestes : il serait dangereux de s'en rapporter au jugement des subalternes, qui ne connaissent pas toutes les vues du général, et qui n'en ont pas les lumières ; il n'est pas à présumer que son intention était de les laisser agir d'eux-mêmes. Combattre sans ordre, c'est presque toujours, pour un homme de guerre, combattre contre l'ordre exprès ou contre la défense. Il ne reste donc guère que le cas de la défense de soi-même, où les soldats et les subalternes puissent agir sans ordre. Dans ce cas l'ordre se présume avec sûreté, ou plutôt le droit de défendre sa personne contre toute violence appartient naturellement à chacun, et n'a besoin d'aucune permission. Pendant le siége de Prague, des grenadiers français, sans ordre et sans officiers, firent une sortie, s'emparèrent d'une batterie, enclouèrent une partie du canon et emmenèrent l'autre dans la place. La sévérité romaine les eût punis de mort » (*a*).

Vient encore ici se placer naturellement une question dont M. de Réal donne la solution en établissant en principe « qu'un souverain ou un général d'armée ne doivent pas se battre avec l'ennemi en combat singulier » (*b*).

Il appuie avec raison la démonstration qu'il donne de cette règle sur l'inutilité et l'inefficacité de ces combats.

Ajoutons à ces motifs que la guerre devant toujours se faire dans l'intérêt du peuple, et

(*a*) Droit des Gens, lib. III, chap. XV, § 231.

(*b*) Sc. du Gouv., vol. V, chap. II, sect. 6, § 14.

non dans l'intérêt personnel de son chef (a), il serait contraire à la raison que le peuple entier se vît contraint de commettre son sort et le résultat de la guerre au plus ou moins de force, d'adresse, de bonheur de son prince ou de son général.

Si la victoire des Horaces contre les Curiaces donna à Rome la souveraineté sur Albe, sa rivale, ce ne fut que par une conséquence d'un accord unanimement consenti entre les deux nations et religieusement observé par celle dont les guerriers succombèrent; et ce serait en effet, dans le cas de conventions semblables, seulement, que le combat des chefs, devenant utile en terminant promptement la guerre, pourrait être considéré comme légitime, et non réprouvé par les lois divines et humaines.

Enfin Vattel encore dit avec raison : « Les sujets ne doivent pas commencer les hostilités sans ordre du Souverain; mais s'ils sont braves et fidèles, ils occuperont en attendant

---

(a) *Voy. ci-dess.*, vol. II, liv. II, ch. II, tit. I, p. 153 et suiv.; et *ci-après*, 2e *part.*, liv. II, ch. II, tit. I, § I.

les postes avantageux, et se défendront en cas que l'on entreprenne de les y forcer » (*a*).

Toutefois les considérations qui viennent d'être exposées recommandent assez à un gouvernement sage de ne pas autoriser les guerres que l'on appelle *Guerres de partisans*, espèce de pirateries de terre, véritables brigandages dont les inconvéniens sont incalculables et ruineux pour tous les partis.

---

Universalité des principes du Droit des Gens.

Que reste-t-il à ajouter pour compléter l'intime conviction qu'il faut acquérir de l'exactitude, de la vérité des principes élémentaires du Droit des Gens, en général, tels qu'ils sont établis dans les différens paragraphes de ce titre, si ce n'est de rappeler qu'ils sont tous la juste conséquence de vérités simples, et dont il serait impossible de révoquer en doute la certitude et l'évidence; si ce n'est d'appliquer à tous ces principes la réflexion que nous avons faite relativement à la stabi-

(*a*) Droit des Gens, liv. III, chap. IV, § VI.

lité, à l'universalité des principes élémentaires du Droit public et du Droit politique (*a*).

De même que ces premiers principes, les Principes élémentaires du Droit des Gens sont en effet universels, invariables, de tous les lieux, de tous les temps, précisément parce que, comme nous venons de le dire, ils reposent aussi sur des vérités positives, universelles et invariables; parce que ces vérités sont elles-mêmes tirées de la nature des choses, des besoins de l'humanité, des rapports les plus vrais et les plus exacts que les peuples et les hommes de différens pays ont respectivement les uns envers les autres, de l'utilité, de la nécessité de ces rapports; parce que cette nature des choses et de la constitution humaine, ces rapports, ces besoins, cette utilité générale, ne peuvent changer; qu'ils ont toujours été et seront toujours les mêmes: en telle sorte que la morale et les principes auxquels ils servent réellement de fondement, ne peuvent

---

(*a*) *Voy. ci-dessus*, t. I, liv. I, p. 149, tom. II, liv. II, pag. 228.

jamais changer, et doivent aussi être par-tout et éternellement les mêmes.

Aussi, non-seulement peut-on être sûr de voir la raison des peuples s'élever progressivement à leur observation, et honorer, dans tous les siècles et dans tous les pays du monde, comme grandes, louables et véritablement dignes d'éloges, les actions qui seront conformes à ces principes; aussi, non-seulement verra-t-on les peuples et les hommes qui les violeront devenir un jour les objets du mépris des générations les plus éloignées : mais encore aura-t-on bientôt lieu de se convaincre sans peine que ceux qui les observeront les premiers exactement et avec persévérance, seront aussi ceux dont la prospérité sera la plus réelle et la plus durable, tandis qu'au contraire ceux qui s'en écarteront encore, touchent déja à une ruine inévitable et prochaine, et ne feront, en croyant prévenir leur décadence par de nouvelles infractions et un plus grand mépris de leurs devoirs, que précipiter la rapidité de leur chute. C'est la vertu seule qui affermit et élève les nations; c'est le vice qui les avilit, les dégrade et les force à décheoir. « Connaissez, dit Mably, ce que la nature exige de nous; et vous verrez qu'il n'y a point, comme nous le croyons ordinairement, différentes morales, pour le riche, pour le pauvre, pour le grand, pour le petit, pour le magistrat, pour le souverain et le simple citoyen; vous verrez que le père dans sa famille, le sénateur dans la république, et la république dans le monde entier, doivent avoir les mêmes principes de conduite » (*a*).

(*a*) De la législation ou Principes des Lois, vol. IX liv. IV, chap. I, p. 379.

# TITRE DEUXIÈME.

## *Conséquences des Principes élémentaires du Droit des Gens.*

### § *unique.*

RELIGION,
DROIT CIVIL, } (*que nous nommons aussi*
DROIT PÉNAL, } *Droit écrit*),

*Considérés comme conséquences du Droit des Gens.*

SOMMAIRE. La Religion et le Droit écrit (civil et pénal), considérés comme conséquences du Droit des Gens, sont-ils aussi des moyens suffisans pour faire scrupuleusement exécuter les principes de ce Droit.

« Nulle société ne peut tendre utilement à ses fins.
« si elle n'est organisée pour cela même. »

La religion, le Droit civil et le Droit pénal, considérés comme conséquences du Droit des Gens, sont-ils des moyens suffisans pour faire exécuter les principes de ce Droit.

Les Principes élémentaires du Droit des Gens sont invariables et universels : c'est ce que nous venons de reconnaître.

Fondés sur la nature, soutenus par la voix de la raison et de l'honneur, qui l'une et l'autre prescrivent de chercher à faire le bien d'autrui, pour se procurer son propre bien-être, ces principes tendent à unir tous les hommes entre eux; à assurer, autant qu'il est possible d'y parvenir, leur sûreté, leur liberté, leur propriété, au milieu même des nations étrangères au sol qui les a vus naître et à leur patrie: ils tendent à établir l'empire de l'équité, de la sagesse, de la modération, au sein même de la guerre; à adoucir les ravages de ce fléau destructeur, et à diriger ses efforts d'une manière plus efficace, plus sûre et plus prompte vers le seul but utile et légitime qu'elle puisse avoir.

Leur observation contribuerait donc au bonheur des peuples et des hommes: c'est ce dont il est impossible de douter.

Or est-il vrai qu'il n'existe aucun moyen de parvenir à les faire généralement respecter.

La Religion, le Droit civil, le Droit pénal, sont tout-à-la-fois les conséquences des principes élémentaires du Droit public, et les moyens que les sociétés ont jusques ici employés, avec plus ou moins de succès, pour en affermir l'exécution (*a*).

---

(*a*) *Voy.* vol. 1, pag. 166 et suiv.

Les Principes élémentaires du Droit politique peuvent aussi, dans leurs conséquences, être considérés sous ces trois points de vue différens ; mais nous avons vu, dans le second titre du livre qui précède, que la Religion, le Droit écrit (civil et pénal) ne sont pas des moyens d'un succès aussi assuré pour consolider la stricte et rigoureuse observation des Principes élémentaires du Droit politique (*a*).

Considérés sous le rapport du Droit des Gens, la Religion, le Droit écrit (civil et pénal) suffiront-ils pour en amener la constante et scrupuleuse exécution?

C'est la question qu'il s'agît présentement d'examiner.

### 1° *Religion.*

Sans doute, la religion véritable, toujours éclairée, ayant en tout pour base les préceptes de la plus pure morale, doit ordonner, et commande en effet, la pratique des Principes du Droit des Gens, comme elle prescrit celle des Principes du Droit politique et du Droit

---

(*a*) *Voy.* vol. II, liv. II, pag. 283 et suiv.

public; mais ici deux réflexions essentielles se présentent.

1° C'est, ainsi que nous l'avons déja dit, une vérité d'observation que l'on ne saurait nier (il serait inutile de vouloir se le dissimuler); la religion aussi-bien que la morale suit elle-même le développement des connaissances humaines et les progrès de la civilisation; elle est par-tout effet et cause, et elle ne s'épure réellement qu'autant que l'esprit s'éclaire, que le jugement se perfectionne, que la raison s'élève et s'agrandit (*a*).

La religion des peuples sauvages est cruelle et barbare comme leurs mœurs et leurs usages; elle est atroce sur-tout sous les divers rapports du Droit des Gens, en ce qui concerne les prisonniers de guerre, les représailles, les ôtages, etc.; et en général en tout ce qui touche les étrangers pendant la guerre, et souvent même en temps de paix.

La religion des Scythes, celle de plusieurs autres peuples de l'antiquité, leur ordonnait d'immoler à leurs dieux l'infortuné qui abor-

---

(*a*) *Voyez ci-dessus*, vol. 1, pag. 157 et suiv.

dait chez eux, celui que la tempête jetait malgré lui sur leurs rivages.

Toutes les religions des peuples païens étaient matérielles, grossières, impudiques et impies, contradictoires, imparfaites et absurdes, comme leurs institutions et leur législation.

La religion des Hébreux, celle que leur avait enseignée Moïse, outrageait cruellement les principes les plus sacrés du Droit des Gens, particulièrement lorsqu'elle les provoquait à une guerre d'extermination et de ruine contre toutes les nations voisines.

Hazaël, vainqueur, ordonne de scier les femmes enceintes, et de faire périr leurs enfans (*a*).

« *Heureux seront ceux qui écraseront contre la pierre les enfans des Babyloniens* », dit un passage de l'Ancien Testament (*b*).

C'est ainsi que la vengeance divine prescrivait aux Israélites de traiter les Herbonites,

---

(*a*) 4 Reg. VIII, vol. 12. — Hist. de la législ., tom. 1, pag. 409, 412.

(*b*) Psaume CXXXVII, 9.

les Cananéens, les Madianites, les Amalécites (*a*).

Joseph, parlant de ces derniers, dit que le roi Saül les fit tous passer au fil de l'épée, sans distinction d'âge ni de sexe, « *croyant,* ajoute-t-il, *ne commettre rien en cela de trop cruel, premièrement, parce que c'étaient des ennemis qu'il traitait ainsi, et ensuite à cause de l'ordre de Dieu, auquel il ne pouvait désobéir sans danger* » (*b*).

Après la défaite des cinq rois madianites, Moïse blâma les principaux officiers, les tribuns et les centeniers, d'avoir épargné les femmes et les enfans; et, peu de temps avant sa mort, il rassembla les princes des tribus et les chefs des familles, pour leur relire la loi et les ordonnances, pour les exhorter à les pratiquer avec exactitude et persévérance, et il leur dit encore : « Lorsque vous aurez vaincu les Héthéens, les Gergéséens, les Armorrhéens, les Cananéens, les Phéréséens, les Hévéens et

(*a*) Deutér. II, 34. — *Ibid.* xx, 16. — Nombr. xxi, 2. — Exod. xvii, 14.

(*b*) Antiq. jud. lib. v, cap. viii. — Grotius.

les Jébuséens, sept peuples plus nombreux et plus puissans que vous n'êtes, vous ne ferez point alliance avec eux : au contraire, vous les détruirez tous avec l'épée; vous renverserez leurs autels, briserez leurs statues, brûlerez tous les ouvrages de sculpture; vous abattrez leurs bois profanes; vous ne laisserez rien subsister de ce qui leur aura appartenu. Si vous observez avec fidélité tout ce que je viens de vous dire, le Seigneur gardera avec vous l'alliance et la miséricorde qu'il a promises à vos pères » (*a*).

Les Israélites ne furent que trop fidèles à suivre ces exhortations; ils les pratiquèrent avec une odieuse ponctualité, et lors de la prise de Jéricho, et lors de la destruction de la ville de Haï, et en mille autres circonstances. Toutefois les prêtres, les lévites, ambitieux, fourbes et avares, leur reprochaient sans cesse de n'en avoir point encore fait assez.

Nous avons déja fait remarquer qu'Aristote mettait le brigandage au nombre des différentes espèces de chasses, et que Solon, entre

(*a*) (*Voy.* les Nombres et le Deutéronome.)

les diverses professions, comptait celle de voleur, disant seulement qu'il ne fallait voler ni ses concitoyens, ni les alliés de la république (*a*); mais telle était aussi la morale et même la religion des Juifs. Moïse fut véritablement le Mahomet des Hébreux; c'est en suivant sa loi qu'ils ont violé, par-dessus tout, les principes du Droit politique et du Droit des Gens. D'après cela, est-il donc étonnant qu'ils aient, à leur tour, attiré sur eux la haine de tous les peuples; qu'ils aient été abattus, subjugués, répandus, dispersés sur la terre; et Dieu ne semble-t-il pas par-là avoir voulu donner en effet un grand exemple à l'univers? Attachés à leurs rits et à leurs coutumes, exacts à la pratique de leurs lois, soigneux de ne point donner à leurs enfans une éducation différente de celle de leurs pères, ils n'avaient aucun commerce avec les étrangers, qu'ils regardaient, par principe de religion, comme des impies et des gens souillés. Ils ne voulaient pas demeurer avec eux sous le même toit, ni manger à la même table. Quand ils en ren-

---

(*a*) *Voy. ci-dessus*, même titre, sect. II, § 3, n. (*a*), pag. 231 et 232.

contraient dans les chemins, ils dédaignaient de leur montrer la véritable route, ou de les guider vers une fontaine, vers un ombrage frais. Lorsque c'est la religion qui fait haïr (suivant Lactance, Inst. l. IV), il n'y a pas de haine ni plus forte ni plus injurieuse (*a*).

2° Il y a loin sans doute des préceptes de cette religion barbare à la parole de Jésus-Christ.

Cette parole prescrit l'observation rigoureuse de tous les Principes du Droit et de l'équité : la morale qui en découle est universelle et céleste, comme son divin Auteur; elle veut qu'à l'exemple de Dieu, *qui fait lever son soleil sur les bons et sur les méchans, et qui donne la pluie aux uns et aux autres sans distinction*, nous ne refusions à aucun homme, de quelque nation qu'il soit, notre assistance, nos secours, notre protection (*b*).

---

(*a*) (*Voy.* l'Hist. crit. de la philosophie, tom. II, liv. III, chap. XX, § IX).

(*b*) St. Math. V, 45. Il y a, à ce sujet, un passage de Tertullien, qui dit : « Pendant que l'alliance était renfermée dans le peuple d'Israël, c'était avec raison que Dieu ordonnait d'exercer la miséricorde seulement envers les

Toutefois, dix-huit siècles se sont écoulés depuis que Jésus-Christ a voulu mourir pour le salut des hommes; et quel a été, depuis cette époque, l'état de la civilisation relativement à l'observation des principes du Droit des Gens? Pendant combien d'années ces mêmes ordonnances de la loi de Moïse ne furent-elles pas, pour les chrétiens eux-mêmes, une cause ou un prétexte d'injustices, de brigandages, de superstitions, de fanatisme, de tyrannie, d'oppression, de meurtres, de massacres et d'horreurs?

---

frères. Mais depuis qu'il a donné à Jésus-Christ les Nations pour héritage, et les extrémités de la terre pour sa possession, depuis que l'on a vu s'accomplir cette prophétie d'Osée : *Celui qui n'était pas mon peuple, la Nation dont on n'avait point de compassion, a obtenu miséricorde;* Depuis cela, dis-je, notre Seigneur a étendu sur tous les hommes la loi de la charité, n'excluant personne de la miséricorde, comme il n'exclut personne de la vocation » (advers. Marcion, liv. IV, cap. XVI). —Langage déja assez différent de celui de ses prédécesseurs; mais depuis lui, on a souvent rétrogradé. Foulques, archevêque de Reims, disait au roi Charles *le simple :* « Qui est-ce qui ne frémirait, de voir que vous recherchez l'amitié des ennemis de Dieu, et que vous faites des ligues abominables avec les païens, à la grande ruine du nom Chrétien:

Il n'y a pas si long-temps encore qu'à cet égard les plus grands publicistes, ou n'osaient émettre librement leur véritable pensée, ou ne croyaient réellement pas devoir faire une distinction pourtant si naturelle et si nécessaire.

Burlamaqui dit bien, « Il est certain que l'on ne peut se mêler, malgré une nation, de ses affaires de religion, sans blesser ses droits et sans lui faire injure. Beaucoup moins encore est-il permis d'employer la force des armes, pour obliger à recevoir une doctrine

---

car quelle différence y a-t-il entre s'associer avec les payens et renoncer au culte de Dieu, pour adorer les idoles ? » (Frodoard ou Flodoard, Hist. eccles. remens., lib. IV, cap. VI).

— St. Paul dit avec aussi peu de modération : « Ne vous unissez point avec les infidèles : car quelle société peut-il y avoir entre la justice et l'iniquité ? Quelle union entre la lumière et les ténèbres ? Quel accord entre Jésus-Christ et Satan ? Quel partage à faire entre un croyant et un infidèle ?.... Quel rapport y a-t-il entre le temple de Dieu et les idoles ?.... Vous ne pouvez pas participer à la table de Dieu, et à la table des Démons. (II, Corinth. VI, 14, 15, 16. — *Ibid.* chap. X, vers. 21.) (*Voy. aussi* Grotius, Droit de la guerre et de la paix, liv. II, chap. XV, § X et XI.)

et un culte que l'on regarde comme divins. De quel droit les hommes s'érigent-ils en bourreaux, sous prétexte de défendre ou de protéger la cause de Dieu? Il saura toujours, quand il lui plaira, amener les peuples à sa connaissance par des moyens plus légitimes que la violence. Les persécuteurs ne sont que des hypocrites. La malheureuse maxime qui a permis d'étendre la religion par l'épée, est un renversement du Droit des Gens, et le fléau le plus terrible des Nations » (*a*).

Mais Grotius et quelques autres n'ont pas toujours tenu un langage aussi humain, aussi conforme aux principes (*b*); et, pour citer ici, de cet auteur, un passage qui ait un trait direct à quelques-uns de ces faits que nous venons de rapporter, voici en quels termes il s'exprime relativement au commandement de la loi mosaïque, et à la conduite que l'on doit tenir dans la guerre envers les personnes faibles

---

(*a*) Principes du Droit de la Nat. et des Gens, t. VII, 3e *part.*, chap. III, § XI.

(*b*) *Voy.* entre autres, le Droit de la guerre et de la paix, liv. II, chap. XX, § XLIV, n. 1, 2, 3, etc.

et sans défense. « Une preuve, dit-il, que la licence de la guerre s'étend fort loin, c'est que le Droit des Gens n'en met point à couvert les enfans mêmes et les femmes, que l'on peut aussi tuer impunément. Je n'alléguerai point ici l'exemple des Israélites, qui exercèrent un tel acte d'hostilité contre les Herbonites; et qui eurent ordre de traiter de même les Cananéens, aussi-bien que les Nations qui étaient dans le même cas.... Ce sont là, continue-t-il, des exécutions de la volonté de Dieu, qui a plus de pouvoir sur la vie des hommes, que les hommes n'en ont sur la vie des bêtes...» (*a*).

---

(*a*) Droit de la guerre et de la paix, liv. III, chap. IV, § XIX, n. 1).

Grotius, suivant la traduction de Barbeyrac, dit ailleurs: « A la vérité, Dieu, dans la loi qu'il donna aux anciens Israélites (Exod. XX, 5.), menace de punir l'infidélité des pères sur leur postérité; mais, comme il est le maître souverain et de nos biens et de notre vie, il peut, *sans aucun sujet et en tout temps*, ôter à chacun, toutes les fois que bon lui semble, ce présent de sa libéralité. Si donc il enlève, d'une mort violente et prématurée, les enfans d'Achan (Josué, VII, 24), ceux de Saül (II Sam., XXI), ceux de Jéroboam (I Rois, XIV), ceux d'Achab (II Rois, VIII, 19, 20), ce n'est pas exercer sur eux un acte de punition, mais un acte de son droit absolu sur

Mais est-ce donc là le Dieu de miséricorde et de bonté....?

---

leur vie, par l'exercice duquel il punit plus sévèrement leurs pères : car ou les pères survivent aux enfans qui meurent ainsi (ce que la loi divine a eu principalement en vue, d'où vient qu'elle n'étend pas ses menaces plus loin que les arrière-petits-fils, jusqu'où l'on peut voir de ses descendans), et en ce cas-là, il est certain que les pères sont punis par un tel spectacle, qui est plus affligeant pour eux, que le mal qu'ils souffrent en leur personne; ou bien, les pères ne vivent pas assez long-temps pour être témoins de la mort de leurs enfans, et alors c'est toujours un grand supplice pour eux de mourir dans cette crainte ». (Droit de la guerre et de la paix, liv. II, chap. XXI, § XIV.)

Est-ce donc encore là, juste ciel! l'idée que l'on doit se faire d'un Dieu équitable et bienfaisant?

Plutarque, dans son traité intitulé *Pourquoi la justice divine diffère la punition des crimes*, rapporte que Bion, philosophe qui vivait vers l'an 276 avant Jésus-Christ, disait au contraire : « que si Dieu punissait les enfans des méchans, il serait autant digne de moquerie comme le medecin qui, pour la maladie du père ou grand-père, appliquerait sa médecine au fils ou à l'arrière-fils ». (Traduct. d'Amyot.)

Cicéron met ces paroles dans la bouche de Cotta : « Si un criminel vient à mourir, sans avoir porté la peine qu'il méritait, les dieux la font, dites-vous, porter à ses enfans, aux enfans de ses enfans, à toute sa postérité. O

Dix-huit siècles se sont écoulés depuis que la haine et la fureur des pontifes et des prê-

---

l'admirable équité des dieux! quelle ville souffrirait un législateur qui, pour la faute du père ou de l'aïeul, ferait condamner le fils où le petit-fils? « *Deum vos præclare defenditis, quùm dicitis, eam vim Deorum esse, ut etiam, si quis morte pœnas sceleris effugerit, expetantur eæ pœnæ à liberis, à nepotibus, à posteris. O miram æquitatem Deorum! ferretne ulla civitas latorem istius modi legis, ut condemnaretur filius, aut nepos, si pater aut avus deliquisset*»? (*De naturâ. Deorum*, lib. III, § 38.)

Et Grotius lui-même, avant le passage précité, commence par dire, « que personne ne peut être puni raisonnablement pour le crime d'autrui, lorsqu'il est lui-même innocent..., parce que toute obligation à la peine vient de ce qu'on l'a méritée; or tout mérite ou démérite est personnel, comme ayant pour principe la volonté de chacun, qui est ce qu'on a de plus propre et de plus incommunicable; idée que donne le mot grec ἀυτεξούσιος, dont on se sert pour exprimer le libre arbitre. Ainsi, continue-t-il, on n'impute aux enfans ni les vertus ni les vices de leurs pères, comme le remarque saint Jérôme. Et saint Augustin va jusqu'à dire que Dieu même serait injuste, s'il condamnait un innocent. En un mot, les fautes étant personnelles, la punition le doit être aussi, selon la maxime commune *noxa caput sequitur*. (Digest., lib. IX, tit. IV, de noxa, lib. action, leg. XLIII), approuvée, entre autres auteurs, par Dion de Pruse, par des empereurs chrétiens, et par Philon, juif. Denys

tres firent expirer sur la croix Jésus-Christ, l'homme-Dieu, l'ami et le rédempteur du genre

---

d'Halicarnasse, qui, aussi-bien que Philon, blâme la coutume de quelques Nations, chez lesquelles on faisait mourir les enfans des tyrans et des traîtres, montre en même temps combien est frivole le prétexte dont on se sert pour justifier cette cruauté; c'est que l'on croit que les enfans ressembleront à leurs pères : cela n'est pas sûr, dit-il, et une crainte incertaine ne suffit pas pour donner droit d'ôter la vie à personne. Ce n'est pas une meilleure raison, de dire qu'on craint que les enfans ne vengent la mort de leurs pères. Aussi voyons-nous que l'empereur Marc-Antoine, après avoir recommandé au sénat, dans une lettre qu'il lui écrivait après la défaite et la mort d'Avidius Cassius, qui s'était révolté contre lui, de pardonner à ses enfans, à son gendre, à sa femme, ajoute : « Mais que dis-je, pardonner, puisqu'ils n'ont rien fait? « *Quare filiis Avidii Cassii, et genero, et uxori veniam debitis. Et quid dico, veniam? quum illi nihil fecerint.* » (*Vulcat. Gallican. in Avid. Cass.*, cap. XII). — Grotius, traduit et annoté par Barbeyrac, Droit de la guerre et de la paix, liv. II, chap. XXI, § 12 et 13.

En effet, saint Jérôme s'exprime ainsi : « *Nec virtutes nec vitia parentum liberis imputantur* ». (Epist. 3. *ad Heliodor.*, *de morte Nepotiani*, tom. I, pag. XXI. A. ed. Froben. 1337). — Et saint Augustin, dont on vient de voir que Grotius cite ce passage, *Deus ipse foret injustus, si quemquam damnaret innoxium*, dit encore : « *Quamquam vero immeritum, et nulli obnoxium peccato, si*

humain; et toutefois quel est encore, de nos jours, l'état de la civilisation relativement à

---

*Deus damnare creditur, alienus ab iniquitate non creditur* ». (Epist. CVI.) — Dion de Pruse, après avoir parlé de la sanction des lois de Solon, dans laquelle les Athéniens maudissaient les descendans de ceux qui violeraient ces lois, ajoute « qu'il n'en est pas de même de la loi de Dieu, selon laquelle chacun n'est puni que pour ses propres actions » (Orat. ult). — « *Sancimus ibi esse pœnam, ubi et noxia est. Propinquos, notos, familiares, procul à calumnia submovemus; quos reos sceleris societas non facit. Nec enim adfinitas, vel amicitia, nefarium crimen admittunt. Peccata igitur suos teneant auctores : nec ulterius progrediatur metus, quàm reperiatur delictum* ». (Cod. lib. IX, tit. XLVII. *De pœnis*, leg. XXII). — Philon, en blâmant, comme le dit Grotius, la coutume de quelques peuples parmi lesquels on punissait de mort les enfans, quoique innocens, d'un tyran ou d'un traître, soutient, à cette occasion, « que la justice veut qu'on punisse uniquement ceux qui sont coupables, comme cela est expressément ordonné par la loi de Moïse, Deutéron., XXIV, 16 ». (*De special. legib.*, lib. II, pag. 802, E, 803, A. B.) — Le même auteur remarque ailleurs « qu'il n'y a point d'établissement plus nuisible dans un État, que de ne pas punir un méchant, par la raison qu'il est né d'un père honnête homme, et de ne pas récompenser un homme de bien, parce qu'il a eu le malheur de naître d'un méchant homme. Les lois, ajoute-t-il, doivent récompenser ou punir chacun selon son propre mérite ». (*De nobilitate*,

l'observation des principes du Droit des Gens? L'expérience parle : on peut la consulter....

---

*in fin.*, pag. 910. A.) — Joseph dit, au sujet d'Alexandre qui suivit une maxime toute contraire, faisant égorger les femmes et les enfans de ceux qu'il voulait punir de mort comme coupables envers lui, « que c'était un acte de punition entièrement opposé à l'humanité ». (Antiq. judaic., lib. XIII, cap. XXII, pag. 461. C.) — Ovide qualifie d'injustice l'acte de Jupiter-Ammon, lorsqu'il ordonna qu'on attachât Andromède à un rocher, pour y être punie de la faute que sa mère Cassiope avait commise en se vantant d'être plus belle que les Néréides :

> « *Illic immeritam maternæ pendere linguæ*
> « *Andromedan pœnas injustus jusserat Ammon.* »
> (Metam. IV, x, 8 et 9.)

Sénèque dit que c'est une souveraine injustice de vouloir qu'un enfant hérite de la haine qu'on avait pour son père : « *Nihil est iniquius, quàm aliquem hæredem paterni odii fieri* ». (*De irâ*, lib. II, cap. XXXIV). — Pausanias, général des Grecs, lorsqu'on lui eut livré les enfans d'Altaginus, qui avait engagé les Thébains à se révolter contre les Mèdes, ne voulut leur faire aucun mal, « parce que, disait-il, ils n'avaient eu aucune part à la révolte ». (Hérod. lib. IX, cap. LXXXVII.) — L'empereur Julien loue Constance d'avoir usé d'une semblable humanité envers le fils de Magnence ; et il dit « que l'on a souvent vu des enfans vertueux naître de pères méchans, comme les abeilles volent des rochers ; comme les figues naissent d'un bois amer,

Pour la plupart de ceux qui s'imaginent la pratiquer, la religion, dépourvue de fondemens

---

et les grenades sortent des épines » (orat. II, p. 300, 301); et il dit ailleurs « que c'est le chef-d'œuvre de la vertu de cet empereur, de n'avoir pas enveloppé dans la punition de Maxence, un enfant encore en bas âge ». (Orat. I, *in fin.*)—(*Voy.* les notes de Barbeyrac sur Grotius, Droit de la guerre et de la paix, liv. II, chap. XXI, § 12 et 13).

Rapportons, pour être tout-à-fait juste, ce que Grotius ajoute encore : « Mais il faut remarquer aussi que Dieu n'use de sa vengeance sur la postérité des coupables, qu'en matière de crimes qui tendent proprement et directement à l'outrager, tel qu'est l'idolâtrie, le parjure, le sacrilège. C'était même la pensée des anciens Grecs : car les crimes dans la punition desquels ils croyaient que la postérité pouvait être enveloppée, sont tous de ce genre; sur quoi Plutarque raisonne fort. éloquemment..... De plus, malgré les menaces que Dieu a faites sur ce sujet, il n'use pas toujours de son droit; sur-tout lorsque les enfans se distinguent par une vertu éclatante, comme il paraît par ce qui est dit dans Ézéchiel (cap. XVIII, *vers.* 20.), et par quelques exemples que Plutarque allégue; ou lorsqu'ils témoignent hautement avoir en horreur le crime de leurs pères, comme fit Andronic Paléologue. (Niceph. Gregor., lib. V, cap. 81.) Et sous la nouvelle alliance, dans laquelle Dieu a révélé plus clairement qu'autrefois, les peines qui attendent les méchans après cette vie, on ne trouve aucune menace qui ne soit personnelle; à quoi aussi Ézéchiel fait allusion principalement dans l'endroit

appuyés eux-mêmes sur les lumières de la raison, sur les préceptes de la pure morale, de

---

que j'ai cité (XVIII, 2), quoique d'une manière obscure, selon la coutume des prophètes..... Mais il n'est jamais permis aux hommes d'imiter la manière dont Dieu traite les enfans innocens du crime de leurs pères. Le cas n'est pas le même, parce que Dieu, comme nous l'avons dit, a droit sur notre vie, indépendamment de toute considération de nos péchés; au lieu que les hommes n'ont droit sur la vie de leurs semblables, qu'à cause de quelque crime énorme, et d'un crime personnel. C'est pourquoi la loi même de Dieu (Deutér. XXIV, 16), défend de punir de mort les enfans pour les crimes de leurs pères, aussi bien que les pères pour les crimes de leurs enfans. Et les rois pieux, comme Amasias (II rois, XIV, 6), ont observé cette loi, même à l'égard des criminels de lèze-majesté. Il y en avait une semblable parmi les Égyptiens et parmi les Romains, dont la première est fort louée par Isocrate, et l'autre par Denys d'Halicarnasse. Platon a dit qu'*aucun enfant ne doit être chargé des flétrissures et des punitions que son père a méritées*. Le jurisconsulte Calistrate qui exprime en latin la pensée du philosophe grec, en donne cette raison, que chacun n'est responsable que des fautes qu'il a commises lui-même, et qu'on n'hérite pas des crimes d'autrui. *Crimen, vel pœna paterna nullam maculam filio infligere potest. Namque unusquisque ex suo admisso sorti subjicitur : nec alicui criminis successor constituitur.* (Digest. lib. XLVIII, tit. XIX. *De pœnis*, leg. XXVI.)... « C'est pour cette raison que les lois des Égyptiens (Dio-

la saine philosophie, n'est le plus souvent encore qu'un vain nom, qu'un mot vide de sens, une futile démonstration de pratiques purement extérieures, qui peuvent en elles-mêmes n'avoir rien que de louable, mais qui peuvent aussi laisser l'intelligence bornée, l'esprit sans culture, le cœur froid et insensible, et auxquelles l'ame reste comme étrangère; ou bien, ainsi détachée de sa souche divine, si elle peut encore être utile quelquefois, elle nuit, elle égare plus souvent, et dégénère facilement en une sorte de fanatisme, en une véritable superstition, mille fois plus propre à porter les peuples et les hommes à violer indignement le Droit des Gens, le Droit politique et le Droit public même, que de nature à les faire respecter (*a*).

Ainsi non-seulement la plus grande partie

dor. de Sic., lib. I, cap. LXXVII), des Grecs (Élien, *var. hist.* lib. V, cap. XVIII), et des Romains (Digest. lib. I, tit. V, *De statu hominum*, leg. XVIII; et lib. XLVIII, t. XIX. *De pœnis*, leg. III), défendaient de faire mourir une femme enceinte, quoique condamnée, jusqu'à ce qu'elle fût accouchée. (Grotius, Droit de la guerre et de la paix, liv. II, chap. XXI, § 14, *num.* 2, 3). - (*Voy. aussi ci-dessus* vol. I, pag. 352 et suiv.; et *ci-après* Appendice note 42.)

(*a*) *Voy. ci-dessus*, liv. I, tit. II, et liv. II, tit. VI.

de la population du globe repousse ou ignore encore l'évangile; mais, chose plus affligeante et plus désastreuse, ceux qui en invoquent la puissance et l'autorité, le plus souvent le profanent, l'outragent, le souillent et le font haïr, en le dénaturant: et dans le petit nombre de ceux qui savent le comprendre, il en est encore qui l'oublient; ou du moins, vaincus par le torrent qui les pousse, qui les entraîne, ils n'ont pas la force de le pratiquer, d'en tirer la règle de leurs discours et de leurs actions.

Ah! que ceux-là du moins qui l'aiment, et veulent de bonne foi assurer son triomphe, souffrent enfin que le législateur, animé du même esprit, en prépare et facilite les moyens!

Malheureusement beaucoup se vantent, suivant l'expression de Pythagore, de porter le thyrse, mais bien peu sont réellement animés de l'esprit du dieu auquel le thyrse est consacré (*a*).

### 2° *Droit écrit.*

En rapprochant tous les détails de la légis-

(*a*) *Voy.* Plat. *in Phœd.*

lation relative aux étrangers, de l'esprit des principes élémentaires du Droit des Gens, le Droit écrit (civil et pénal) serait aussi incontestablement un moyen très-efficace de les faire observer.

Il serait donc convenable que, chez tous les peuples civilisés et qui tiennent à avoir un système complet de législation, une partie si importante de la législation civile et criminelle, soit en temps de paix, soit même en temps de guerre, devînt la matière d'un code particulier dont toutes les dispositions certaines, claires, précises, concordantes entre elles et avec toutes les autres branches de la législation, seraient encore appuyées sur les vrais principes, et non pas sur des exemples de déraison et d'iniquité, sur de simples coutumes plus ou moins variables, sur des jurisprudences étrangères, plus ou moins réprouvées par le bon sens, plus ou moins criminelles aux yeux de la morale, comme à ceux d'une politique réellement sage et éclairée. « Les coutumes, introduites par un long usage, lient les peuples qui y ont donné un consentement tacite, dit Vattel, et doivent être respectées quand elles n'ont rien de contraire à la loi naturelle; mais celles qui donnent atteinte à cette loi sacrée, sont vicieuses et sans force, et, loin de se conformer à de pareilles lois, toute Nation est obligée de travailler à les abolir » (*a*).

Nous avons prouvé que, si un peuple outrage les principes du Droit politique, ce ne peut pas être un motif raisonnable pour engager les autres Nations à enfreindre, à leur tour, ces principes, même envers celui qui les viole à leur égard (*b*).

De même, en matière du Droit des Gens, un peuple grand, généreux et civilisé ne doit pas, et cela toujours dans son propre intérêt, admettre en général l'absurde systême de Représailles, tel que nous l'avons défini.

Celui qui méconnaît envers nous les principes du Droit des Gens en général, nous porte sans doute un préjudice; mais le dommage que nous lui causons, en les violant par réciprocité envers lui, ne répare pas le préjudice qu'il nous a fait éprouver: c'est seulement

---

(*a*) Droit des Gens, liv. III, chap. XIV, § 222.

(*b*) *Voy. ci-dessus*, vol. II, liv. II, pag. 261 et suiv.

un nouveau dommage que nous ajoutons, par notre propre fait, à celui que nous avons déja souffert par l'action d'autrui; et malheureusement encore, telle est la nature des choses, telles sont les conséquences de ce système désastreux de réciprocité dans le mal, que le dommage que nous nous causons à nous-mêmes, afin de rendre aux autres le tort qu'ils nous ont fait, ne prévient pas le tort qu'ils peuvent encore nous faire, mais les provoque au contraire davantage à le commettre, et les excite même à ajouter de nouveaux et de plus grands maux à ceux qu'ils nous ont déja fait éprouver. Un ministre célèbre a dit, relativement au Droit d'aubaine, « que si ce Droit subsistait chez quelques nations à l'égard des Français, ce ne serait pas un motif pour agir de même avec elles, et que la réciprocité, en semblable circonstance, n'est jamais convenable, quand elle ne peut exister qu'à son propre détriment » (*a*).

---

(*a*) *Voy.* M. Necker, *Administration des finances*.

— Un membre de la chambre des pairs, en développant la proposition par lui récemment faite de l'entière abolition du Droit d'aubaine, a dit : « Le Talion est la

Ce n'est pas l'exemple des méchans ou des ignorans, que les hommes sages et les peuples éclairés doivent suivre, sous peine de renoncer à la sagesse et à l'équité, de devenir absurdes et méchans eux-mêmes.

C'est donc encore ici aux plus éclairés, aux plus généreux, aux plus justes, aux plus braves, de donner l'exemple, jamais nuisible et souvent utile, de l'humanité, de la grandeur d'ame, de la sagesse, de l'équité.

Si l'on ne doit pas précisément rendre le

---

justice des temps barbares, et la réciprocité en politique n'est pas plus raisonnable; parce qu'il n'y a jamais parité dans la situation des peuples civilisés, et que la différence est quelquefois telle, dans la question qui nous occupe, qu'il est à croire que plus d'une Nation renoncerait volontiers au Droit d'aubaine sur les biens des Français, à condition que la France continuerait à l'exercer dans toute sa rigueur contre leurs propres sujets». (Moniteur du mercredi, 6 mai 1818, n° 126. Développement de la proposition de M. le duc de Levis). — C'est là défendre, il faut le dire, une proposition utile et en tous points conforme aux principes, par un mauvais moyen : car on doit toujours considérer, qu'il y a parité suffisante dans la situation des peuples, lorsqu'il s'agit d'une question qui se rattache aussi essentiellement à leur intérêt commun, à l'avantage général de tout le genre humain.

bien pour le mal à une nation qui s'écarte de l'observation des vrais principes en matière du Droit politique ou du Droit des Gens, si l'on ne doit pas la traiter avec prédilection et préférence, il faut au moins s'appliquer à se renfermer scrupuleusement à son égard dans l'observation de ces principes.

On doit traiter avec une bienveillance plus marquée, avec plus de considération, d'honneur et d'estime, les peuples qui les respectent; mais il ne faut pas les enfreindre à l'égard même de ceux qui les violent. Il ne faut pas se rendre coupable des vices que l'on réprouve, si l'on veut conserver le droit de les censurer, d'en blâmer les autres, de les leur reprocher, de chercher à les en faire rougir au tribunal du monde entier; si l'on veut sur-tout amener ceux qui en sont le plus profondément infectés à rendre hommage à la vertu, aux principes, à en reconnaître l'utilité et à les pratiquer. L'injustice et l'impiété d'autrui ne peuvent jamais nous autoriser à nous en rendre coupables. Les Argiens ayant fait périr quinze cents de leurs concitoyens, les Athéniens firent à l'instant apporter les sacrifices d'expiation, afin que les dieux détournassent de leurs cœurs une si cruelle pensée (*a*).

L'Assemblée constituante manifesta ce caractère de grandeur et de générosité, et parut spécialement animée de cet esprit de sagesse, de modération, de justice, lorsqu'elle supprima entièrement le droit d'aubaine, et déclara, par une disposition expresse, que les étrangers seraient, dans tous les cas, admis à succéder en France, même à des Français (*b*): mais c'est ce qui fut oublié et détruit bientôt après, lorsque les doctrines révolutionnaires et subversives de toute morale et de toute équité, vinrent bouleverser tout-à-la-fois la législation et la société: c'est ce que le Code civil n'avait pas rétabli (*c*); et l'on en conçoit assez les motifs (*d*): c'est ce qu'une loi récente vient de rétablir, en supprimant de nouveau le droit d'aubaine (*e*).

---

(*a*) Plutarq. Œuvres morales: *De ceux qui manient les affaires d'État.*

(*b*) *Voyez ci-dessus*, vol. II, liv. III, pag 408.

(*c*) Art. 11, 726 et 912.

(*d*) *Voy. ci-dessus*, vol. II, liv. III, pag. 408 et *ci-après*, 2^e^ *part.*, liv. I, chap. I.

(*e*) Loi du 14 juillet 1819. Bulletin des lois, n° 6986.

Mais on peut difficilement espérer de voir en tout point ce système de conduite complètement suivi, avant que les institutions n'aient atteint un plus haut degré de perfection, avant que la société ne soit mieux organisée pour tendre utilement à ses fins. En effet, comment un si beau plan pourrait-il être adopté, comment un si noble édifice pourrait-il s'élever, si, entre autres vices tenant plus encore à la nature des choses, à la défectuosité des institutions, qu'aux imperfections personnelles de l'homme, la confusion, le tumulte, le désordre, le défaut d'harmonie, dans les corps qui sont appelés à participer à l'exercice de la puissance législative, ne peuvent permettre d'y rien examiner, d'y rien approfondir avec calme et sang-froid? Comment espérer de voir un si grand œuvre d'humanité, de sagesse, de religion et de justice se réaliser là où la tribune retentit sans cesse des accens de la haine et de la fureur, même entre concitoyens; là où la sagesse, la raison et l'humanité essaient en vain de faire entendre leurs voix; là où des législateurs divisés d'intention et de volonté de part et d'autre aveuglés par l'esprit de parti, sont comme descendus dans l'arène, et semblent à chaque instant prêts à en venir aux mains...?

« .... *Quid non audebit licentia vulgi,*
« *Talia si primi dant documenta duces?* »

Du reste, jusqu'à ce que les choses aient à cet égard changé de face, et pris une meilleure direction, il n'en est peut-être que plus nécessaire encore que la connaissance des véritables principes élémentaires du Droit des Gens s'étende, se propage; qu'ils pénètrent et se gravent dans l'esprit des hommes, auxquels l'honneur pourrait tenir lieu de tout, mais pour qui toutes choses ne sont rien sans l'honneur; il n'en est que plus nécessaire qu'ils soient bien connus de tous les hommes qui, par leur état et leur position, se trouvent dans le cas d'avoir des relations habituelles avec les nations étrangères, ou de voyager hors du territoire de leur patrie: car ces principes n'étant autres que ceux d'une justice et d'une morale universelles, il est peu de pays sans doute où l'homme, animé de leur esprit et porté d'inclination à les respecter, puisse courir le danger de la répression ou du blâme. « La raison indépendante des modes et des coutumes d'un pays, dit l'auteur du livre *de l'Esprit*, n'est nulle part étrangère et ridicule » (*a*).

Il est nécessaire que ces principes soient bien compris des militaires, des négocians et sur-tout des magistrats, des hommes d'état, souvent appelés ou à interpréter les dispositions obscures des lois déja existantes sur cette matière, ou à suppléer au silence, aux lacunes de ces lois éparses sans ordre, sans suite, dissemblables et insuffisantes à tant d'égards; tandis que, comme la morale, qui toujours doit leur servir de base, elles devraient être partout, ainsi que nous l'avons vu, à-peu-près les mêmes. « La vraie morale, dit un publiciste, doit être la même pour tous les habitans du globe. Si l'homme est par-tout le même, s'il a par-tout la même nature, les mêmes penchans, les mêmes désirs, en étudiant l'homme et ses rapports constans avec les êtres de son espèce, nous découvrirons sans peine ses devoirs envers lui-même et envers les autres.

(*a*) HELVÉTIUS. De l'Esprit, disc. II, chap. IX, tit. I.

L'homme sauvage et l'homme policé; l'homme blanc, rouge, noir; l'Indien, l'Européen, le Chinois, le Français, le Nègre et le Lapon, ont une même nature (7). Les différences que l'on trouve entre eux, ne sont que les modifications de cette même nature, produites par le climat, le gouvernement, l'éducation, les opinions, et par les causes différentes qui agissent sur eux » (*a*). Modifications que le gouvernement, l'éducation, la religion, les opinions, les lois, en un mot, que des causes semblables entre elles, mais directement opposées à plusieurs de celles qui ont agi jusqu'à ce jour, pourraient facilement effacer : car « les hommes ne diffèrent, dans la réalité, que dans les idées qu'ils se font du bonheur, et par les moyens qu'ils croient devoir imaginer pour l'obtenir.... » (*b*).

— « Chaque nation, dit Burlamaqui, n'est qu'une province du grand royaume de la nature; aussi seraient-elles gouvernées par les mêmes lois, par des lois qui, dans ce qu'elles

(*a*) *Voy.* le Système social, par le baron d'Holbach.

(*b*) *Voy. ibid.*

ont d'essentiel, seraient parfaitement semblables, si toutes ces nations s'étaient élevées à la connaissance des lois éternelles et immuables de la nature, qui forment la plus parfaite législation, et même la seule où les hommes puissent trouver le véritable bonheur; législation par laquelle l'auteur de la nature s'est proposé que les hommes fussent gouvernés dans tous les lieux et dans tous les temps » (*a*).

NOTA. Nous devons saisir ici l'occasion de rapporter les termes dans lesquels est conçue la déclaration qui a suivi la convention signée à Aix-la-Chapelle, le 9 octobre 1818, entre les Princes qui y ont concouru.

« Les souverains, en formant cette union auguste, ont regardé comme sa base fondamentale leur invariable résolution de ne jamais s'écarter ni entre eux, ni dans leurs relations avec d'autres États, de l'observation la plus stricte des principes du Droit des Gens, principes qui, dans leur application à un état de paix permanent, peuvent seuls garantir efficacement l'indépendance de chaque gouvernement et la stabilité de l'association générale.

« Fidèles à ces principes, les souverains les main-

(*a*) Principes du Droit de la Nat. et des Gens, tom. VII, 3e partie, chap. IV, § 12.

tiendront également dans les réunions auxquelles ils assisteraient en personne, ou qui auraient lieu entre leurs ministres, soit qu'elles aient pour objet de discuter en commun leurs propres intérêts, soit qu'elles se rapportent à des questions dans lesquelles d'autres gouvernemens auraient formellement réclamé leur intervention. Le même esprit qui dirigera leurs conseils et qui régnera dans leurs communications diplomatiques, présidera aussi à ces réunions, et le repos du monde en sera constamment le motif et le but.

« C'est dans ces sentimens que les souverains ont consommé l'ouvrage auquel ils étaient appelés. Ils ne cesseront de travailler à l'affermir et à le perfectionner. Ils reconnaissent formellement que leurs devoirs envers Dieu et envers les peuples qu'ils gouvernent, leur prescrivent de donner au monde, autant qu'il est en eux, l'exemple de la justice, de la concorde, de la modération; heureux de pouvoir consacrer désormais tous leurs efforts à protéger les arts de la paix, à accroître la prospérité intérieure de leurs États, et à réveiller ces sentimens de religion et de morale dont le malheur des temps n'a que trop affaibli l'empire » (*a*).

---

(*a*) Déclaration du 18 novembre 1818.

FIN DU LIVRE TROISIÈME.

# CONCLUSION

## DE LA PREMIÈRE PARTIE.

### 1° *De la force obligatoire des Principes élémentaires du Droit philosophique ou moral.*

SOMMAIRE. Motifs qui doivent engager l'homme à se considérer comme obligé, dans le for intérieur et extérieur, à l'observation des Principes du Droit philosophique ou moral.

« A quoi servirait-il de s'instruire, si la Science
« ne nous apprenait à bien vivre. »

Archélaüs, maître de Socrate et disciple d'Anaxagore dont le maître Anaximène (*a*) avait été lui-même disciple d'Anaximandre (*b*), comme celui-ci de Thalès (chef d'une secte de philosophes, qui fut nommée *l'Ionique*, parce qu'il était d'Ionie), enseignait qu'en soi le

(*a*) On attribue à Anaximène l'invention de la Gnomonique.

(*b*) Anaximandre découvrit, dit-on, l'obliquité du zodiaque dans la LVIIIe olympiade.

juste ne différait pas de l'injuste; que si ces choses étaient en elles-mêmes de différentes natures, elles seraient également connues de tous les hommes.

Phérécyde a écrit qu'il n'y avait aucune vérité dans les choses, ou du moins qu'il n'en reconnaissait point.

On trouve dans les ouvrages attribués à Pythagore cette célèbre maxime, que l'on ne doit rien souhaiter, parce que personne ne sait ce qui lui est utile.

Telle était aussi l'opinion d'Empédocle.

Gorgias Léontin, prince des sophistes, sorti de l'école d'Empédocle, composa un livre qu'il divisa en trois parties. Il prétendait prouver, dans la première, qu'on ne peut pas dire que rien existe; dans la seconde, que quand il serait vrai que quelque chose existât, l'homme ne le peut comprendre, l'entendement ni les sens ne contenant aucune règle de vérité; et dans la troisième, il avançait qu'en supposant que l'homme pût comprendre quelque chose, il ne peut toutefois expliquer à un autre ce qu'il comprend.

Xénophane, qu'on met au nombre des Pythagoriciens, enseignait aussi qu'on ne peut rien comprendre avec certitude; qu'il n'y a nulle règle de vérité, ni la raison, ni les sens; que tout dépend de l'opinion.

Xéniade, Corinthien, prétendait qu'il n'y a *aucun criterium* (c'est-à-dire, aucune base de bon jugement); que toutes choses, toutes nos idées, toutes nos opinions sont fausses.

Aristote n'a pas toujours été éloigné de cette pensée (*a*).

Arcésilas fut, à son tour, le chef d'une nouvelle académie (la seconde) qui, selon les dogmes de son fondateur, assurait que l'homme ne pouvait jamais parvenir à la connaissance de la vérité; que non-seulement on ne savait rien, mais même que l'on ne pouvait point assurer qu'on ne savait pas; que l'on ne devait donner son consentement à rien; que tout était incompréhensible, et qu'il ne fallait rien affirmer. « Nos sens, disait-il, nous trompent toujours; notre raison ne nous trompe pas moins. D'ailleurs la vie est trop courte, trop

(*a*) *Voy.* Diogène Laërce, liv. 1; Cicéron, *De la Nature des Dieux*, liv. 1; Jaquelot, *Dissertation sur l'existence de Dieu*, tom. III, chap. VIII.

agitée, pour espérer d'acquérir aucune certitude. Ne voit-on pas que tout n'est qu'un amas de préjugés et d'opinions fausses : que ce qu'on souhaitait dans la jeunesse, dans la santé, dans une certaine situation, on le hait dans la vieillesse, dans la maladie, dans un autre temps; que tout se conduit au hasard, et par un vain caprice; que tout est couvert de si épaisses ténèbres, que les meilleurs yeux ne diffèrent en aucune manière des plus mauvais» (*a*).

Cicéron attribue à-peu-près le même sentiment à Carnéade, quatrième successeur d'Arcésilas, et auquel la troisième académie dut sa naissance.

Les Pyrrhoniens avaient une semblable opinion (*b*). Sans nier les apparences, ils doutaient

---

(*a*) *Voy.* l'Hist. critique de la philos. par M. Deslandes, tom. II, liv. III, chap. XXI, § 3; Cicer. *Acad. Quest. lib.* I *et* II; Lact. *lib.* I.

(*b*) Pyrrhon, fondateur de leur secte, vit les philosophes de son temps, répandus en une infinité d'écoles opposées, les uns dans le lycée, les autres sous le portique, se disputer le titre de Sages, et prétendre posséder seuls la vérité. Pyrrhon était un homme dur; il

de l'existence réelle des choses; ils ne niaient et n'affirmaient rien; ils prétendaient aussi qu'on ne pouvait pas même dire qu'on ne pouvait rien assurer; ils appliquaient toute leur science et leurs efforts à prouver que la plupart des raisonnemens ne sont que des cercles vicieux qui consistent à prouver une chose obscure ou incertaine par une seconde

---

regarda ces philosophes comme autant de charlatans uniquement occupés à faire payer cher leurs syllogismes, leurs distinctions, leurs subtilités, et conclut faussement de cette variété de sentimens que la vérité n'était nulle part. Il s'appliqua à trouver des raisons d'affirmer et des raisons de nier; et après avoir bien examiné le pour et le contre, il suspendait son consentement et se réduisait à dire *non liquet*, cela n'est pas évident.

C'est cette philosophie pusillanime et paradoxale que l'on appele *scepticisme* d'après sa nature, et *pyrrhonisme* du nom de son instituteur.

Diogène Laërce assure que Pyrrhon, doutant de tout, ne se précautionnait contre rien; qu'il ne se détournait point, qu'il allait droit à un char, à un précipice, à un bûcher, à une bête féroce; qu'il bravait, dans les occasions les plus périlleuses, les témoignages de ses sens. Ce qui est un peu difficile à croire, sur-tout si l'on considère qu'il était âgé de quatre-vingt-dix ans, lorsqu'il mourut. (*Voy.* les Portraits des hommes illustres).

également obscure, incertaine, et ensuite cette seconde par la première (*a*).

Le célèbre Abailard avait ainsi intitulé l'un de ses traités : *Sic et Non*, le *Oui* et le *Non* ; et il prétendait qu'il n'y avait guères de sujets, soit dans la morale, soit dans la physique, sur lesquels on ne pût soutenir le *pour* et le *contre* (*b*).

Mais ce qui est étrange sur-tout, c'est qu'en des temps plus éclairés, des ministres de la religion chrétienne partagent ces opinions, et que plusieurs aient écrit précisément dans la vue de réveiller ou de faire naître dans le sein du Christianisme cet esprit de pyrrho-

(*a*) Toutefois, la funeste conséquence de toutes les doctrines de ces sectes différentes était de conduire, d'une manière beaucoup trop positive, à penser que les coutumes et les lois même sont arbitraires et sans principes; et qu'on ne peut néanmoins juger de ce qui est noble ou honteux, juste ou injuste, que suivant les coutumes et les lois: cercle vicieux, système pernicieux dont tout cet ouvrage sur la Science du publiciste a pour but principal de démontrer l'absurdité.

(*b*) Hist. critique de la philosophie, tom. III, liv. IX, chap. XLII, § V.

nisme presque éteint depuis long-temps chez les Païens.

L'auteur du traité philosophique de la faiblesse de l'esprit humain, M. Huet, ancien évêque d'Avranches, insiste sur-tout sur cette raison de douter avancée par Descartes lui-même, « *que nous ne savons pas si Dieu ne nous a point voulu créer de telle nature, que nous nous trompions toujours, même dans les choses qui nous paraissent les plus claires* » (*a*).

---

(*a*) (*Voy.* le Traité philos. de la faibl. de l'esprit hum., *liv.* I, *chap.* x.)

Lors même que cette proposition serait fondée, si du moins nous devons toujours nous tromper de la même manière, si notre erreur repose sur des apparences qui doivent être les mêmes pour tous, peu importe que ces apparences soient réelles ou fausses; la certitude, la vérité, l'immuabilité, l'universalité des principes du Droit et de la morale, n'en sauraient être détruites : et c'est pour cela sans doute qu'Aristippe, auteur de la secte cyrénaïque, et, après lui, Ariston de Chio, qui enseignaient tous deux que la physique est incompréhensible et au-dessus de nous, pensaient l'un et l'autre tout différemment à l'égard de la morale, et voulaient que l'on préférât les vertus aux vices, tenant tout le reste pour indifférent, jusqu'à la santé même qu'ils ne croyaient pas devoir être préferée à la maladie. (*Voy. ibid.*, liv. I, chap. XIV, § 54.)

Quand il serait vrai qu'il n'y eût rien dans le monde qui fût de soi positif et certain, il serait toujours évident que l'homme devrait encore rechercher certaines idées, adopter, se créer même certains principes qui pussent servir de règles à sa conduite, afin de ne pas s'abandonner, lui et les siens, sans prévoyance, sans boussole et sans guide, à la fureur des tempêtes qui viennent l'assaillir sur l'océan de la vie : il serait toujours évident que l'homme, pour vivre heureux, estimé de ses semblables et en repos avec lui-même, ne devrait admettre pour principes et pour règles de sa conduite, que des idées et des intentions qui, mises en pratique, ne pussent être raisonnablement présumées susceptibles de produire des résultats nuisibles pour les autres et pour lui (*a*).

(*a*) Les Académiciens ne donnaient pas dans le doute, jusqu'au point de ne savoir à quoi s'arrêter. Leur sentiment n'était pas qu'il n'y eût rien de vrai. Ils disaient seulement que le faux est mêlé par-tout de telle façon avec le vrai, et lui ressemble si fort, qu'il n'y a pas de marque certaine pour les distinguer sûrement. Il faut convenir que cette distinction offre quelquefois de grandes

Le besoin de se créer ainsi un plan fixe, certaines règles immuables de conduite, se ferait principalement sentir à l'homme de bon sens et prévoyant, au magistrat équitable, à l'homme d'état droit, humain et compâtissant.

Pour qu'elles puissent être d'une application habituelle aux diverses circonstances, aux po-

---

difficultés ; mais ils ajoutaient du moins qu'il y a beaucoup de choses probables, et qu'au défaut de l'évidence une grande probabilité doit être la règle du sage. « Nous ne sommes pas, disait Cicéron, de ces philosophes extrêmes, qui s'imaginent qu'il n'y a rien de vrai ; nous croyons simplement que le vrai et le faux sont confondus, incorporés ensemble, et que l'œil humain n'a pas la force de les démêler. Il suit de là que tout n'est que probable dans l'univers ; mais ces probabilités adroitement ménagées suffisent pour conduire le Sage, pour l'empêcher de s'égarer dans le court trajet de cette vie ». — *Nec tamen fieri potest, ut, qui hac ratione philosophentur, ii nihil habeant, quod sequantur : dictum est omnino hac de re alio loco diligentiùs ; sed quia nimis indociles quidam, tardique sunt, admonendi videntur sæpius. Non enim sumus ii, quibus nihil verum esse videatur ; sed ii, qui omnibus veris falsa quædam adjuncta esse dicamus, tantâ similitudine, ut in iis nulla insit certa judicandi, et assentiendi nota. Ex quo exsistit et illud, multa esse probabilia ; quæ quamquam non perciperentur, tamen*

sitions nombreuses et variées dans lesquelles l'homme se peut trouver, soit avec lui-même, soit à l'égard de ses semblables; pour qu'elles puissent se fixer facilement dans la mémoire, et être, en toutes choses, présentes à l'esprit, ces idées primitives, ainsi adoptées pour règles de conduite, doivent être méditées de ma-

---

*quia usum haberent quemdam insignem, et illustrem, his sapientis vita regeretur* ». (CICER. *De naturâ Deorum*, lib. I, § V).

Carnéade lui-même s'éloignait du sentiment d'Arcésilas qui ne reconnaissait absolument ni vérités, ni vraisemblances, et qui autorisait ses disciples à nier sans aucune réserve tout ce qu'on pouvait leur proposer; et il se rapprochait de celui de Platon. « Au défaut de ces vérités qui nous manquent, disait-il, rejetons-nous sur les vraisemblables, qui suffisent pour nous conduire au milieu de cette nuit épaisse dont nous sommes environnés de toutes parts ». Il allait jusqu'à convenir qu'il y a, ainsi que l'enseignait Platon, des vérités constantes, inaltérables, fondées sur l'essence même de Dieu; mais seulement il ajoutait que l'homme faible et léger ne peut jamais y atteindre, moins cependant par incapacité naturelle, que parce que les besoins du corps le surchargent, et le rabaissent trop vers les choses matérielles et grossières. (*Voy.* l'Hist. critique de la philosophie, tom. II, liv. III, chap. XXI, § IV.)

nière à devenir fécondes en connaissances utiles et salutaires, et cependant tout-à-la-fois simples, claires, précises.

Or, nous ne craignons pas de le dire, les trois vérités fondamentales que nous avons indiquées comme devant servir de bases à tous les principes élémentaires du Droit philosophique ou moral (*a*), peuvent être considérées comme réunissant ces diverses conditions; et nous croyons avoir suffisamment prouvé, dans le cours de cette première partie, non-seulement que tous les principes élémentaires de ses trois divisions principales en dérivent en effet, mais encore que, par une liaison et un enchaînement de corollaires et de propositions

---

(*a*) 1° « *Les hommes sont destinés par la nature à vivre en société* » (*liv.* I, *chap.* I).

2° « *La paix des Nations n'est pas moins nécessaire au* « *bonheur des hommes que leur réunion en société* » (*liv.* II, *chap.* I).

3° « *La paix perdrait ses plus grands avantages et ne* « *pourrait même pas subsister sans le commerce et les re-* « *lations extérieures qu'elle sert à établir. — Les peuples* « *et les hommes doivent, même en état de guerre, éviter* « *tout le mal qui ne tend pas évidemment au rétablissement* « *de la paix.* » (*liv.* III, *chap.* I).

successives que la plus simple logique rend sensibles et faciles à saisir, l'on peut en faire découler de même les conséquences directes et immédiates de ces premiers principes, et leurs conséquences les plus éloignées, c'est-à-dire, tous les préceptes de la morale et toutes les ramifications du Droit civil et du Droit pénal (que nous avons, pour plus d'exactitude, désigné sous le nom de Droit écrit), considéré sous ces trois rapports essentiels des peuples et des hommes entre eux, le Droit public, le Droit politique, et le Droit des Gens.

Mais par un effet naturel de cette même logique, de cette simple faculté de sentir, de comparer, et de juger, dont la nature a doué l'humanité, et que nous appelons *Droite raison*, il est également facile de concevoir que ces vérités fondamentales découlent elles-mêmes d'une autre source qui peut être considérée comme la base tout-à-la-fois la plus simple et la plus étendue du Droit et de la morale. Cette source si pure, si salutaire, si abondante en heureux résultats, cette source unique et universelle de tous les biens, de toutes les jouissances réelles, en ce monde, c'est en effet, ainsi que l'ont bien reconnu Con-fut-zée, Coccéïus, Alberti, Strimésius, Pufendorf, Burlamaqui, et plusieurs autres publicistes, le sentiment, l'amour de l'humanité (*a*).

Considérés isolément sous chacun de ces trois points de vue généraux, auxquels les vérités que nous venons de rappeler servent de bases, les principes élémentaires du Droit sont déja d'une évidence, d'une utilité sensible. Leurs résultats pour le bien-être universel et individuel, leurs effets pour la prospérité des peuples, des familles et de l'homme en particulier, sont déja évidemment incontestables : mais la certitude, l'évidence de ces mêmes principes, deviennent bien plus grandes encore, lorsque, après les avoir ainsi envisagés et approfondis isolément, le jugement parvient à en saisir l'ensemble, à en embrasser les rapports et la concordance.

L'homme dont la vue est circonscrite et bornée, qui ne la porte que sur un seul point du Droit et de la morale, au lieu de s'appliquer à l'étendre sur leur ensemble, peut être juste-

---

(*a*) *Voy. ci-dessus*, vol. 1, pag. 53, n. (*a*).

ment comparé à celui qui voudrait prononcer sur le mérite d'un immense tableau, et qui, fixant ses regards sur quelques détails, les détournerait soigneusement de toutes les autres parties, dont l'ordonnance et l'harmonie peuvent seules en faire apprécier les véritables beautés (*a*).

Il en est des trois principales divisions du Droit philosophique ou moral que nous avons reconnues et adoptées, comme des rayons de la lumière divisés par le prisme : l'œil qui s'ap-

---

(*a*) « L'entendement, dit Bossuet, de soi est fait pour entendre; et toutes les fois qu'il entend, il juge bien : car, s'il juge mal, il n'a pas assez entendu; et n'entendre pas assez, c'est-à-dire, n'entendre pas tout dans une matière dont il faut juger, à vrai dire, ce n'est rien entendre, parce que le jugement se fait sur le tout ». (Connaissance de Dieu et de soi-même, chap. 1, § 16, p. 76).

— « Par cela même qu'elle a des bornes, dit mieux un écrivain de nos jours, quoique paraissant vouloir en tirer de très-fausses conséquences, l'intelligence humaine n'aperçoit rien avec une parfaite clarté. Ce qu'elle ignore, obscurcit plus ou moins ce qu'elle connaît : car chaque partie ayant des rapports nécessaires au tout, il faut connaître le tout, pour connaître parfaitement la moindre de ses parties. De là vient que la raison ne connaît rien pleinement. » (Essai sur l'indifférence en matière de religion, tom. 1, pag. 485.)

plique à fixer les objets à travers cet instrument, se plaît à distinguer leurs nuances, les diverses couleurs dont la lumière se compose; mais quelque brillant que soit l'éclat de ces divers rayons, leur division nuit cependant à sa clarté.

Ne nous bornons donc pas à considérer les actions humaines uniquement par l'une de ses parties ou de ses faces, au travers de l'un des côtés du prisme moral : exerçons au contraire notre jugement à en saisir l'ensemble; et parvenus à fortifier de cette manière notre sens intellectuel, nous reconnaîtrons mieux encore l'harmonie et la vérité, nous concevrons mieux la liaison, l'enchaînement, la concordance des causes et de leurs effets.

Nous nous trouverons portés par-là à rendre hommage à leur immuable et éternelle équité, et nous comprendrons comment un publiciste a pu dire avec raison : « Quel serait le bonheur du genre humain, si les conducteurs des Nations pouvaient à la fin ouvrir les yeux sur l'évidence de ces principes gravés dans le fond du cœur de tous les hommes! Les Nations se communiqueraient à l'envi leurs biens et leurs lumières; elles prendraient à cœur les intérêts des autres nations autant que les leurs propres ; une paix profonde régnerait sur la terre et l'enrichirait de ses fruits précieux : car tous respectant les droits des autres, rien ne troublerait leur heureuse tranquillité; l'industrie, les sciences, les arts s'occuperaient de notre bonheur et de nos besoins, aussi-bien que de ceux des autres ; on n'emploierait plus de moyens violens pour décider les différens que quelques légers écarts inséparables de la nature humaine pourraient faire naître; ils seraient terminés par la modération, la justice et l'équité. Le monde serait une grande république; les hommes vivraient tous en frères; et chacun d'eux serait citoyen de l'univers » (*a*).

Tels sont les vœux et les espérances d'un homme de bien, d'un vrai philosophe, d'un sage; tandis que l'être insouciant qui préfère de voguer, à la merci des vents, sans but et sans dessein, sur une mer par-tout semée d'é-

---

(*a*) Burlamaqui, Principes du Droit de la Nat. et des Gens, tom. VII, 3e *part.*, chap. IV, § 13.

cueils et de dangers, y rencontre à chaque instant des courants qui l'entraînent, des gouffres et des abymes sans fond où l'attendent les naufrages et la mort; tandis que les sceptiques ou les pervers qui cherchent à se soustraire à l'évidence de ces mêmes principes, et refusent de s'astreindre à suivre la route assurée qu'ils tracent à la raison, s'engagent à tout moment dans des chemins incertains et ténébreux, dans des sentiers tortueux et imposteurs, où chaque pas, chaque démarche les éloignent de plus en plus de la sagesse, de la vérité et du bonheur.

Pour ceux-là, la plus vaste érudition, sur toutes les connaissances humaines, n'est plus qu'un lourd et dangereux fardeau dont le poids les fait chanceler et les accable: pour ceux-là, cette érudition devient semblable à un nuage épais qui offusque leur esprit et leur cache la nature même des choses; ils ne voient ni n'entendent, et l'on peut leur appliquer ces paroles du psalmiste, « *aures habent et non audient; oculos habent et non videbunt.* » Leurs pensées comme leurs actions sont sans but, sans guide, sans appui; elles se heurtent, se nuisent et se détruisent à chaque instant; elles les poussent de plus en plus sur un océan infini d'incertitudes et de doutes funestes; par elles, leur raison est comme étouffée et ensevelie sous le chaos de la science; elle ne peut ni en suivre les clartés, ni en recueillir les bienfaits et les fruits; les ténèbres qui les environnent, loin de se dissiper, s'accroissent avec le temps; et c'est ainsi, comme le dit saint Paul, que ces hommes qui se croyaient sages, sont devenus fous : « *dicentes enim se esse sapientes, stulti facti sunt* » (*a*).

C'est ainsi que ces hommes abusés, orgueilleux et vains de leur vaste savoir, ou plutôt de cette foule de mots amoncelés pêle-mêle dans leur faible cerveau, et dont ils ne conçoivent ni le véritable sens, ni la force, de ces faits nombreux dont ils ignorent l'enchaînement, dont ils méconnaissent ou confondent les causes, n'aperçoivent bientôt plus ce flambeau de justice et de vérité que la nature plaça devant nos yeux pour éclairer notre jugement et diriger notre conscience, et renon-

(*a*) Épit. aux Romains, I, 22.

cent volontairement à leur liberté, à leur indépendance morale, au dogme salutaire du libre et volontaire arbitre, pour tomber d'un funeste scepticisme dans l'abyme du fatalisme, plus stupide et plus dangereux encore : c'est ainsi que ces érudits, ou ces prétendus politiques sont, dans le fait, les uns et les autres moins habiles à se conduire dans la vie que ne le serait la simple intelligence d'un enfant. Non-seulement ils méconnaissent la Providence, la justice divine, l'existence de leur ame, son immortalité, mais encore ils en viennent à douter en effet de leur propre existence, des témoignages les moins équivoques de leurs sens ; ignorant, méconnaissant tout, Dieu, la nature et eux-mêmes, ils ne rougissent même plus de ce cynisme intellectuel qui les déshonore aux yeux de leurs semblables, qui les avilit et les dégrade à leurs propres yeux : enfin ce don précieux de la nature, cette lumière tutélaire qui éclaire l'homme, réellement frappée en eux d'une mort anticipée, s'éteint avant que leur corps détruit ne soit restitué à la terre ; et c'est particulièrement à leur sujet qu'ont été prononcées, et que doivent rester dans la mémoire, ces paroles immortelles : *Heureux sont ceux qui sont pauvres d'esprit; mais en même temps simples et doux de cœur* (*a*).

---

(*a*) (Évang. s. Math., chap. v.)

— « Il est étonnant qu'en matière de sciences, on ait tant de peine à saisir ce qu'il y a de plus simple et de plus facile. On surfait d'abord, on se fatigue à pure perte : et ce n'est qu'après beaucoup de réflexions, après avoir essuyé des tourmens inutiles, qu'on revient au point par où l'on aurait dû commencer....

« Peu d'auteurs savent remonter aux premiers principes : ce coup d'œil qui voit tout, qui pénètre tout, qui met chaque chose dans sa place précise, manque pour l'ordinaire aux anciens philosophes....

« Mais aussi, remarque le même auteur, d'après Quintilien, si les anciens n'ont pas tout vu, ils ont vu beaucoup de choses; s'ils n'ont pas tout découvert, ils nous ont enhardi à suivre leur exemple. *Une première entreprise est assez récompensée, quand elle est suivie de quelque espérance de succès, lors même que ces succès seraient encore éloignés. Les germes et les semences n'ont-elles pas l'honneur des fleurs et des fruits.* » (Hist. crit. de la philosophie, tom. I, liv. II, chap. IX, § 3. — *Ibid.* tom. II, liv. IV, ch. XXII, § VI. — *Ibid.* liv. V, ch. XXVII, § I).

## 2° *De la Nature divine.*

Sommaire. Aperçu de sa véritable essence.

Les principes du Droit philosophique ou moral en sont une émanation constante.

L'homme que les sentimens de la vraie religion animent, peut moins que tout autre se dispenser de les respecter; et c'est par lui sur-tout qu'ils doivent enfin triompher.

« *Timor Domini principium sapientiæ.* »
Prov. 1, 7.

Diagore de Mélos et Théodore de Cyrène, de même qu'Archélaüs, Pyrrhon, Arcésilas, Carnéade, Phérécide, Empédocle, Épicharme, Parménide, enseignaient que tout est indifférent, et qu'il n'y a rien qui, de sa nature, soit crime ou vertu; et, par une conséquence bien naturelle de cet absurde systême, ils niaient sans restriction l'existence de la divinité (*a*).

---

(*a*) On rapporte que ce qui jeta Diagore dans l'athéisme, ce fut de voir que les dieux souffraient la prospérité d'un homme qu'il savait être coupable, suivant les uns, de lui avoir dérobé un poeme, suivant d'autres, de lui retenir un dépôt.

Les Athéniens mirent sa tête à prix.

Théodore fut, dit-on, condamné à s'empoisonner.

Protagore, disciple de Démocrite, regardait cette existence comme douteuse (*a*).

Quelques autres philosophes croyaient bien

---

(*a*) Laërce dit qu'il vivait vers la LXXIVe olymp. : ce qui serait faire vivre le disciple avant que le maître fût né.

Ce même Démocrite, disciple de Leucippe et digne membre de la secte éléatique qui avait Xénophane pour chef, et dont le dogme favori était l'*acatalepsie*, ou l'incompréhensibilité absolue des choses, disait aussi : « Je nie que nous sachions si nous savons quelque chose ou si nous ne savons rien : je nie que nous sachions même si nous savons, ou ne savons pas cela : je nie que nous sachions s'il existe quelque chose, ou s'il n'existe rien : « *Nego scire nos, sciamus ne aliquid an nihil sciamus : ne idipsum quidem nescire, aut scire, scire nos : nec, omninò sit ne aliquid, an nihil sit* ». ACAD. 2, 23.

La grande maxime de Socrate et celle de Philon était au contraire celle-ci : « *Tout ce que je sais, c'est que je ne sais rien* ».

On assure que le célèbre Zénon, d'Élée, non-seulement rappela tous les paradoxes de Xénophane, de Parménide et de Mélissus, disciple de ce dernier, mais encore qu'il les outra, et les soutint avec plus d'opiniâtreté. « Il s'attachait sur-tout à prouver qu'il n'y a pas de mouvement, et les subtilités dont il s'enveloppait, en faisant je ne sais quel mélange de géométrie et de physique, embarrassaient souvent ceux qui voulurent se mesurer avec lui. Enfin, comme il se voyait pressé de toutes parts, il s'avança jusqu'à dire : Xénophane et Mélissus ont avoué

à l'existence des dieux ; mais ils s'imaginaient qu'ils ne se mettaient aucunement en peine de ce qui regarde l'humanité (a).

---

que tout n'est qu'apparences, qu'illusions dans le monde; et moi, j'avouerai sans crainte qu'il n'y a ni apparences ni illusions, puisqu'il n'y a rien du tout. *Omnia negotia dejecit*, observe en raillant Sénèque, *ait nihil esse*. Mais quoi, lui disait-on, quand même il n'y aurait absolument rien au-dehors, du moins seriez-vous quelque chose, vous qui pensez, qui soutenez de si étranges sentimens. Non, répliquait le philosophe, il n'y a rien ». (Hist. crit. de la philos., tom. II, liv. V, chap. XXIII, § 3 et 6).

(a) C'est à ce sujet que Cicéron dit : « Sur ce principe, que deviendront la piété, la sainteté, la religion ? Ce sont de vrais devoirs qu'il faut exactement remplir, supposé que les dieux y fassent attention, et que nous tenions d'eux quelque faveur. Mais supposé aussi qu'ils n'aient ni le pouvoir, ni la volonté de nous secourir ; que toutes nos actions leur soient indifférentes, et que nous n'ayons rien à espérer, rien à craindre d'eux ; pourquoi leur rendre un culte et des honneurs ? Pourquoi leur adresser des prières ? Il en est de la piété comme de toutes les autres vertus, elle ne consiste pas en de vains dehors. Sans elle, plus de sainteté, plus de religion ; et dès-lors quel dérangement, quel trouble parmi nous ? je doute si d'éteindre la piété envers les dieux, ce ne serait pas anéantir la bonne foi, la société civile, et la principale des vertus qui est la justice ». (De la nature des Dieux, liv. Ier, chap. II.) — (*Voy. aussi ci-dessus*, vol. I, pag. 198, *n. a*).

« Un dieu, dit Épicure, n'a rien à faire » (*a*). Il avançait aussi que, si l'on doit s'abstenir des crimes, c'est uniquement parce qu'ils sont inévitablement accompagnés de la crainte du châtiment (*b*).

Quand il serait douteux, en effet, qu'il exis-

---

(*a*) Sur quoi Cicéron remarque encore, que c'est penser comme les enfans, qu'il n'est rien de comparable à l'oisiveté. « Encore ne la goûtent-ils pas tellement, ajoute-t-il, qu'ils ne s'exercent volontairement à de petits jeux. Mais votre Dieu est absorbé dans une quiétude si profonde, que, pour peu qu'il vînt à se remuer, vous craindriez qu'il cessât d'être heureux. Cette opinion dérobe aux dieux le mouvement et l'action qui leur conviennent : et d'ailleurs elle porte les hommes à la paresse, en leur faisant croire que le moindre travail est incompatible même avec la félicité divine. *Nihil habet, inquit, negotii. Profectò Epicurus, quasi pueri delicati, nihil cessatione melius existimat. At ipsi tamen pueri, etiam cùm cessant, exercitatione aliquâ ludicrâ delectantur : Deum sic feriatum volumus cessatione torpere, ut, si se commoverit, vereamur ne beatus esse non possit. Hæc oratio non modò deos spoliat motu, et actione divinâ, sed etiam homines inertes efficit; siquidem agens aliquid, ne Deus quidem, esse beatus potest* ». (*De nat. Deorum*, lib. 1, § 37).

(*b*) Sénèque, en rapportant cette opinion d'Épicure, a le soin de se déclarer formellement contre lui : « *Illic dissentiamus cum Epicuro, ubi dicit, nihil justum esse*

tât dans l'univers une intelligence supérieure à celle de l'homme; quand il serait vrai que cette intelligence suprême, en la supposant existante, serait, malgré la plus inconcevable contradiction, entièrement inerte ou impassible, absolument étrangère à l'ordre, à l'harmonie de cet univers, et par suite non moins indifférente aux actions des hommes, il serait toujours évident qu'après avoir adopté certains principes essentiellement fondés sur l'utilité et le bien-être général de ses semblables, qu'après s'être tracé un plan de conduite et de vie d'accord avec ces principes, l'homme judicieux et vraiment éclairé sur la nature du cœur humain, ne pouvant se dissimuler sa faiblesse et l'empire funeste des passions qui luttent sans cesse contre les conseils de la prudence et de la froide raison, et pressentant ainsi combien il a besoin de trouver en lui-même un protecteur, un appui qui le

---

*naturâ, et crimina vitanda esse, quia vitari metus non possit».* (Epist. XCVII).

(*Voy.* aussi Grotius, Droit de la guerre et de la paix, liv. II, chap. XX, § XLIV, *num.* 4, *n.* 17).

soutienne, l'encourage et lui donne la force de surmonter les obstacles, de supporter les sacrifices, que l'observation de ces mêmes principes lui demandera sûrement quelquefois, cet homme prévoyant, et sincèrement attaché à l'équité, ne saurait manquer de profiter pour le tourner à son avantage, et s'en faire une sorte d'égide, un rempart indestructible et inexpugnable contre lui-même, du doute salutaire que la nature a placé dans son cœur, qu'elle a comme attaché à son organisation; il ne saurait manquer, dans cette position, d'éprouver le besoin de porter ses vues et ses espérances au-delà de la vie, et d'y rencontrer un Dieu juste, bienfaisant et rémunérateur; et bientôt, en effet, la nature le secondant et exauçant ses vœux, ce pressentiment inné se transformera dans son esprit en une entière conviction, en une douce et consolante réalité.

Dès-lors, comme l'idée que l'on peut concevoir d'une intelligence divine ne saurait être, pour un esprit raisonnable et judicieux, que celle d'un être purement spirituel, et qui ne peut se manifester aux hommes que par les effets plus ou moins médiats de ses perfections intellectuelles et morales (*a*); comme il serait éminemment absurde et dérisoire, et d'attribuer à l'action et à la volonté de cet Être divin ce qu'il y a de juste et de bon dans le monde, précisément parce que nous trouvons ces choses justes et utiles, et de lui attribuer d'autre part ce qu'il y a de mal et d'injuste, sous ce prétexte contradictoire et frivole que nous ne pouvons affirmer que ce soit un mal ou une injustice, attendu que notre

(*a*) « L'ame, disait Cicéron, est d'une nature singulière, qui n'a rien de commun avec les élémens que nous connaissons. Dieu lui-même ne se présente à nous que sous cette idée d'un esprit pur, sans mélange, dégagé de toute matière corruptible, qui connaît tout, qui meut tout, et qui a de lui-même un mouvement éternel. *Singularis est igitur quædam natura atque vis animi, sejuncta ab his usitatis notisque naturis. Nec verò Deus ipse, qui intelligitur à nobis, alio modo intelligi potest, nisi mens soluta quædam et libera, segregata ab omni concretione mortali, omnia sentiens et movens, ipsaque prædita motu sempiterno* ». (Tuscul. I, cap. 27).

Cicéron dit encore, que nous devons connaître notre ame que nous ne voyons pas, comme nous connaissons Dieu sans le voir, mais par ses œuvres : « *Mentem hominis, quamvis eam non videas, tamen ut Deum, agnoscis ex operibus ejus.*

intelligence est trop faible et trop bornée pour connaître exactement le juste et l'injuste, le bien et le mal; il s'ensuit évidemment que toute pensée, toute vérité morale ayant réellement pour objet de contribuer au bonheur de l'humanité, doit être considérée, ainsi qu'elle l'a été par de grands hommes, comme les seules émanations constantes de la divinité (*a*): d'où l'on peut ensuite facilement con-

---

(*a*) Un poëte latin a dit avec raison : « que l'ignorance de la nature des dieux est la première cause de tous les crimes.

> « *Heu primæ scelerum causæ mortalibus ægris*,
> « *Naturam nescire deûm*. . . ! »

SIL. ITALIC., *de Bello punic.*, l. IV, v. 794.

— Joseph, recherchant la raison pourquoi plusieurs États anciens étaient mal policés, dit que cela vint « de ce que les premiers législateurs n'avaient pas connu la véritable nature de Dieu, et ne s'étaient pas mis en peine de faire bien connaître ce qu'ils en pouvaient comprendre, et de régler là-dessus leurs lois ». (Contrà Apion., lib. II, pag. 1078 E.).

— Plutarque dit : « que toute erreur, en matière de religion, est pernicieuse en elle-même, et que, quand la passion s'y joint, elle devient funeste au dernier point ». (*De superst. init.*, pag. 164, E, tom. II, *ed. Wech.*)

— Platon, avec non moins de vérité, appelle la religion

clure que, se conformer scrupuleusement, dans toutes ses actions, aux principes immuables et universels du droit, de la morale et de l'équité, c'est indubitablement, pour les peuples en général et pour l'homme en particulier, contribuer efficacement à accomplir les intentions et les fins les plus constantes et les plus manifestes du vrai Dieu; intentions qui, après tout, sont de même évidem-

---

« *le rempart de l'autorité, le lien des lois et d'une honnête discipline* ». (Grotius, *De imperio summarum potestatum circa sacra*, cap. 1, § 13. — Boëcler. Dissert. *Roma sub septem regibus*, tom. II, pag. 485).

— Plutarque aussi dit : « *que la religion est le ciment de toute société et le soutien du pouvoir législatif* ». (Advers. Colot., pag. 1125, E, tom. II, *ed. Wech.*).

— Aristote regarde comme « la première et la plus importante partie du gouvernement le soin de la religion ». (Politic. lib. VII, cap. VIII. — *Ibid.* lib. V, cap. XI, pag. 409. E.).

— Et Philon, juif, dit « que le culte d'un seul Dieu est le charme le plus puissant pour unir les cœurs des hommes d'un lien indissoluble d'amitié ». (*De monarchia*, lib. 1, pag. 818, E. — *De creatione magistratûs*, pag. 723, B.)

(*Voy.* aussi Grotius annoté par Barbeyrac, de la guerre et de la paix, liv. II, chap. XX, § XLIV, *num.* 3, n. 5, 6, 7, 13. — *Et ci-dessus*, vol. 1, pag. 193 et suiv., pag. 203, n. *a*, et suiv.).

ment d'accord avec le but général de la nature, lequel n'est encore que la conservation des espèces, et en particulier le bien-être et la conservation du genre humain.

L'idée que Platon, dans le Timée, cherche à donner de l'Être suprême est celle de la souveraine bonté.

Sophocle, dans son Œdipe, dit, « que les lois naturelles sont descendues du ciel; que Dieu seul en est le père, et que ce n'est pas la race mortelle des hommes qui les a engendrées. »

Cicéron, en plusieurs endroits de ses nombreux écrits, rend hommage à cette vérité, « que rien n'approche plus les hommes des dieux, que de faire du bien » (*a*).

Dans ses entretiens sur la nature des dieux, c'est ainsi qu'il fait encore parler Cotta sur le sentiment absurde de l'un des philosophes que nous venons de nommer : « Quant à Épi-

---

(*a*) « D'une ame généreuse ô volupté suprême!
« Un mortel bienfaisant approche de Dieu même :
« L'amour de ses pareils sera toujours en lui
« Des humaines vertus l'inébranlable appui. »

RACINE, *Relig.*, chant VI, v. 127 et suiv.

cure, il extirpe toute religion, du moment qu'il ôte aux dieux la volonté de faire du bien. Il a beau dire qu'ils ont toutes les perfections. En ne leur accordant pas la bonté, il leur retranche ce qui convient le plus essentiellement à des êtres parfaits : car y a-t-il rien de meilleur, rien de plus grand, que d'être bon et de faire du bien? Refuser aux dieux cette qualité, c'est dire qu'ils n'aiment ni dieux, ni hommes; que personne ne leur est cher; que personne ne doit espérer d'eux la plus légère attention; et qu'en un mot, non-seulement ils ne se mettent point en peine de nous, mais qu'ils se regardent les uns les autres d'un œil indifférent.

« Que les stoïciens, dont vous blâmez la doctrine, continue-t-il, en s'adressant à Velleius, sont bien plus raisonnables que vous! C'est une de leurs maximes, qu'un sage est ami d'un autre sage, même sans le connaître. Aussi la vertu est ce qu'il y a de plus aimable. Dans quelque endroit du monde qu'elle paraisse, elle s'attirera notre amour. *Quantò Stoici meliùs, qui à vobis reprehenduntur? Censent autem, sapientes sapientibus etiam ignotis esse amicos : nihil est enim virtute amabilius, quam qui adeptus erit, ubicumque gentium, à nobis diligetur»* (*a*).

« Or, remarque-t-il encore dans son Traité des lois, qu'y a-t-il, je ne dis pas seulement dans l'homme, mais dans tout le ciel et dans toute la terre, de plus divin que la raison, qui, lorsqu'elle a acquis sa maturité et sa perfection, s'appelle, à proprement parler, sagesse... ? »

Ensuite, il exprime cette grande et belle pensée : « Puis donc qu'il n'y a rien de plus excellent que la raison, et qu'elle ne se trouve qu'en Dieu et dans l'homme, la raison est le premier lien de société entre les hommes et les dieux... »

Il suppose que l'univers forme une seule grande ville, et il ajoute : « Il y a, dans cette ville universelle, cette circonstance magnifique et glorieuse, que les hommes ne composent avec les dieux qu'une seule famille et qu'une même généalogie.... »

Puis il s'exprime encore en ces termes : « Je

(*a*) *De nat. Deorum*, lib. 1, § 44.

dis donc que nos plus grands philosophes ont jugé, tout d'une voix, que la loi n'est point une invention de l'esprit des hommes, ni rien d'approchant des réglemens ordinaires; mais quelque chose d'*éternel*, qui règle l'univers par la sagesse de ses commandemens et de ses défenses. Selon eux, cette loi primitive n'est autre chose que l'esprit suprême de Dieu, dont la souveraine raison est la source de tout précepte positif et prohibitif.... Et cette raison a force de loi, non pas seulement du jour qu'elle est rédigée par écrit, mais de l'instant qu'elle commence à rayonner. Or il est indubitable qu'elle a commencé avec l'esprit de Dieu: c'est pourquoi la loi proprement dite, la première et la principale loi, celle qui a vraiment pouvoir de commander et de défendre, c'est la droite raison de Dieu. »

Il fait encore ailleurs regarder comme le fondement de la justice, *la connaissance de la volonté du souverain Maître du monde*(*a*).

---

(*a*) « *Justitiam etiam adfert, quum cognitum habeas, quod sit summi rectoris et domini numen, quæ voluntas* ». (*De finib. bon. et mal.*, lib. IV, cap. V; *De nat. Deorum*,

Selon Hobbes lui-même, « la loi naturelle ou morale est semblable à la loi divine, parce que, entre autres choses, la raison, qui est la loi de la nature, vient immédiatement de Dieu, qui l'a donnée à chaque homme, pour être la règle de ses actions » (*a*).

Un publiciste plus moderne dit : « Dieu étant l'auteur de la nature des choses et de notre constitution, si, par une suite de cette nature et de cette constitution, nous sommes raisonnablement déterminés à juger d'une certaine manière, et à agir en conformité, l'intention du Créateur est assez manifeste, et nous ne pouvons plus ignorer quelle est sa volonté. Le langage de la raison est donc le langage de Dieu.... Quand notre raison nous dit clairement, par exemple, qu'il ne faut pas rendre le mal pour le bien (ni le mal pour le mal), c'est Dieu qui, par cet oracle intérieur, nous fait entendre ce qui est bon et

---

lib. I, c. II. — *Voy. aussi* Grotius, de la guerre et de la paix, liv. II, ch. XX, § 44, *num.* 4, *n.* 15 et 16. — Et l'examen critique de l'ouv. post. de Me de Staël par M. J. Ch. Bailleul, ancien député, tom. II, cah. 5 et 6, pag. 411.)

(*a*) De Cive, cap. IV.

juste, ce qui lui est agréable et ce qui lui convient » (*a*).

Nous pouvons encore, à plus d'un égard, invoquer ici l'autorité d'un autre publiciste; c'est ainsi qu'il s'exprime : « L'homme, considéré comme une créature, étant un être absolument dépendant, doit nécessairement être assujetti aux lois de son Créateur : un être indépendant n'a d'autres règles à suivre que celles qu'il se prescrit à lui-même; mais l'état de dépendance oblige inévitablement l'inférieur à prendre la volonté de celui dont il dépend pour la règle de sa conduite; non pas à la vérité dans tous les cas, mais au moins sur tous les points relativement auxquels il est dépendant. Ainsi ce principe a plus ou moins d'étendue et d'effet, à proportion que la supériorité de l'un et la dépendance de l'autre sont plus ou moins absolues, plus ou moins limitées. Par conséquent, puisque l'homme dépend entièrement de son Créateur

(*a*) Burlamaqui annoté par Félice. Principes du Droit de la Nat. et des Gens, tom. II, pag. 49. — *Ibid.* tom. V, pag. 260. — *Ibid.* tom. VIII, pag. 163. — Édit. Yverdun. 1776.

pour toutes choses, il est de nécessité qu'il se conforme en tout à la volonté de son Créateur.

« Cette volonté est appelée la loi de la nature. Dieu, lorsqu'il créa la matière, et qu'il la doua d'un principe de mobilité, établit certaines règles pour la direction perpétuelle de son mouvement; de même aussi, lorsqu'il créa l'homme, et le doua du libre arbitre pour se conduire dans toutes les routes de la vie, il établit certaines lois immuables pour la nature humaine, par lesquelles cette liberté est en quelque sorte réglée et restreinte, et il lui donna en même temps la faculté de la raison pour découvrir le but de ces lois.

« En ne considérant le Créateur que comme un être d'un pouvoir infini, il pouvait, sans aucun doute, prescrire à l'homme, sa créature, telles lois qu'il eût voulu, même injustes ou dures; mais comme cet être est aussi d'une sagesse infinie, il n'a établi que des lois fondées sur les rapports de justice qui existaient dans la nature des choses antérieurement à aucun précepte *écrit*. Ce sont les lois éternelles et immuables du bien et du mal, auxquelles Dieu lui-même se conforme dans toutes ses opérations, lois dont il a accordé à la raison humaine la connaissance et le discernement, autant qu'il est nécessaire pour la direction de nos actions. Tels sont, entre autres, ces principes, *qu'il faut vivre honnêtement, ne faire tort à personne, et rendre à chacun ce qui lui est dû.* C'est à ces trois préceptes généraux que Justinien a réduit toute la doctrine de la loi....

« Mais si la découverte de ces premiers principes de la loi de la nature n'avait pu se faire que par l'application convenable d'une raison droite; si on n'avait dû y parvenir que par un enchaînement de discussions métaphysiques, les hommes n'auraient pas eu de motifs pour se livrer activement à cette recherche, et la plupart d'entre eux auraient persisté sans peine dans l'indolence d'esprit, et dans l'ignorance sa compagne inséparable. Aussi, comme le Créateur est un être, non-seulement d'un pouvoir et d'une sagesse infinie, mais encore d'une bonté infinie, il a formé la constitution humaine de manière que nous n'eussions besoin, pour nous porter à la recherche et à la pratique de la règle de la justice, que de la seule inspiration de l'amour de nous-mêmes, ce principe universel d'action: car Dieu a si inséparablement uni, si intimement lié les lois de l'éternelle justice avec le bonheur de chaque individu, qu'il n'est point de bonheur sans l'observation de ces lois, et que, si l'on y obéit ponctuellement, le bonheur en est le résultat. En conséquence de cette connexion mutuelle de la justice avec la félicité humaine, le Créateur n'a pas compliqué la loi de la nature d'une multitude de préceptes et de règles abstraites, sur ce qui convient et sur ce qui ne convient pas....; mais, dans sa bonté, il a réduit la règle de l'obéissance à ce seul précepte paternel, *que l'homme doit chercher son bonheur effectif et véritable*. Tel est le fondement de ce que nous appelons la *morale* ou la *loi naturelle*: car les différens articles sous lesquels nos moralistes l'ont divisée dans leurs systêmes, ne servent qu'à démontrer que telle ou telle action tend au vrai bonheur de l'homme, pour en conclure, avec toute justice, que cette action est autorisée par la loi de la nature;

ou que telle autre action est destructive du bonheur réel de l'homme, et est par conséquent défendue par la loi de la nature.

« Cette loi de la nature, aussi ancienne que le genre humain, et dictée par Dieu même, est par conséquent plus obligatoire qu'aucune autre : elle est d'observation rigoureuse sur tout le globe, dans tous les pays, dans tous les temps. Toute loi humaine est sans validité, si elle lui est contraire ; et celles qui sont valides, tirent toute leur force et leur autorité, médiatement ou immédiatement, de cette première des lois.

« Mais pour l'appliquer aux circonstances particulières à chaque individu, il est encore nécessaire de recourir à la raison, dont l'office, comme nous venons de l'observer, est de découvrir ce que la loi de la nature enseigne dans les différentes circonstances de la vie, en considérant quelle méthode tendra plus efficacement à notre propre bonheur réel » (*a*).

---

(*a*) Commentaires sur les lois anglaises. Introduct., section II, tom. I. *Traduct. sous presse par M. Chompré.*

Blackstone dit encore en cet endroit : « Si même une loi

L'immortel Bossuet dit pareillement : « Tous les hommes veulent être heureux ; mais c'est le bien général que la nature demande...

« Ces vérités éternelles que tout entendement aperçoit toujours les mêmes, par lesquelles tout entendement est réglé, sont quelque chose de Dieu, ou plutôt sont Dieu lui-même....

« L'intelligence a pour objet des vérités éternelles qui ne sont autre chose que Dieu même, où elles sont toujours subsistantes et toujours parfaitement entendues....

« L'ame, qui entend la vérité, reçoit en elle-même une impression divine, qui la rend conforme à Dieu.

« C'est une chose étonnante, que l'homme entende tant de vérités, sans entendre en même temps que toute vérité vient de Dieu, qu'elle est en Dieu, qu'elle est Dieu même... » (*a*)

---

des hommes permettait et enjoignait de commettre le meurtre, nous serions tenus d'y désobéir ; sinon, nous offenserions la loi naturelle et la loi divine. »

C'est ce sur quoi nous donnerons quelques éclaircissemens dans l'appendice, 2e *part.*, liv. I.

(*a*) Connaissance de Dieu et de soi-même, chap. I.

— « Tu aimeras, dit enfin le premier et le plus grand des commandemens, le Seigneur ton Dieu de tout ton cœur, de toute ton ame, de toute ta force, et de tout ton esprit. *Diliges Dominum Deum tuum ex toto corde tuo, ex totâ animâ tuâ, ex omnibus viribus tuis, et ex omni mente tuâ* » (*a*). Et le second commandement, suivant l'Écriture, est semblable au premier : « Tu aimeras ton prochain comme toi-même. *Hoc est maximum et primum mandatum; secundum autem simile est huic : Diliges proximum tuum sicut teipsum* » (*b*).

Si donc le simple philosophe, l'homme équitable et humain reconnaît facilement, à l'aide du raisonnement, la vérité des principes du Droit, qui ont pour véritable but l'exécu-

---

§ 18, pag. 82. — *Ibid.* chap. IV, § 5, pag. 307, 309. — *Ibid.* § 9, pag. 321, 323.

(*a*) (S. Luc., X, 27.) Ce dernier membre de phrase, *et ex omni mente tuâ*, se trouve supprimé dans la plupart des eucologes. Ce ne peut être que par erreur : car, sans le concours de l'intelligence, sans la recherche et le travail de l'esprit, il est vrai de dire, sous certains rapports, que le reste de notre amour peut être quelquefois dangereux et presque toujours inutile.

(*b*) Math. XXII, 38, 39.

tion constante de ce second commandement, s'il se trouve naturellement et comme de lui-même porté au respect, à l'observation de ces principes, combien les comprendra mieux et les observera plus exactement encore l'homme éclairé par une véritable religion, imbu de ses préceptes, soutenu et encouragé par les espérances salutaires qu'elle inspire, celui dont la raison, tout-à-la-fois agrandie et fortifiée par ce sentiment ineffable et paternel de bienveillance et d'amour pour l'humanité tout entière, se sentira ennoblie et comme rapprochée de l'intelligence, des affections, de l'essence même de la divinité (*a*), celui dont l'ame, ainsi sanctifiée, et devançant l'époque glorieuse de son avénement à l'immortalité, s'élancera avec ardeur vers ce centre immuable et éternel de toute raison, de tout

---

(*a*) Pythagore ne donnait le nom de Sages qu'à ceux qui sont prêts à tout sacrifier à la vérité, richesses, honneurs, famille, réputation même, et qui s'étudient à répandre de solides bienfaits sur les autres : « par-là, ajoutait-il, on participe à la divinité, on s'y unit de la manière la plus noble et la plus intime. » (Hist. crit. de la philos., tom. II, liv. III, ch. I, § 3. — Ælian. lib. I).

bien, de toute équité, et de sa hauteur embrassera comme d'un coup-d'œil, dans l'étendue du monde intellectuel, les rapports infinis des causes morales, de leurs effets, et découvrira sans effort leur influence inévitable et constante sur l'issue bonne ou mauvaise de toutes les actions politiques, publiques et privées, sur le malheur et la prospérité de tous les événemens humains en ce monde, et sur ce qu'il faut attendre dans l'autre. « *Scientiam discamus in terris, quæ nobiscum perseveret in cœlis* » (*a*).

C'est sur-tout à celui-là dont l'intelligence

---

(*a*) Aug. conf. liv. III. — Plut. in Cicer. — Hieron, epist. ad Paul.).

— « La religion chrétienne, qui ne semble avoir d'autre objet que la félicité de l'autre vie, peut encore, dit le P. Millot, faire notre bonheur dans celle-ci. » (Disc. couronné par l'académie de Dijon, sur la question : *Est-il plus utile d'étudier les livres que les hommes?*)

— « Quel attrait pour la vertu, dit Massillon, lorsqu'on voit qu'elle est devenue le chemin des graces, et qu'outre les promesses du siècle à venir, elle a encore pour elle les récompenses de la terre ». *Promissionem habens vitæ quæ nunc est, et futuræ* » ( Serm. sur les vices et les vertus des Grands. *Seconde partie*, — I tim., c. 4, v. 8.).

et la raison se seront ainsi élevées jusqu'à l'unique source du bien et de l'équité, que les vérités fondamentales du Droit, que les trois branches distinctes et toutefois si intimement unies de la morale universelle, apparaîtront comme la base sur laquelle repose l'existence même du genre humain ; c'est pour lui qu'il deviendra évident que, si tous les principes dont chacune des trois parties de cette base sacrée se compose, pouvaient être en même temps renversés et détruits par le concours funeste de l'arbitraire, de l'anarchie, de l'impiété, fruits monstrueux nés de l'union de la misanthropie, de l'ambition, de toutes les passions viles et honteuses, de tous les vices les plus hideux que l'enfer ait vomis sur la terre, les peuples tomberaient sous la hache meurtrière de l'ange exterminateur, comme l'herbe des prés et les épis des champs tombent, en un jour d'automne, sous la faux du moissonneur, et que la race humaine, environnée des ténèbres de la mort, serait en foule précipitée dans la nuit éternelle du tombeau : tandis qu'au contraire, lorsque les rayons étincelans que lance ce foyer de lumière et de science seront enfin parvenus à dissiper les vapeurs grossières du sein desquelles surgissent encore, sous mille formes différentes, les fantômes malfaisans du mensonge, de l'erreur et des vices, toutes les nations de la terre verront s'ouvrir pour elles de toutes parts les inépuisables trésors d'une Providence infinie dans sa justice comme dans ses bienfaits.

Nous le répéterons, si nous l'avons déjà dit : Il existe malheureusement encore une erreur grossière, source de désordre dans les pensées, et de corruption dans le cœur, erreur trop répandue chez tous les peuples et dans toutes les classes de la société.

On entend dire à chaque instant, on se persuade bientôt, et l'on affirme soi-même que les principes et les règles, ou plutôt les projets et les vues, les mobiles ou les moyens de la politique, sont tout autres que ceux du droit, de la morale et de la religion; que non-seulement ils ne sont pas appuyés sur la même base ni dirigés par le même esprit, mais même qu'ils ne peuvent pas avoir de base positive et constante, de vue fixe, de direction assurée et de but certain, qu'ils sont, au contraire, variables et mobiles à l'infini, changeans suivant les circonstances, en un mot arbitraires en tous points, en tous temps et en tous lieux. C'est une erreur que les hommes ambitieux, avides d'anarchie et aspirant au bouleversement des institutions, s'efforcent d'entretenir et de propager; que les hommes superficiels et crédules accueillent sans peine et contribuent à accréditer; que les gouvernemens, imparfaits et par conséquent aveugles sur leurs propres intérêts, encouragent et affermissent aussi, quoique par des motifs tout différens.

Les hommes superficiels et crédules, ne considérant que cette versatilité générale et continuelle des événemens, des hommes et des choses, dans leur état actuel, se laissent persuader qu'il ne peut pas en être autrement, puisque cela est ainsi, et préfèrent d'ailleurs de croire facilement ce qu'on leur dit, ce qu'ils ont vu, plutôt que de se donner la peine de rien approfondir, en examinant si, à certains égards, les institutions et les hommes n'ont pas déja été améliorés, et s'il est vrai qu'ils ne puissent pas encore l'être davantage sous quelques autres rapports.

Mais ils sont dupes de leur extrême facilité; car, pour être si simples et si débonnaires, ils n'en sont pas mieux traités; on ne les ménage pas plus que les autres; ils supportent bien leur part du fardeau. L'instabilité des événemens, la stagnation du commerce, l'abandon de l'agriculture, la mauvaise législation, les guerres désastreuses et toutes leurs conséquences funestes, ne sont pas non plus sans dangers et sans inconvéniens pour eux; ils souffrent bien aussi quelquefois des passe-droits, de l'injustice, des abus, des lenteurs, des vices d'une administration arbitraire et imparfaite; en un mot, tous les maux dont la société a à gémir, ne leur sont point étrangers.

Les hommes ambitieux ou anarchiques s'appliquent à propager les idées fausses, les mauvaises doctrines, l'incertitude, la confusion, l'ignorance, parce qu'ils se flattent de faire tourner tout ce désordre à leur profit, et qu'ils espèrent se retirer du sein du chaos et des ténèbres, enrichis des dépouilles d'autrui.

Mais ils sont dupes de leurs honteuses espérances : car les révolutions ne suivent pas toujours la marche qu'ils voulaient leur imprimer; elles ont rarement l'issue qu'ils s'en étaient promise.

Les gouvernemens imparfaits et aveugles veulent abuser les esprits, semer l'incertitude, la division, la mésintelligence; ils craignent que les connaissances ne s'étendent, que les nuages ne disparaissent, que l'obscurité ne se dissipe, que les idées ne se fixent, que les institutions ne se simplifient; ils répandent le découragement, le dégoût, l'insouciance, afin de n'être plus maintenus par aucun frein, soumis à aucunes règles, assujettis à aucunes lois, et de gouverner uniquement au gré de leurs caprices et conformément à leurs fantaisies.

S'ils parvenaient à leurs fins, à l'exécution de leurs projets, au triomphe de leurs sophismes, comment en effet l'opinion publique pourrait-elle jamais juger leur conduite et leurs actions?

Du moment où l'on pourrait être généralement convaincu que ces actions, quelque arbitraires qu'elles paraissent, quelque dangereuses, injustes et tyranniques qu'elles soient réellement, auront toutefois pour cause certains faits impossibles à vérifier, à connaître, équivoques, incertains, vacillans, quel jugement pourra-t-on en porter? quelle opinion en concevoir? et par suite quelle autre attitude conviendra mieux à toutes les nations, à toutes les classes, à tous les rangs, que celle du silence, de l'humiliation, de l'abaissement, qui toutefois ne sont le partage que des plus vils de tous les esclaves?

C'est ainsi qu'ils raisonnent, mais ils s'abusent encore; chaque jour l'expérience le leur prouve : les obstacles et les dangers naissent et se multiplient sous leurs pas; ils sèment la défiance et ne recueillent que la haine; ils pensent s'affermir, et creusent devant eux l'abyme des révolutions.

Tandis qu'au contraire, si les vrais principes du droit, si les préceptes simples de la morale et de la religion étaient généralement connus et proclamés comme positifs, immuables et constans, ainsi qu'ils le sont en effet, l'opinion publique, à la vérité, ne pourrait plus être incertaine et divisée; il existerait un type précieux, un terme de comparaison, au moyen duquel le mérite ou la honte de toutes les actions, de toutes les volontés, seraient facilement mesurés, pesés, appréciés à leur juste valeur.

Alors, il est vrai, dans la société entière, depuis le ministre, le représentant, l'homme d'état, jusqu'au simple pasteur; depuis le plus riche propriétaire jusqu'à celui dont les mains, endurcies par le travail, ensemencent les guérets; depuis le négociant dont les importantes relations s'étendent dans l'un et l'autre hémisphère jusqu'au plus pauvre de tous les artisans, il n'existerait pas un seul homme jouissant de sa raison, doué de quelque sens, qui ne pût juger sainement de la légitimité de toutes les actions, décerner avec justice les palmes que le vrai mérite et la solide vertu doivent recueillir, ou déverser la censure et le blâme qui doivent couvrir de confusion quiconque montre, par sa conduite comme par ses discours, qu'il ne hait ou ne connaît pas plus le vice qu'il ne croit et ne s'applique à la justice et à la vertu.

Mais aussi tous les efforts des hommes de bien, concourant au même but et réunis par une étroite et sainte alliance, s'opposeraient victorieusement aux tentatives des pervers, dont les desseins et les espérances seraient bientôt renversés et pour jamais anéantis; et l'on pourrait enfin jouir du consolant spectacle de voir les institutions et les gouvernemens marcher à leurs fins sans obstacles et sans entraves, et chaque jour recueillir d'abondantes récoltes de leurs utiles travaux, au profit des individus, des peuples et de l'humanité.

Tout bon citoyen, tout honnête homme, quelles que soient ses opinions, sa croyance (*a*), est donc appelé par son propre intérêt à

---

(*a*) Thalès, dit-on, professait ouvertement l'athéisme, et pourtant il recommandait sans cesse à ses disciples de vivre dans une douce union. « Ne vous haïssez pas, leur disait-il, parce que vous pensez différemment les uns des autres; mais aimez-vous plutôt, parce qu'il est impossible que, dans cette variété de sentimens et de préjugés, il

concourir, autant qu'il est en lui, par une coopération directe, par une influence plus ou moins éloignée, par ses actions, par ses encouragemens et ses discours publics ou particuliers, à ce grand-œuvre d'utilité générale et privée; et pour cela, il faut sur-tout qu'il desire, qu'il invoque l'ordre et l'amélioration dans les institutions.

Mais si, comme nous venons de le prouver, se conduire ainsi, c'est évidemment entrer dans les intentions, agir dans les vues, accomplir les desseins de la Providence, quel autre que l'homme animé du sentiment de la vraie religion, pénétré de son esprit, doit s'y sentir plus de vocation et s'y employer avec plus de zèle et d'ardeur? soutenu par un si ferme appui, secondé par une protection si puis-

---

n'y ait pas quelque point fixe où tous les hommes viennent se rejoindre. » (*Voy.* l'Histoire crit. de la philos., tom. I, liv. II, chap. IX, § 4).

— « Le bien que vous faites aux hommes, dit le Seigneur par la bouche du prophète Osée, m'est plus agréable que le sacrifice, et j'aime mieux la connaissance de Dieu que tous les holocaustes ». (Deut. c. 6).

— *Voyez* quel était à ce sujet le sentiment de Pythagore, *ci-dessus*, vol. II, pag. 282.

sante, il n'en est aucun qui puisse le faire avec autant de succès que lui : et c'est aussi plus particulièrement par lui, que les voies seront préparées et qu'avant peu d'années, l'œuvre de salut et de prospérité s'accomplira sur la terre.

Qui ne serait disposé à respecter les éternels principes du Droit, de l'équité, de la bienfaisance universelle, s'il entendait à chaque instant une voix haute et puissante retentir à son oreille, pénétrer jusqu'à sa conscience, et lui recommander leur exacte et scrupuleuse observation ?.... Et cette voix est réellement celle qui est entendue du disciple fervent de l'évangile, de l'homme imbu du sentiment et des préceptes d'une religion saine et pure, et c'est en ce sens que l'on peut dire : « *Timor Domini principium sapientiæ* » (*a*), comme aussi « *Philosophia veritatem quærit, theologia invenit, sola religio possidet* » (*b*).

---

(*a*) Prov. 1, 7. Eccl. 1, 16. Psal. 110, 10.

(*b*) (Joan. Pic. mit. epist. ad Bap. Mantuan.)

Peut-être est-ce aussi le lieu de faire ici une juste application de cette sage réflexion : « Avant que de monter à ce que la révélation enseigne, il est convenable de se pro-

Déja les générations avaient passé, des siècles s'étaient écoulés; et les lois physiques de la nature généralement connues de nos jours étaient encore ignorées. Les peuples se persuadaient que les rives de l'océan, le détroit de Gibraltar ou les colonnes d'Hercule, formaient une des extrémités de la terre; qu'un ciel de crystal bornait l'univers; que les étoiles étaient attachées au firmament; que le soleil ne s'élevait chaque jour au faîte de la voûte azurée que pour favoriser de sa lumière et de sa chaleur féconde quelques étroites contrées, alors les seules connues de toutes celles qui couvrent la vaste superficie du globe (*a*).

---

curer toutes les connaissances qui dépendent de la lumière naturelle. Ce premier pas est absolument nécessaire; et, saint Augustin applaudit à ceux qui l'ont fait dans leur jeunesse, et qui ont su distinguer ce qui est essentiel et indispensable dans les vérités philosophiques, d'avec ce qui ne l'est point. En effet l'homme veut être conduit par degrés: on le rebute dès qu'on presse trop sa marche...: où s'arrête la philosophie, c'est là précisément que la théologie commence.» (*Voy.* l'Hist. crit. de la philosophie, tom. III, liv. IX, chap. XLIII, § I. — *Voy.* aussi vol. I, pag. 53, n. *a*.)

(*a*) Les Juifs sur-tout croyaient que Dieu avait fait

D'autres générations avaient passé ; d'autres siècles s'étaient écoulés, et la terre était encore considérée comme immobile au centre de l'univers ; et des hommes bien supérieurs au vulgaire, des théologiens, des docteurs versés dans la philosophie de ces siècles d'ignorance, des hommes même plus adonnés à l'étude des sciences exactes et des sciences astronomiques, tous, encore abusés par de trompeuses apparences, s'imaginaient voir le ciel et les astres tourner autour d'eux et pour eux seuls (*a*) ; lorsqu'un homme, par une attention plus soutenue, de plus exactes observa-

---

tout l'univers pour la terre ; et la terre, avec tout ce qui la pare et l'enrichit, pour eux seuls. Ils se regardaient comme le peuple privilégié, comme le peuple gouverné immédiatement par l'esprit du Très-Haut ; ils étaient si convaincus de cette protection spéciale, que même après la ruine du temple de Jérusalem, ils s'imaginèrent toujours que dans les lieux où ils se rassemblaient, une voix céleste venait les avertir de leur devoir. (*Voy.* le père Calmet, Comment. sur l'Ecclésiastique ; et l'Hist. critique de la philosophie, tom. 1, liv. 1, chap. v, § 2, p. 174).

(*a*) Cependant les Pythagoriciens pensaient que le soleil est fixe et immobile au centre de l'univers, et qu'autour de lui se meut la terre, comme autour de la terre se meut

tions, de plus savans calculs, de plus longues méditations, ou peut-être même par la seule inspiration d'un vaste génie, vint, malgré la persécution dont fut abreuvée la fin de sa carrière, dissiper les ténèbres, chasser entièrement l'erreur et répandre dans les cieux une nouvelle clarté.

Cette vérité que Copernick n'avait qu'entrevue, mais que Galilée démontra, malgré l'inertie de l'ignorance, l'obstacle des préjugés,

---

la lune; que toutes les planètes ressemblent à notre globe et sont peuplées d'habitans, les mêmes apparences donnant lieu de supposer la même destination.

Ce qui a assez de rapport à ce que pensent aujourd'hui les astronomes les plus éclairés, savoir, que le soleil occupe le centre commun ou plutôt le foyer de notre système planétaire.

Ils croyaient aussi que la matière a toujours existé, et que jamais elle ne s'anéantira.

Après la mort de leur fondateur, leur nombre s'étant beaucoup accru, ils se partagèrent en plusieurs branches qui différèrent de systêmes, mais ils s'accordèrent tous à retenir ces trois points principaux de la doctrine de leur maître.

Philolaüs, entre autres, compatriote et ami d'Alcméon de Crotone, (et auquel quelques-uns attribuent les vers dorés de Pythagore, tandis que quelques autres les considèrent

l'opposition, et la fureur des superstitieux ou des faux dévots, fut enfin généralement adoptée sur toute la terre. Il est aujourd'hui incontestable, et peu de personnes ignorent, que le globe lumineux qui nous échauffe et nous éclaire, n'est lui-même qu'un point mobile dans l'immensité, et qu'autour de lui, la terre, les planètes et leurs satellites décrivent différens orbites, effectuent leurs révolutions, et que l'ensemble, l'attraction, l'accord, l'uniformité, l'harmonie de ces mou-

---

comme étant de Lysis, autre philosophe qui conserva, dit-on, le même caractère dans l'infortune et dans la prospérité), Philolaüs, s'attacha spécialement à l'étude de l'astronomie et à prouver le mouvement de la terre autour du soleil à ceux qui, ne s'en rapportant qu'à leurs sens, s'obstinaient à la croire stable et immobile. Il ajoutait même, comme une observation neuve, et qui devait en effet paraître bien surprenante, que le soleil n'a, de lui-même, non plus que les planètes, aucune lumière, ni aucune chaleur, mais que, semblable à un globe de verre extrêmement lisse et poli, il réfléchit de toutes parts la chaleur et la lumière qu'il reçoit de chaque planète, ou plutôt du feu central dont chaque planète est pénétrée, et qu'elle laisse échapper par une infinité de crevasses et de pores insensibles. (*Voy.* l'Hist. crit. de la philosophie, tom. II, liv. III, chap. XIV, § 4 et 8).

vemens célestes sont quelques-unes des causes secondes de cette force motrice et puissante, qui balance et fait rouler ainsi dans l'espace tous ces grands corps, en nombre infini, d'une manière si miraculeuse, si admirable, et pourtant si naturelle et si régulière.

Un jour aussi viendra, où l'intelligence humaine admettra au nombre des vérités incontestables et universelles que l'astre de la raison, le foyer de la lumière morale, la source de tout bien, le principe de toute équité, est comme un centre éternel et immuable autour duquel les peuples, les hommes, semblent s'agiter, se mouvoir dans des orbites libres et volontaires, et conséquemment plus ou moins divergents, plus ou moins rapprochés; que ceux qui s'écartent le plus de ce centre commun de justice, ne tardent pas à ressentir cruellement, par leurs propres fautes, les maux cuisants, l'âpreté, les désastres du climat le plus rigoureux, tandis que ceux qui cèdent avec joie à la douce sympathie qui les en rapproche chaque jour davantage, ne peuvent aussi que ressentir, de plus en plus, les vivifiantes et salutaires impressions de ce centre de sagesse, de courage, de vertu, de ce flambeau intellectuel et divin.

Un jour viendra où les hommes vulgaires et les esprits les plus érudits, le prince, le ministre, le magistrat, le simple citoyen, les habitans des villes et des campagnes, demeureront bien intimement convaincus que les principes du Droit naturel *philosophique ou moral* sont en effet une émanation constante de l'Être bienfaisant par excellence, et moral par essence, de la Divinité; qu'ils sont éternels et immuables comme elle, prescrits à toutes les nations et à tous les hommes sans exception; qu'ils s'appliquent également au berger dans sa cabane, et au monarque sur son trône; qu'ils sont les mêmes pour un seul individu comme pour plusieurs, pour la plus petite société comme pour les plus grands peuples de la terre, et qu'il n'est pas un seul être raisonnable et sensé qui, isolément ou uni à un grand nombre, ne soit obligé, dans le for intérieur et extérieur, de s'employer de tout son pouvoir, de toute son ame, de tout son esprit, à en faciliter en tous temps et en tous lieux la pratique et la religieuse observation.

Sous les règnes malheureux de François II et de Charles IX, au milieu des dissensions cruelles et des guerres civiles qui bouleversaient alors la France, jamais, dit-on, il ne vint dans la pensée d'un grand et célèbre magistrat (*a*) de douter du pouvoir des lois. Non moins confians dans la volonté manifeste de Dieu, dans sa puissance, sa justice, sa bonté, gardons-nous d'insulter à sa providence, à son amour, en désespérant de ces heureux événemens, de cette révolution morale, qui doivent assurer son triomphe et sa gloire.

Ils sont prochains, si nous songeons en effet à le seconder de tout notre pouvoir, si nous n'hésitons plus à le servir ainsi qu'il demande à l'être, et qu'il doit l'être....

Ils sont prochains, et déja nous pouvons répéter, comme le feront dans les siècles à venir tous les peuples et habitans de la terre, dans l'effusion de leur pieuse reconnaissance; nous pouvons répéter, et nous répéterons dès aujourd'hui avec tous les amis sincères des principes, de l'égalité sociale, de la liberté

(*a*) Le chancelier de L'Hôpital.

politique, de l'ordre, de la justice, de l'humanité, avec les vrais fidèles enfin, ces paroles d'espérance et de vérité :

« *Longè à peccatoribus salus, quia justificationes tuas non exquisierunt.* »

« *Beati immaculati in viâ, qui ambulant in lege Domini.* »

« *Beati qui scrutantur testimonia ejus : in toto corde exquirunt eum.* »

« *Non enim qui operantur iniquitatem, in viis ambulaverunt.* »

« *Justitia tua, justitia in æternum, et lex tua veritas.* »

« *Fidelia omnia mandata ejus : confirmata in sæculum sæculi, facta in æquitate et veritate.* »

« *In æternum, Domine, verbum tuum permanet in cœlo : in generationem et generationem veritas tua* » (*a*).

Nota. Qu'il nous soit permis de rappeler ici, afin qu'on le partage, le sentiment du savant Eusèbe et celui de Justin martyr, qui tous deux ont revendiqué comme chrétiens tous les hommes vertueux, même ceux qui fleurirent dans le paganisme. « *Les Chrétiens*, disent-ils l'un et l'autre, *n'ont point commencé ni d'hier ni d'aujourd'hui ; il y en a eu de tous les temps.* »

---

(*a*) Psaume 118 ; *voy. aussi* les Ps. 36, 81, 83, 110, 111, 127.

Cette pensée, suivant un écrivain moderne, donnait un merveilleux lustre au Christianisme, qui devenait par-là le contemporain du monde même (*a*).

Le grand Newton était pénétré de la même pensée quand il disait : « Nous sommes tous amis, lorsque nous tendons unanimement au seul but digne de l'homme, qui est la connaissance *de l'utile et du vrai ;* et nous sommes tous de la même religion, lorsque, menant une vie simple, et nous conformant aux bienséances, nous tâchons sincèrement de rendre à l'Être suprême le culte que nos faibles lumières nous persuadent devoir lui plaire davantage » (*b*).

---

(*a*) Hist. crit. de la philos., tom. III, pag. 151. *Voy. aussi* TERTULL. in Apol. 2 ; natur. Alex. Disert. 1, adsæc. 1, part. 1 ; Hist. eccl. liv. 1 ; Isauci CASAUB. Exercit. in Bacon, tom. 1.

(*b*) . . . . . . Hist. crit. de la Philos., tom. II, liv. III, chap. XXI, § 5.

FIN DE LA PREMIÈRE PARTIE ET DU TOME III.

## AVIS DE L'AUTEUR.

Le désir d'être utile à ceux de nos lecteurs qui veulent étendre leurs recherches et remonter aux sources, nous a engagé à citer quelquefois (principalement dans ce troisième volume), sur la foi des ouvrages où nous les avons trouvés indiqués, entre autres de Grotius et de Barbeyrac, quelques auteurs que nous n'avons pas étudiés, qui même nous sont inconnus, et qu'il eût été trop long et peut-être impossible pour nous de vérifier.

Nous eussions facilement pu nous abstenir d'en faire mention; mais nous espérons qu'en faveur de l'intention, on nous saura gré d'en avoir agi différemment.

A la vérité, il en résulte que nous ne pouvons garantir l'exactitude de toutes les citations; mais, par cette déclaration franche, nous obvions, ce nous semble, à l'inconvénient qui pourrait en résulter; et nous conservons, pour celui qui n'aura pas entre les mains le livre d'où nous avons emprunté certains passages, l'avantage de pouvoir les rechercher, soit dans les autres ouvrages qui les ont pareillement rapportés, soit dans l'auteur original même, si l'un plutôt que l'autre se trouve être à sa disposition.

## ERRATA DES TOMES II ET III.

*TOME II.*

| | | |
|---|---|---|
| Pag. 41, ligne 23; vol. III | *lisez* | vol. IV |
| — 46, — 23; vol. III | — | vol. IV |
| — 55, — 12; augmente aussi | — | augmente aussi; |
| — 90, — 28; fortune | — | faveur, |
| — 121, — 19 et 20; ferait | — | faisait |
| — 166, — 23; vol. III et IV | — | vol. IV et V |
| — 197, — 25; vol. III | — | vol. IV |
| — 240, — 3 et 4; la dissolution et la ruine | — | sa dissolution et sa ruine |
| — 249, note *b;* vol. III | — | vol. IV |
| Table du liv. III, l. 21; de Droit | — | du Droit |
| Page 331, note *a;* liv. I, tit. I. | — | liv. I. |
| — 332, note *a;* liv. II, tit. I. | — | liv. II. |
| Titre courant 347; Principes. | — | Base des principes. |

*TOME III.*

| | | |
|---|---|---|
| Pag. 213, ligne 9; défense | *lisez* | défense, |
| — 228, — 22; peuple | — | nation |
| — 240, — 2; peuples, | — | peuples |
| — 279, — 14; doit être | — | doit être, |
| — 280, — 24 et 25; qu'en général on sût | — | qu'on sût quelquefois |
| — 287, — 4 et 5; patrie, dans | — | patrie. Dans |
| — *Ibid.* — 6; général. Celui | — | général, celui |
| — 288, — 3; lois sévères | — | lois strictes |
| — 291, — 10; braves même | — | braves mêmes |
| — 340, — 18; Depuis | — | depuis |

BIBLIOTHÈQUE NATIONALE R.F. IMPRIMÉS

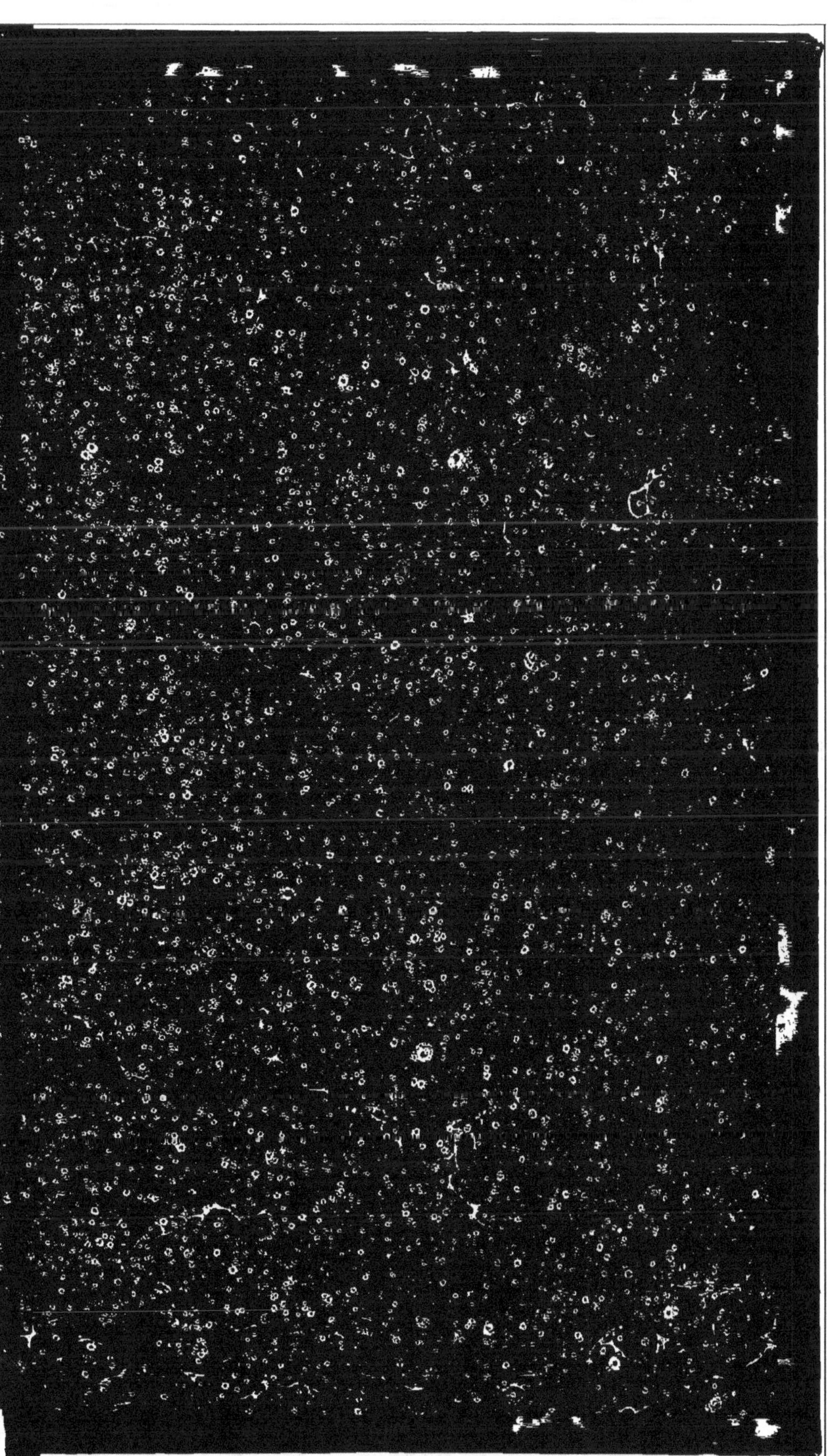

BIBLIOTHEQUE NATIONALE DE FRANCE
3 7531 03657676 8

www.ingramcontent.com/pod-product-compliance
Lightning Source LLC
Chambersburg PA
CBHW052101230326
41599CB00054B/3571
* 9 7 8 2 0 1 9 5 9 0 9 4 9 *